物流配送中心设计丛书

陕西省2022年度高等教育优秀教材

物流配送中心规划与设计

第4版

贾争现　冯丽帆　编　著
刘昌祺　审　阅

机械工业出版社

本书比较详细地介绍了现代物流配送中心规划与设计的理念、要素、方法与步骤等相关内容，系统论述了物流配送中心的基本资料收集与分析、选址规划、系统规划、设备规划、区域设施设计、信息系统规划、配送中心的基本作业管理和物料搬运系统的分析与设计等诸多问题。着重反映了物流新业态和新物流生态系统，同时还就物流配送中心的概念、任务、作用、功能、建设以及发展等进行了一定的阐述和探讨。本书配有PPT课件、练习题，联系QQ296447532获取。

本书可作为高等院校物流工程、工业工程、物流管理、物联网等相关专业的教材，也可供工程技术人员与管理人员参考使用。

图书在版编目（CIP）数据

物流配送中心规划与设计/贾争现，冯丽帆编著. —4版.
—北京：机械工业出版社，2019.3（2023.6重印）
（物流配送中心设计丛书）
ISBN 978-7-111-62008-2

Ⅰ. ①物… Ⅱ. ①贾… ②冯… Ⅲ. ①物流配送中心—经济规划—高等学校—教材 ②物流配送中心—建筑设计—高等学校—教材 Ⅳ. ①F252 ②TU249

中国版本图书馆CIP数据核字（2019）第028919号

机械工业出版社（北京市百万庄大街22号　邮政编码100037）
策划编辑：周国萍　　　责任编辑：周国萍　雷云辉
责任校对：刘雅娜　　　封面设计：严娅萍
责任印制：单爱军
北京虎彩文化传播有限公司印刷
2023年6月第4版第7次印刷
184mm×260mm·16.5印张·395千字
标准书号：ISBN 978-7-111-62008-2
定价：49.00元

电话服务　　　　　　　网络服务
客服电话：010-88361066　机 工 官 网：www.cmpbook.com
　　　　　010-88379833　机 工 官 博：weibo.com/cmp1952
　　　　　010-68326294　金 书 网：www.golden-book.com
封底无防伪标均为盗版　机工教育服务网：www.cmpedu.com

前　言

物流业是服务业的主导产业，是国民经济发展极具活力的增长点，在促进经济结构调整、产业布局变革、经济发展方式与流通模式转变等方面的地位和作用日益突出。近几年，随着我国国民经济持续向好，以扩大内需为导向的物流需求增速稳中有升，物流产业转型升级步伐加快，物流领域结构性改革不断深化，物流运行稳中向好的态势进一步加强，基于大数据、云计算、互联网的物流新业态正在显现出强劲生机。

网络经营的超时空、跨地域、低成本等特征，使得电子商务迅速发展，催生了快递业蓬勃兴起、遍地开花。为了解决设定时间节点的数以亿计蜂拥而至的快递件，一体化运作与网络化经营，先进物流装备技术的应用，运输、仓储与配送等各环节的衔接协调等成为必须面对和解决的问题。

目前物流业的重要任务就是加快电商物流高品质发展，加强分拨中心、配送中心和末端网点有序建设，实现城际运输与城市配送的无缝对接，推动仓配一体化和共同配送，发展多式联运、甩挂运输与标准托盘循环共用等高效物流运作系统。

新一代供应链管理和发展的核心原则应是客户导向、快速响应、需求驱动和供求精准匹配，由此而开发的智能物流能够根据市场销售情况、供应链生产情况、物流配送、仓储库存水平，甚至每个环节的容错概率等进行精准排产，最大限度地利用已有资源并将成本和损耗降到极低水平，这是依靠人工不可能做到的。

智能物流的核心目标是提升物流的生产效率，从而提升企业在行业中的竞争力。人工智能的应用将引领物流行业更为快速地跨越机械化、自动化乃至互联网这个"半智能"物流行业阶段。而云计算、大数据、物联网、智能终端等互联网基础设施的投入，可以帮助企业直接接入互联网，促进信息的广泛流动，实现更广范围的信息分享和使用，从而降低信息处理成本。

物流配送中心是为了有效地保证货物流通而建立的物流综合管理、控制与配送的机构和设施。作为现代物流网络的主要要素，物流配送中心具有汇聚和分销商品的节点效能、流通模式和作业体系的综合功能以及强大的信息技术系统。在现代供应链中，物流配送中心除具有常规的物流功能外，还越来越多地担负着指挥调度、信息服务、设计咨询、供应链优化、教育培训等任务，是整个物流网络的灵魂所在。

修订本书的初衷是总结编著者多年来的教学与科研实践的点滴经验，汇集物流配送中心规划建设，尤其是大数据、云计算、互联网应用的物流新业态最新成果，提供编著者认为对读者有启发的、能够体现新时代特征的案例，注重知识的系统性和实际的应用性，并力求叙述的深入浅出，希望对我国物流业的健康发展、物流网络节点的有序建设和高效管理，以及物流人才的培养与提高，起到一定的积极促进作用。如果能达到此初衷之一二，编著者将深感荣幸。

本书第1版于2004年由贾争现教授编著。第2版第1~6章由贾争现教授编著，第7、10、11章在第1版的基础上由刘利军博士修订，第8、9章由何智讲师修订，最后由贾争现统稿，于 2009 年 9 月出版发行。第 3 版全书由贾争现教授编著修订。第 4 版由贾争现教授和冯丽帆讲师修订，冯丽帆讲师编撰了全书的案例，最后由贾争现教授统稿。在编写过程中，曾得到陕西科技大学、上海交通大学许多同志的帮助，刘昌祺教授对全书进行了认真的审阅，并提出了宝贵的意见，编著者在此深表谢意。

在编著本书的过程中，参考了国内外专家、学者有关物流方面的大量著作、书籍、文献和论文，在此，谨向他们表示最诚挚的谢意。有些资料可能被引用了，但由于编著者的疏忽没有注明材料出处，在此先行表示万分的歉意！

由于时间仓促，加之编著者水平所限，书中不妥之处在所难免，敬请读者批评指正。

编著者

目 录

前 言

第1章 绪论……1
1.1 概述……1
1.1.1 物流节点……1
1.1.2 物流配送中心的基本任务……4
1.1.3 物流配送中心的作用……4
1.2 物流配送中心的功能……5
1.2.1 运输……5
1.2.2 储存保管……6
1.2.3 装卸搬运……7
1.2.4 包装……7
1.2.5 流通加工……7
1.2.6 信息处理……8
1.2.7 增值服务……8
1.3 物流配送中心的分类……8
1.3.1 按主要功能划分……8
1.3.2 按流通阶段划分……10
1.3.3 按运营主体划分……10
1.4 现代物流的产生与发展……11
1.4.1 形成原因……12
1.4.2 历史发展阶段……13
1.4.3 第三方物流的发展……15
1.5 我国物流配送中心的建设与发展……16
1.5.1 历史沿革……16
1.5.2 发展形势……17
1.5.3 建设发展思路……18
1.5.4 人工智能……19
1.6 案例……20
1.6.1 上海洋山深水港四期码头的自动化装卸与智能监管……20
1.6.2 全面向社会开放的京东物流……21

第2章 基本资料的收集与分析……23
2.1 建设物流配送中心的目标任务与设计原则……23
2.1.1 目标任务……23
2.1.2 设计原则……24
2.1.3 规划设计思路……25
2.2 基本规划资料的收集……25
2.2.1 现行资料的收集……26
2.2.2 未来资料的收集……27
2.3 基本规划资料的定量分析……27
2.3.1 库存类别分析……28
2.3.2 物流需求预测分析……30
2.3.3 订单与品项的数量分析……34
2.3.4 物品与包装特性分析……37
2.3.5 货态分析……38
2.4 基本规划资料的定性分析……39
2.4.1 作业流程分析……39
2.4.2 信息系统分析……40
2.4.3 作业时序分析……41
2.4.4 自动化水平分析……42
2.5 案例……42
2.5.1 降低非正常库存的ABC分析法……42
2.5.2 提高"最后一公里"的配送效率……44

第3章 物流配送中心的选址规划……46
3.1 概述……46
3.1.1 物流网点的设置……46
3.1.2 网点设置的重要性……46
3.1.3 网点设置的目的……47
3.2 选址规划的原则和影响因素……48
3.2.1 选址原则……48
3.2.2 影响因素……49
3.3 选址规划的主要内容……50
3.3.1 主要解决的问题……50
3.3.2 不同物流网点的选址要求……51
3.4 选址规划步骤……52
3.5 选址规划模型……53
3.5.1 按物流配送中心的数量分类……53

3.5.2 按中转物品种类数量分类 54
3.5.3 按建模思路分类 54
3.6 选址规划的常用方法 55
3.6.1 多准则决策法 55
3.6.2 重心法 55
3.6.3 最优化规划法 58
3.6.4 启发式算法 58
3.6.5 仿真方法 59
3.7 案例 59
3.7.1 京东配送中心选址 59
3.7.2 德邦快递泰兴配送中心选址 59

第4章 物流配送中心的系统规划 61

4.1 总体规模规划 61
4.1.1 社会经济分析与物流预测 61
4.1.2 战略定位 62
4.1.3 规模计算 63
4.2 作业流程规划 65
4.3 区域功能规划 67
4.3.1 一般物流作业区 67
4.3.2 退货作业区 69
4.3.3 换补货作业区 70
4.3.4 流通加工作业区 71
4.3.5 车辆与容器管理区 71
4.3.6 仓储管理作业区 72
4.3.7 配合作业区 73
4.4 区域能力规划 74
4.4.1 仓容量规划计算 74
4.4.2 拣货区运转能力计算 75
4.4.3 物流量平衡分析 77
4.5 区域布置规划 78
4.5.1 活动关系分析 78
4.5.2 位置布置 79
4.5.3 物流流程的动线分析 82
4.6 案例 83
4.6.1 "永不打折"的服装配送中心 83
4.6.2 医药物流配送中心的内部结构与规划 84

第5章 物流配送中心的设备规划 86

5.1 物流设备设计选用的基本原则 86
5.1.1 设计依据 86
5.1.2 设计原则 86
5.2 储存设备 87
5.2.1 容器设备 88
5.2.2 仓储设备 91
5.3 物料搬运设备 98
5.3.1 输送机设备 98
5.3.2 巷道式堆垛机 99
5.3.3 叉车系列 100
5.3.4 手推车 103
5.3.5 自动导引车 103
5.3.6 牵引车 104
5.4 拣货分拣设备 104
5.4.1 一般拣货设备 105
5.4.2 拣货系统 105
5.4.3 自动分拣系统 105
5.4.4 分拣机器人 107
5.5 辅助作业设备 108
5.5.1 流通加工设备 108
5.5.2 物流配合设备 109
5.5.3 辅助作业设备 110
5.6 物流设备的设计与配置 110
5.6.1 进货系统 110
5.6.2 储存系统 111
5.6.3 拣选系统 112
5.6.4 分拣系统 113
5.7 设备清单与作业详细流程 114
5.8 某制药企业自动化物流中心的内部设计 115
5.8.1 概况 115
5.8.2 参数设计 115
5.8.3 系统设计 117
5.8.4 运转系统 117

第6章 物流配送中心的区域设施设计 120

6.1 作业区通道设计 120
6.1.1 设计原则 120
6.1.2 通道种类 121
6.1.3 通道布置 121
6.1.4 通道宽度 121
6.2 进发货平台设计 125
6.2.1 位置关系 125

6.2.2 平台形式 …… 126
6.2.3 平台尺寸 …… 127
6.3 仓储区作业空间设计 …… 130
　6.3.1 托盘平置堆放 …… 130
　6.3.2 料框就地堆放 …… 131
　6.3.3 托盘货架储存 …… 131
　6.3.4 轻型货架储存 …… 133
　6.3.5 流利货架储存 …… 133
6.4 配送区作业形式设计 …… 134
　6.4.1 储存与拣货区共用托盘货架的拣货方式 …… 134
　6.4.2 储存与拣货区共用箱、单品的拣货方式 …… 135
　6.4.3 储存与拣货区分开的拣货方式 …… 136
　6.4.4 U形多品种小批量拣货补货方式 …… 137
　6.4.5 集货区设计 …… 138
6.5 区域平面布置的面积计算 …… 139
　6.5.1 自动化立体仓库 …… 139
　6.5.2 作业区 …… 139
6.6 行政办公区与厂区设施设计 …… 141
　6.6.1 行政办公区面积设计 …… 141
　6.6.2 厂区设计 …… 142
　6.6.3 停车场设计 …… 143
6.7 物流配送中心的建筑要求 …… 146
　6.7.1 建筑物的柱间距 …… 146
　6.7.2 建筑物的梁下高度 …… 150
　6.7.3 地面载荷 …… 153
6.8 周边设施设计 …… 154
　6.8.1 工作安全设施 …… 154
　6.8.2 消防设施 …… 155
　6.8.3 仓库门窗设计和温湿度调节 …… 155
　6.8.4 墙壁与采光设计 …… 155
6.9 公用配套设施规划 …… 156
　6.9.1 给水与排水设施 …… 156
　6.9.2 电力设施 …… 157
　6.9.3 供热与燃气设施 …… 157
6.10 日本TOYSRUS（株）物流案例：神户物流中心 …… 158
　6.10.1 三大运营指导方针 …… 159
　6.10.2 追求物流的合理化和低成本化 …… 159
　6.10.3 神户物流中心概要 …… 160

6.10.4 入库和出库作业流程 …… 161
6.10.5 纸箱及内装箱货物出库 …… 162
6.10.6 发货 …… 163

第7章 物流信息系统规划 …… 164
7.1 概述 …… 164
　7.1.1 物流信息系统 …… 164
　7.1.2 需求分析 …… 165
7.2 信息技术及应用 …… 168
　7.2.1 信息识别技术 …… 168
　7.2.2 物流定位技术 …… 172
　7.2.3 信息交换技术 …… 175
　7.2.4 物联网技术与"智慧储存" …… 177
7.3 物流信息系统设计 …… 179
　7.3.1 战略规划 …… 179
　7.3.2 系统规划 …… 180
　7.3.3 系统实施 …… 182
7.4 物流信息系统建设案例 …… 183
　7.4.1 某公司开发的仓储管理信息系统 …… 183
　7.4.2 某配送中心物流信息系统的应用 …… 188

第8章 物流配送中心的基本作业管理 …… 191
8.1 概述 …… 191
8.2 进货作业 …… 192
　8.2.1 进货计划与准备 …… 192
　8.2.2 接运卸货 …… 193
　8.2.3 验收核查 …… 194
　8.2.4 理货 …… 194
　8.2.5 入库标示 …… 195
　8.2.6 进货信息处理 …… 196
8.3 储存保管作业 …… 196
　8.3.1 原则与方法 …… 196
　8.3.2 储存设备 …… 198
　8.3.3 储存合理化 …… 198
　8.3.4 仓储绩效指标 …… 199
　8.3.5 库存管理 …… 200
8.4 盘点作业 …… 203
　8.4.1 盘点目的 …… 203
　8.4.2 盘点内容 …… 204
　8.4.3 盘点方法 …… 204
　8.4.4 盘点作业程序 …… 204
8.5 订单处理作业 …… 206

- 8.5.1 方法 ... 206
- 8.5.2 内容和步骤 ... 207
- 8.6 拣货作业 ... 208
  - 8.6.1 拣货流程 ... 208
  - 8.6.2 拣货单位 ... 209
  - 8.6.3 拣货信息 ... 211
- 8.7 补货作业 ... 212
  - 8.7.1 补货方式 ... 212
  - 8.7.2 补货时机 ... 212
- 8.8 流通加工作业 ... 212
  - 8.8.1 特点 ... 213
  - 8.8.2 目的 ... 213
  - 8.8.3 形式 ... 213
- 8.9 发货作业 ... 214
  - 8.9.1 发货要求 ... 214
  - 8.9.2 发货方式 ... 215
  - 8.9.3 发货流程 ... 215
- 8.10 配送作业 ... 215
  - 8.10.1 配送特点 ... 216
  - 8.10.2 车辆配送服务要点 ... 216
  - 8.10.3 配送计划 ... 216
- 8.11 生鲜食品配送中心的作业管理和电商物流建设 ... 217
  - 8.11.1 生鲜货品的物流特性 ... 217
  - 8.11.2 作业流程设计与管理 ... 217
  - 8.11.3 生鲜电商的物流体系建设 ... 219

第9章 物料搬运系统的分析与设计 ... 221

- 9.1 物料搬运概述 ... 221
  - 9.1.1 概念 ... 221
  - 9.1.2 特点 ... 222
  - 9.1.3 形态 ... 222
  - 9.1.4 原则 ... 223
- 9.2 搬运活性理论 ... 224
  - 9.2.1 问题的提出 ... 224
  - 9.2.2 理论内容 ... 225
  - 9.2.3 搬运的合理化 ... 227
- 9.3 物料搬运系统的基本方法 ... 228
  - 9.3.1 定义 ... 228
  - 9.3.2 目的 ... 229
  - 9.3.3 基本内容 ... 230
  - 9.3.4 搬运系统分析的程序 ... 232
- 9.4 搬运系统分析的基本要素和物料分类 ... 234
  - 9.4.1 基本要素 ... 234
  - 9.4.2 物料分类 ... 234
- 9.5 物料搬运的系统分析 ... 235
  - 9.5.1 系统布置分析 ... 235
  - 9.5.2 各项移动分析 ... 236
  - 9.5.3 编制搬运活动一览表 ... 238
  - 9.5.4 各项移动的图表化 ... 239
- 9.6 搬运系统方案设计 ... 241
  - 9.6.1 确定搬运方法 ... 241
  - 9.6.2 编制初步搬运方案 ... 243
  - 9.6.3 方案修改和限制 ... 244
- 9.7 方案的评价与选择 ... 244
  - 9.7.1 各项需求计算 ... 244
  - 9.7.2 投资成本分析 ... 245
  - 9.7.3 方案评价 ... 245
- 9.8 设计方案的执行与管理 ... 247
- 9.9 案例 ... 249
  - 9.9.1 东京烟草物流中心 ... 249
  - 9.9.2 千里丘可口可乐物流中心 ... 251

参考文献 ... 253

第 1 章 绪 论

1.1 概述

1.1.1 物流节点

物流,就是物品从供应地向接收地的实体流动过程。如果按其相对位移过程来观察,物品实体流动过程,其实是由多次相对运动过程和多次相对停顿过程所组成。一般情况下,两次不同的运动过程之间都要有暂时的停顿,而每次暂时停顿也往往连接两次不同的运动过程。物流便是由这种多次的"停顿—运动—停顿—运动—停顿"的过程所组成。

与这种物流运动过程相对应,物流系统也是由执行运动使命的线路和执行停顿使命的节点所构成,所有物流活动都是在线路和节点进行的。线路与节点的相互关系、相对配置、联系方式及其组成结构的不同,形成了不同的物流系统,物流系统的水平高低与功能强弱则取决于物流网络中线路与节点的配置与衔接。

在线路上进行的物流活动主要是运输,即利用运载工具运送物品。按运输方式不同可分为铁路运输、公路运输、水路运输、航空运输与管道运输等;按运输功能不同又可分为集货运输、干线运输与配送运输等。

物流节点(Logistics Node)是指物流网络中相邻物流线路的联结之处。除运输之外,物流功能中的其他要素,如储存保管、装卸搬运、包装拼装、分货集货、流通加工等,都是在节点完成的。因此,物流节点是物流系统中非常重要的部分。事实上,物流的在线活动也是靠节点计划、组织和控制的,如果离开了节点,物流在线路上的活动也将很难实现。

现代物流网络中的物流节点对整个物流网络优化起着相当重要的作用。在现代物流供应链中,这些节点不仅执行一般的物流职能,而且越来越多地执行指挥调度、信息处理、设计咨询、作业优化、教育培训等神经中枢的职能,是整个物流网络的灵魂所在,因而更加受到人们的重视。对于执行中枢功能的物流节点又特别称之为物流中枢或物流枢纽。

物流系统的整体优化,就是强调总体的协调、顺畅与最优,而节点正是处在联结系统的位置上,物流的总体水平往往通过节点体现,所以物流节点的研究是随着现代物流的发展而发展的,也是现代物流学研究不同于以往之处。

广义的物流节点是指所有进行物资中转、集散和储运的节点,包括港口、空港、铁路货运站、公路枢纽、大型公共仓库,以及现代物流中心、配送中心、物流园区等。

显然,这些机能很不相同的事物所涵盖的内容和范围十分宽泛,要对其进行统一研究很不方便。我们这里所说的物流节点,实际是指狭义的物流节点。狭义的物流节点是排除了港口、空港、公路枢纽及铁路货运站等物流基础设施部分，专指商品流通集散中心与生产企业拥有的原材料、在制品与产成品的流通集散设施的集合，即仅指现代物流意义的物流中心、配送中心与物流园区。

1. 物流中心（Logistics Center）

中华人民共和国国家标准《物流术语》（GB/T 18354—2006）将物流中心定义为从事物流活动且具有完善信息网络的场所或组织，应基本符合下列要求：主要面向社会提供公共物流服务；物流功能健全；集聚辐射范围大；存储、吞吐能力强；对下游配送中心客户提供物流服务。

从现代物流的观点来看，物流中心实际上是"流通工厂"。流通工厂与生产工厂大不相同，生产工厂可根据生产计划使生产作业标准化、均衡化和流程化；而物流中心则是组织、衔接、调节、管理物流活动的较大的物流节点，以实现物流的系统化和效率化，提高物流服务水平为宗旨，以减少对各种需求订单的错误处理和缺货为控制要素，并在此基础上，尽可能地优化物流管理，减少物流成本。因此，传统的物流仓库是以提高商品的保管效率为主业，而物流中心的主要着眼点则放在如何提高响应速度和拣货操作效率等方面。由此可见，物流中心是指为了有效地保证货物流通而建立的物流综合管理、控制与配送的机构与设施。作为物流网络主要要素，物流中心一般以少品种、大批量物品的汇聚和分销为主要功能，因此，凡从事大规模、多功能物流活动的场所即可称为物流中心。

2. 配送中心（Distribution Center）

《物流术语》对配送中心的定义为从事配送业务且具有完善信息网络的场所或组织，应基本符合下列要求：主要为特定客户或末端客户提供服务；配送功能健全；辐射范围小；提供高频率、小批量、多批次配送服务。

配送是特殊的、综合的物流活动形式，是商流与物流的紧密结合。从物流的角度来看，配送几乎包括了所有的物流功能要素，是较小范围内物流全部活动的体现。配送活动是通过物流节点，有效地对物品进行储存、拣选、加工、包装、配货和送货，并达到一定的规模，以规模优势赢得较低的送货成本。同时，配送更加强调按客户的订货要求，以提供更好的物流服务为宗旨。

由上述物流中心、配送中心的定义可以看出，物流中心是综合性、地域性、少品种、大批量的物资位移集散型物流节点，处于物流网络的较前端，功能健全，具有一定的存储和调节能力，是产销企业间的物流桥梁和纽带；配送中心是以组织配送性销售或供应，执行物品配送为主要职能的流通型节点，更靠近物流网络的末端，它既有集货中心集零为整的职能，又有分货中心化整为零的职能，为了优质、高效地配送，它还有较强的流通加工能力，也可以说配送中心实际上是集货中心、分货中心和加工中心功能的高度综合。与物流中心相比，配送中心具有规模小，多品种，小批量，多批次，短周期，专业性强，以配送功能为主、存储功能为辅等特征。

物流中心与配送中心都是英译而来的，一般来说，两者在本质上没有太大的区别。在欧美，通常物流中心也用 Distribution Center 表示。因为，它们都是现代物流网络中的物流节点。从发展来看，它不仅执行一般的物流职能，而且越来越多地执行神经中枢的职能。近年来，物流中心、配送中心也由于这些增值职能而得到越来越多人的重视。尤其是对以研究物流规划与设计为主要任务的本书，严格区分两者的意义就更不大。因此，本书对物流中心、配送中心将不再区分，依照惯例，统称为物流配送中心。

3. 物流园区（Logistics Park）

《物流术语》对物流园区的概念做了较全面的阐述：物流园区是指为了实现物流设施集约化和物流运作共同化，或者出于城市物流设施空间布局合理化的目的而在城市周边等各区域，集中建设的物流设施群与众多物流业者在地域上的物理集结地。

物流园区应当包括以下几个要素：

（1）土地规模　物流园区是大概念，而一般意义上的物流配送中心是小概念，这一点在国内外都是明确的。物流园区要有一定的规模，因为规模大小将决定物流园区所能够承载的设施、功能与服务。物流园区建设应加强土地集约使用和发挥规模效益，单个物流园区的总用地面积应不小于$1km^2$，物流园区所配套的行政办公、商业及生活服务设施用地面积应有一定的限制，以不大于15%为宜。

（2）物流设施　物流园区必须具备比较完备的设施，这些设施包括基础设施（用于仓储运输服务的设施）、公共设施（用于工商、税务、海关、商检、银行、保险等服务设施）以及相关设施（用于办公、居住、餐饮等服务设施）。

（3）进入企业标准　物流园区必须制定明确的入驻企业标准，并以市场竞争的规则决定企业进出或去留。

（4）物流服务　包括基本服务和附加增值服务，既包括对进入企业的服务也包括对终端客户的服务。物流园区在规划与设计中不能只停留在功能上，必须定义所提供的服务，依据需求链、供应链、价值链、产业链与服务链等设计物流园区的服务与业务模式。

（5）运营主体　物流需要集约化，土地开发需要集约化，城市需要经营，物流园区要有一个明确的运营主体，必须避免表面上一个运营主体而实际上各自为政或者只有管理主体而没有运营主体的局面。单一的通过招商而转让或租赁土地的方式是难以形成真正意义上的运营主体的。

（6）投资主体　关于投资主体问题，既要明确投资主体本身，也要明确投资主体和运营主体的关系，这个问题对于我国的物流园区尤为重要。因为绝大多数的物流园区都是从生地开始的，其主要情形是：物流园区都是政府主管部门或直属企业以土地形式投资控股并在此基础上衍生出一两个牌子和机构，这就可能造成政企不分的局面。

以所依托的物流资源和市场需求特征为划分依据，可将物流园区分为货运服务型、生产服务型、商贸服务型与综合服务型等类型。

物流园区最早出现在日本东京，被称为物流团地；在欧洲，物流园区被称为货运村（Freight Village）。日本从1965年起在规划城市发展的时候，政府从城市整体利益出发，为解决城市功能紊乱，缓解城市交通拥挤，减轻产业对环境的压力，保持产业凝聚力，在城乡接合部主要交通干道附近专辟用地，确定了若干集约运输、仓储、市场、信息、管理等功能的物流团地，通过逐步配套与完善各项基础设施和服务设施，提供各种优惠政策，吸引大型物流配送中心在此聚集，使其获得规模效益，对于整合市场、降低物流成本起到了不可替代的重大作用。同时，减轻了大型配送中心在市中心分布所带来的种种不利影响，成为支撑日本现代经济的基础产业。我国第一个物流园区是深圳平湖物流基地，始建于1998年

12月,当时称之为物流基地,叫作"建设物流事业基础的一个特定区域"。最近十多年来,随着我国经济的长期平稳高速发展,我国的物流园区建设发展已步入强劲增长时期。

1.1.2 物流配送中心的基本任务

传统的仓储由验收入库、保管维护与货物发放为主的一系列作业过程和环节组成,其功能是为了储存保持货物的使用价值。随着生产的社会化、市场的扩大化和客户需求的多样化,产品的流通渠道发生了大规模的重组,商品流通领域出现了多级代理、多级经销和配送制,传统仓储企业所提供的储存和保管服务已经不能满足市场的需求,经过改造、重组和升级,逐渐被集成化、系列化和增值化的现代物流配送中心所代替。

物流配送中心是伴随着商品的社会化大生产和市场化大流通而产生的,与传统仓库迥然不同,物流配送中心的基本任务是完成物资的储存与配送,是对物资从供应地到消费地的有效率、有效益的流动和储存进行计划、执行和控制。围绕这一基本任务,物流配送中心的工作应包括物流过程的进向、去向、内部和外部的移动,同时还包括以环境保护为目的的物料回收。因此,现代物流配送中心是一种全新的流通模式和运作结构,通过其合理的科学管理制度、现代化的管理方法和手段,充分发挥物流配送中心的功能和作用,致力于协调供应链关系,保障相关企业和客户整体效益的实现。

具体来说,现代物流管理就是通过对整个供应链系统进行计划、协调、操作、控制和优化,将顾客所需的正确的产品(Right Product)能够在正确的时间(Right Time),按照正确的数量(Right Quantity)、正确的质量(Right Quality)和正确的状态(Right Status)送到正确的地点(Right Place),即"6R",完成物资的储存与配送任务,为客户提供优质服务,并使总成本最小。

1.1.3 物流配送中心的作用

现代物流是以制造厂家、供应商、物流公司、物流中心、仓库、运输公司、区域配送中心、批发商、零售商和最终客户等实体为节点所构成的物流网络,网络上流动着物流、资金流和信息流。如前所述,在物流活动中,物流配送中心起着协调组织、调度控制和执行主要职能的中心枢纽作用。具体可以从以下几方面来加深认识。

1. 物流调节作用

由于物流配送中心集中储存了批量的物品,具有一定的储存能力,从而降低了其他物流实体的零散储存,减少了无效储存,提高了储存设施利用率,降低了储存成本。同时,通过物流配送中心,又便于进行制造、供应和销售等方面的调节,提高了物流效率和效益。而且,还能够调整时间差异和进行价格调整,因为一般情况下,生产和消费之间存在时间差,如季节生产、全年消费的农产品;通过存储可以克服商品在产销时间上的不平衡,如在供大于求时,储存货物以待价格回升。

2. 物流衔接作用

物流配送中心可以实现物流的"无缝"衔接,加快了物流速度。首先,通过转换运输方式衔接不同运输手段,如空运、海运、铁路运输与汽车运输等,通过散装整车转运、集装箱运输等，减少装卸次数和暂存时间，降低货物破损和消耗，加快了物流速度；其次，通过流通加工衔接不同的包装，物流配送中心根据运输、储存和销售的需要，进行拆箱、拆柜、拆垛、装箱、码垛等变换包装形式和数量的作业，从而减少了客户接货过多和反复倒装之苦；再次，通过储存衔接不同时间的产出和需求的物流差异，产、需之间不仅有时间、空间的差异，同时还存在数量的差异，物流配送中心既可以通过集货，积少成多，集零散为批量，又可以进行分货，将批量拆零，以便分散供应，更好地解决产需矛盾，满足不同形式、不同时间的生产与需求。

3. 利益共享作用

现代化的超级市场以连锁制为轴心，门市网络为市场依据，与物流配送中心共同开发第二利润源泉（销售利润）和第三利润源泉（物流利润），把信息直接渗透到制造加工业，开发名优产品，挖掘第一利润源泉（生产利润）。物流系统化的目的在于以速度、可靠和低费用的原则实现以最少的成本提供最优质的物流服务，物流配送中心是高效益连锁经营的供货枢纽和保证，是企业家在微观流通领域"零库存"梦想得以实现的前提，它可以促进生产、满足消费与降低成本，实现整个供应链最少环节、最短距离、最低费用和最高效率，从而获得总体最大经济效益。

4. 信息汇集作用

物流配送中心是整个物流系统的信息收集、传递、处理与发送的集中地，物流配送中心不仅是物流集聚中心，而且是信息汇集中心。由于物流配送中心连接产、供、销各环节，涉及实体多，辐射范围广，必须具有极强的信息收集、处理和反馈功能，建立指挥、管理、调度整个物流系统的信息网络，为物品流通提供决策依据，对物流全程进行指挥和监控，为客户提供实时准确的信息服务。

5. 整合协调作用

物流配送中心利用现代信息手段，整合制造商、供应商、分销商、零售商和服务提供商的物流资源，使得商品尽量按市场需求进行准确生产，并在正确时间配送到正确地点，从而达到整个物流网络的成本最小化。物流配送中心通过建立集成化的物流管理信息系统，使整个物流网络各成员做到关键信息共享，物流实时控制，以减少物流流动时间，提高供货、需求预测精度，节省交易时间和费用，提高物流效率和服务质量。

1.2 物流配送中心的功能

在现代物流体系中，物流配送中心是作为物品运输、储存保管、装卸搬运、包装、流通加工和物流信息处理的节点，使商品能够按照顾客的要求，完成附加值，并且克服在其流动过程所产生的时间和空间障碍。因此，物流配送中心所具有的功能，可归纳如下。

1.2.1 运输

运输是用设备和工具，将物品从一地点向另一地点运送的物流活动，这里专指物的载运和输送。它是在不同地域范围，以改变物品的空间位置为目的，也是改变物品空间状态的主要手段。物流配送中心需要自己拥有或租赁一定规模的运输工具，具有竞争优势的物流配送中心不只是一个点，而是一个覆盖全国的网络。因此，物流配送中心首先应该负责为客户选择满足客户需要的运输方式，然后具体组织网络内部的运输作业，在规定的时间内将客户所需商品运抵目的地。除了在交货点交货需要客户配合外，整个运输过程，包括最后的市内配送都应由物流配送中心负责组织，以尽可能方便客户。

在市场半径和经营规模较小的状况下，由于商品数量少、距离近，加之消费行为单一，商品输送完全可以由生产企业自身承担，相应的交易与管理费用也较为低廉。但随着市场经营规模的扩大，生产与消费两地之间不仅距离越来越远，而且流通渠道也变得越来越复杂，特别是营销服务的广泛开展，更使商品输送呈现出多批次、小量化的趋势。这样，从整个输送过程来看，就势必分化为大量商品统一输送的干线运输与都市内的终端配送，如此多样复杂的物流体系，生产企业显然无法完全控制和管理。

在现代商品运输中，如果单个企业直接承担小规模货物运输，不仅会因平均运送货物量少而造成经济成本增加，而且由于运输次数频繁，可能形成迂回运输、无效运输、倒流运输和重复运输，容易造成成本增加、效率低下、交通堵塞、环境污染等社会问题。如果在干线运输源头或厂商集散地建立物流中心，在中心内统一集中各小企业的货物，并进行合理的组合，再实施干线运输；同样，干线运输的货物再在消费地附近的物流配送中心统一进行管理，并安排相应的小型货车进行配送，这样就大大提高了物流效率，增强了规模经济效益，降低了商品成本和社会成本。因此，在现代物流体系中，物流配送中心所具有的商品运输功能将起着决定性的作用。

1.2.2 储存保管

与运输相对应，储存是以改变物品的时间状态为目的的活动，保管是对物品进行保存，并对其数量、质量进行管理控制的活动。储存保管具有调整产需之间时间差异、价格差异和数量差异等多重功能。在现代经济社会中，商品的生产和消费之间由于时间、空间与其他因素的影响，常常会出现暂时的分离，物流配送中心为了发挥时空的调节、价格的调整和数量的调度作用，需要具备储存保管功能，如某些季节性产品需要在物流配送中心长期保管后再向客户发货。应当指出的是，物流配送中心所具有的储存保管功能与仓库保管是不一样的，物流配送中心的储存保管功能与企业战略息息相关，是一种企业管理职能，而仓库保管仅仅是一种简单的商品储存活动，其本身不具备经营管理活动的性质。

物流配送中心需要有仓储设施，但客户需要的不是在物流配送中心储存商品，而是要通过仓储环节保证市场分销活动的开展，同时尽可能降低库存占压的资金，减少储存成本。为了满足客户的要求，保证迅速、有效地发货而对在库货物实施的管理称为在库管理。具体来讲，在商品再生产、输送等补货时间比客户规定抵达时间更长的情况下，为了消除这种时间上的差异，防止客户出现缺货和短货，物流配送中心必须有一定的库存货物，以此为目的的在库管理就是安全在库管理。另一方面，过多的库存又会造成物资的积压，储存空间的浪费，物流成本的增加，因此，合理的在库管理是把货物库存量保持在一定范围内，既要减少超额在库投资，降低在库成本，又要能防止延迟或缺货，满足客户要求。

1.2.3 装卸搬运

装卸是在指定地点将物品装入运输工具或从运输工具卸下的活动，其目的在于改变物品的存放状态。搬运是在同一场所将物品进行短距离移动的物流活动，其目的在于改变物品的空间位置。与运输、储存保管不同，装卸搬运不产生新的效用和价值。与搬运相比，装卸是更为简单，但却是花费时间更多、劳动强度更大的物流活动。

为了加快商品在物流配送中心的流通速度，装卸搬运是必须具备的功能。物流配送中心应该配备专业化的装载、卸载、提升、运送、码垛等装卸搬运机械，以提高装卸搬运作业效率，减少作业对商品造成的损坏。在物流配送中心内，为了进行进货发货、储存保管、流通加工以及拣选分拣等各种作业，就必须改变物料的空间位置和存放状态。装卸搬运就是将不同形态的散装、个装或整装的原料、半成品或成品，在平面或垂直方向加以提起、放下或移动，使物品能适时、适量地移至适当的位置或场所存放。

装卸搬运是为了完成某项物流作业而进行的辅助作业，其本身并不具备目的性。但是，在物流配送中心内，任何实体物流作业都离不开装卸搬运，因此，装卸搬运是一种随处可见的物流活动。同时，由于装卸搬运本身并不产生效用和价值，况且不良的装卸搬运还会损伤、损坏和弄污物品，所以，尽量减少装卸搬运次数和距离是物流配送中心规划设计的重要内容之一。

1.2.4 包装

包装是为了在流通过程中保护商品、方便储运和促进销售，采用材料、容器和辅助物，并对其施加一定技术方法的总称。换句话说，就是在商品输送与保管过程中，为保护商品价值和形态而从事的物流活动。

物流配送中心的包装作业目的不是要改变商品的销售包装，而在于通过对销售包装进行组合、拼配、加固，形成适应于物流配送的组合包装单元。

包装的功能主要体现在三个方面：第一，保护商品功能，即保护物品不受损伤，防止水、汽、光、热、腐蚀物和冲击等对物品产生影响，这是包装的主要目的；第二，便利储运功能，在流通的各个环节，物品经过合理的包装，会大大提高物流的效率和效益，能够便利流通，满足储存、运输和装卸要求；第三，促销功能，包装的表面形态是商品最好的宣传品，精美的包装能够唤起人们的购买欲望，刺激感官，促进销售。

1.2.5 流通加工

流通加工是为了提高物流效率和物品利用率，或者按照客户要求进行的保存加工和同一物品的形态转换加工。商品从生产地到消费地往往都要经过很多流通加工作业，特别是开展社会化配送后，在消费地附近需要将大批量运抵的商品进行细分、分割、计量、组装、小件包装和标签贴附、条码贴附等简单操作，这些都需要在物流配送中心内进行。此外，随着流通领域中零售业的发展，物流配送中心的流通加工功能还在进一步扩展，如物流配送中心逐渐具有蔬菜调理、食品冷冻加工与食品保鲜等食品加工站的功能。还有，在货物运抵消费地后，物流配送中心要就地进行商品的货架配置、上架等原来属于零售店作业的活动。物流配送中心所从事的诸如此类的流通加工工作，大大提高了商品作业的效率，降低了零售店铺的管理费用,有利于实现企业统一管理与企业形象的树立。由此可见,物流配送中心的流通加工功能正成为现代物流必不可少的组成部分。

1.2.6 信息处理

一个现代化的物流配送中心除了具备水平适度、省力高效的物流装备和物流技术之外,还应具备现代化的物流管理系统,这样才能使物流配送中心高效有序地运转,取得最大的效率和效益。与此同时,现代化的物流管理系统所具有的信息处理功能,将向客户提供更优质的服务。其主要表现在能够对各个物流环节各种物流作业的信息进行实时采集、分析与传递,并向客户提供各种作业明细与咨询信息。对于现代物流配送中心,物流的效率与效益都与信息处理功能息息相关。

1.2.7 增值服务

物流配送中心的增值服务功能主要包括以下几个方面。

1. 结算功能

物流配送中心的结算功能是物流配送中心对物流功能的一种延伸。物流配送中心的结算不仅仅只是物流费用的结算,在从事代理配送的情况下,物流配送中心还要替货主向收货人结算货款。

2. 需求预测功能

物流配送中心根据商品进货、出货信息来预测未来一段时间内的商品进出库量,进而预测市场对商品的需求。

3. 物流系统设计咨询功能

物流配送中心要充当货主的物流专家,因而必须为货主设计物流系统,代替货主选择和评价运输商、仓储商及其他物流服务供应商。国内有些专业物流公司正在进行这项尝试,这是一项增加价值、增强公共物流配送中心竞争力的服务。

4. 物流教育与培训功能

物流配送中心的运作需要货主的支持与理解,通过向货主提供物流培训服务,可以培养货主对物流配送中心经营管理者的认同感,可以提高货主的物流管理水平,可以将物流配送中心经营管理者的要求传达给货主,也便于确立物流作业标准。

1.3 物流配送中心的分类

物流配送中心根据不同的划分标准可以划分为不同的类型。具体来讲,有以下3种划分形式。

1.3.1 按主要功能划分

如前所述,物流配送中心的主要功能有运输、装卸搬运、储存保管、包装、流通加工、信息处理与增值服务等。根据其侧重点的不同可分为以下不同类型的物流配送中心。

1. 集货中心

集货中心是将分散生产的零星货物集中成大批量货物的物流节点。集货中心通常多分布在小企业群、农业区、果业区、牧业区集镇等地域。这里小型企业比较集中，收集企业和农户分散生产的零星产品也较为方便。通常小型企业与农户生产的产品比较粗糙，包装程度也很低，集货中心要将这些产品进行分级、分选、除杂和精制等简单加工，并按不同的加工要求进行批量较大的包装和储存，使原来分散的、规格质量混杂的、不便于进行运输和销售的货物形成批量运输，以降低运输成本，方便销售。集货中心一般拥有计量、称重和质检等仪器，储存和装卸设施以及分拣、加工、包装设备和运载工具。

2. 送货中心

送货中心是将大批量运抵的货物换装成小批量货物并送到客户手中的物流节点。其主要功能是将大批量、大包装进来的货物，按照销售要求进行分装、加工和包装，形成小的销售包装，然后配送转运出去。此类物流中心多分布在产品使用地、消费地或车站、码头、机场所在地。送货中心应有自备或共用的专运线和站台等接发货设施，装卸、分货、分装和包装设备及运载工具。

3. 转运中心

转运中心是实现不同运输方式或同种运输方式接力联合运输的物流节点，通常称为多式联运站、集装箱中转站或货运中转站等。转运中心多分布在综合运网的节点处、枢纽站等地域。这类物流配送中心的主要功能是实现不同运输设备间货物的装卸中转、货物集散与配载（针对不同目的进行集零为整、化整为零配载作业）等。转运中心除应具有装卸货设施设备外，还应具有能够进行拆零、码跺、包装和储运等作业的设施设备。

4. 加工中心

加工中心是主要从事流通加工业务的物流节点。这类节点多分布在原料、产品产地或消费地。经过流通加工后的货物再通过专用车辆、专用设备以及相应的专用设施，如冷藏车、冷藏仓库、水泥散装车、预制现场等进行作业。其中分布在原料、产品产地的，以服务于储存、运输业务为主；分布在消费地区的，以销售服务为主。

5. 分拨中心

分拨中心是专门从事分拨活动的物流节点，换个角度来说，它是集集货、分货、送货、拣选分拣、流通加工等多种功能于一体的物流节点。分拨中心的服务对象是为数众多的生产企业和商业网点，分拨中心的作用是按照客户的要求，及时将各种已经配装好的货物送交到客户手中，满足生产和消费的需要。分拨中心应具有现代化的仓库并配备一定数量的仓储设备，存储一定数量的商品，同时要有用于分拨的输送、包装、加工设备和运输车辆。

6. 配送中心

配送中心是将集货、分货、配货、送货、包装、储存、搬运装卸、流通加工与信息服务等多种服务功能融为一体的物流节点，是物流功能较为完善的物流中心。配送中心一般有拣选分拣和搬运装卸等设备，有储存、装卸平台和配货场地等设施，有所必需的适用于各种货物运输的车辆工具。配送中心应分布于城市边缘且交通方便的地带。

7. 物资中心

物资中心是依托于各类物资或商品交易市场,进行集货、配货、送货、储存、包装、搬运装卸、信息咨询、货运代理等服务的物资商品集散场所。全国一些有影响的小商品市场、时装市场与布匹市场等,已初步形成了为客户提供代购、代储、代销、代运及其他相关服务的场所和组织,有的已经成为全国性的小商品、时装与布匹等的专业性物流中心。

以上各类的区别,体现在物流配送中心的作业内容与服务范围的差异。从现代物流发展的趋势来看,为了加速商品流通,更好地使物流系统顺应客户的需要,物流节点逐渐从转运中心(Transfer Center)向配送中心(Distribution Center)转变,目前在发达国家,配送中心的比例一般要占到物流配送中心的70%以上,另外,流通加工中心(Process Center)的发展也非常迅速。

1.3.2 按流通阶段划分

物流是从生产地到消费地整个货物流通渠道的实体运动,根据物流配送中心在流通渠道中所处的地理位置与发挥的作用,可以划分为以下不同类型的物流配送中心。

1) 位于生产地附近,属于制造商的物资调达或产品存放的物流中心,如生产工厂物流中心与企业暂存型物流中心。

2) 位于生产地与消费地之间,属于广义厂商或批发商的流通中心,如批发型物流配送中心。

3) 位于消费地附近,属于批发商或零售商的,旨在为零售店服务的商品中心,如零售店配送中心与超市加工型配送中心。

1.3.3 按运营主体划分

根据不同的运营主体划分,物流配送中心通常可以分为生产企业物流配送中心、商业企业物流配送中心与第三方物流配送中心。

1. 生产企业物流配送中心

生产企业物流配送中心是由企业采购销售的流通需求发展起来的。这类物流配送中心,是经过企业内部材料零部件采购、原材料管理、产品零部件库存和产品销售等部门的整合重组,最终形成了面对客户、联络内外的物流配送中心。在国外的物流配送中心演变发展过程中,生产企业物流配送中心是蜕变为第三方物流配送中心的原始主体。

通常,生产企业需要的物流配送中心有两种,一种是为企业生产活动提供支持的物料中心,它的功能需求与生产企业对原材料供应商的需求相同,即要求物流配送中心将原材料配送给工厂。物流配送中心的客户主要是工厂,处理的对象主要是生产产品所需要的原材料及零部件。原材料与零部件存在着一定的数量关系,其品项数会随着产品种类的增加而更快增加。因此,物流配送中心的功能应注重原材料的配套储存、分拣、运输送货、流通加工和预处理等方面。

另一种是服务于生产企业中产品分销网络的物流配送中心。这类物流配送中心是企业分销网络的中枢,其市场覆盖面广,有的企业具有区域物流配送中心(Regional Distribution

Center，RDC），甚至全国物流配送中心（National Distribution Center，NDC）的地位；同时，这类物流配送中心还具有分销能力强、市场信息收集与传递及时、运输和配送物品能力强、响应快速、需求预测与订单处理功能完善等特征。

与公共型物流配送中心相比，生产企业物流配送中心具有以下特点：首先，由于大部分物流配送中心是由销售功能转换而分离出来的，因此与生产企业的销售系统关系非常密切；其次，生产企业物流配送中心是企业的下属部门，其财务、人事不单独存在，由企业统管；再次，生产企业物流配送中心大多数与企业的相关物流功能为一体，兼有原材料采购的功能。

在经济发达国家，生产企业物流配送中心数量比较多。像美国 MAIT STREET 配送中心，拥有建筑面积 1.1 万 m^2，是专营服装和鞋类商品的大型联合企业，它设有 21 家商店和一个哥伦布配送中心。再像日本的松下、日产、丰田、东芝、三菱等公司，都拥有自己的物流配送中心和运输工具，有的甚至还拥有专用码头。这些生产企业的规模很大，足以使产品、零部件的运输和储存独立出来，成为物流配送中心。

2. 商业企业物流配送中心

商业企业主要包括两种类型，即分销商和零售商，我们将运营主体属于分销商和零售商的物流配送中心统称为商业企业物流配送中心，这是现代商品流通的一种发展趋势。这类物流配送中心有的从事原材料、燃料、辅助材料的流转，有的从事大型超市、连锁店的商品配送。像沃尔玛、家乐福、卜蜂莲花等大型零售企业，为了达到降低采购成本的目的，都自办了物流配送中心。

商业企业物流配送中心有以下特点：首先，由于大部分物流配送中心由商品采购部门转换而来，因此很多企业的物流配送中心与采购部门合二为一；其次，商业企业物流配送中心随着商业连锁形式的深化，逐渐向网络化的方向发展，商品采购实行统一管理；再次，商业企业物流配送中心的组织形式与商业规模有很大的关系，商业规模较小的物流配送中心实行直线式组织形式，大型连锁商业企业一般实行职能制组织形式。

例如，设立在日本东京都立川市的菱食立川物流中心，拥有冷冻冷藏仓库、恒温仓库、常温仓库约 1.1 万 m^2，主要配送食品、酒类和冰淇淋等商品，配送品项数 3350 种。储存商品能力为冷藏冷冻类 7 万箱，常温恒温 25000 箱。每天配送冷冻食品、冰淇淋和酒类数量为 24000 箱。这些商品主要配送到关东地区的 12 个配送中心，然后由 12 个配送中心再配送到各零售店。

1.4 现代物流的产生与发展

在人类社会的发展中，生产力是最活跃的因素，特别是被人们称为"第一生产力"的科学技术尤为活跃。无数事实证明，科学技术的不断发展，一方面提高了劳动生产率，从而使社会的物质财富日渐增多；另一方面则扩大了社会分工，促进了生产方式的变革，将社会生产与经济活动不断推向更高的专业化、社会化发展层次。

由于经济的快速发展和迅速增长，新的生产方式普遍被采用，生产者与需求者对后勤服务日益重视，对后勤服务的要求也越来越高。与此同时就物流而言，不但要求提高它的社会化、专业化程度，从而降低生产成本和增加企业效益，而且要求它以合理的方式流动，即要求物流结构合理化,从而较好地适应生产与市场需求变化的需要。在这种形势下,物流合理化问题被提到了人们的议事日程,现代物流的出现也就成为必然。

1.4.1 形成原因

现代物流是伴随着生产社会化的持续发展和社会分工的不断细化而产生和发展的,是市场经济发展到一定阶段的客观要求,同时也是物流进一步发展的必然趋势。现代物流的形成原因主要基于以下条件。

1. 货运量迅速增加

随着科学技术的进步和发展,人类开发利用自然资源的规模也在迅速扩大,资源分布的不均衡性、各国经济技术发展的不平衡性,导致了原料、材料和产品在世界范围的大量流动。货流量的增加,促进了运输业的增长,也促进了作为物流节点的仓库功能的变化:从原来的单一保管功能发展到集货、分货、装卸搬运、流通加工、配送等多种功能。港口、码头、汽车和火车货站、机场货站、城市仓库等物流节点都在扩展自己的功能,许多物流节点逐渐变为现代的物流配送中心。

2. 运输方式与工具的多样化

单一的运输工具可能不需要货物在运输工具之间的转换,但当飞机、火车、汽车、轮船等多种运输工具和多种运输方式融合在一起的时候,货物在运输工具之间的转换使物流业务变得异常复杂。首先,货物需要在物流节点装卸、换载,理货、配载的工作量大大增加,货损、货差的可能性大大增加;其次,不同货物的同一流通方向、同一货物的不同流通方向、不同货主的同一流向货物、同一货主的不同流向货物、不同运输工具之间的转换及交接,使得物流节点必须拥有足够的场地、泊位、铁路专用线、站台和仓库,才能完成这些工作,这些因素要求物流节点由传统的单一功能扩展成为现代物流的综合功能。

3. 道路交通的发展

高速公路的发展,大大缩短了货物运输的时间,使长距离的运输越来越多地利用公路交通。美国在20世纪用30年时间建起了全国高速公路网,从而改变了物流节点布局的变化和规模的扩大,众多的小仓库消失了,代之而起的是分布在交通枢纽、城市边缘的设备先进、周转速度快的现代物流配送中心。

竞争的压力和追求高额利润的动力,迫使厂商不断降低自己的物流成本。当市场竞争的压力还不足够大的时候,厂商、仓库和运输业主之间是彼此相对独立的;当竞争压力逐渐增大之后,这三者才发现,他们之间必须密切配合,才能降低物流成本。首先,拥有自备仓库的厂商觉得必须将仓储业务交给专业仓储企业,才能减少自己在仓储的投入,增加生产资金,扩大生产规模;其次,减少产品的库存量,减少产品的资金占压,就需要加快运输速度,减少货物损耗,需要与仓储、运输企业密切合作,才能缩短货物在库、在途时间,降低物流成本;第三,专业化的操作使复杂的业务流程简单化,工作熟练程度的提高,可以使处理货物流通的速度加快,从而达到降低成本的要求。

4. 城市经济的发展

城市是一个国家或地区政治、经济、文化的中心,也是物流的集结之地。城市经济的发展,对现代物流的形成起着至关重要的作用。首先,城市经济规模的扩大,需要较大的物流场所与之相适应,那种较小的单一功能的仓库也就被规模较大的多功能的物流配送中心所取代;其次,城市中心仓库由于地价昂贵、交通不畅、装卸不便、车辆尾气、噪声污染等原因导致不得不从城市内部迁往郊区,在迁建或新建过程中,更新增添了设备,扩大了规模,形成了现代物流节点。

5. 科学技术的进步

自动识别技术、计算机技术、信息传递技术、卫星定位技术以及货物递送、分拣、装卸、运输等技术的不断创新和进步,使得大型物流节点有了先进的技术支持。

6. 贸易形式的变化

在零售行业,随着激烈的商业竞争,超市、仓储超市、连锁商业、专卖店、快递等新的贸易形式大量出现,贴近顾客、低价格销售的营销方式又促进了物流节点的发展。

1.4.2 历史发展阶段

现代物流的历史发展大体经历了4个阶段。

1. 局部应用阶段

早在第二次世界大战期间,为了卓有成效地调运军用物资,美国军队的物资运送人员,运用运筹学的理论和方法,解决了一系列物资供应中出现的矛盾和问题,有效地组织了军用物资的调运和送达,圆满完成了后勤供应任务,对战争的胜利提供了有力的后勤保障。战后,即20世纪50~60年代,这种组织管理手段被应用到企业的生产管理,开创了企业生产的崭新局面,取得了很好的经济效益。这实际上是美国现代物流配送的初创期,也是世界范围的现代物流的起步时期。

当时,在美国,为第二次世界大战中军事后勤供给系统提供了物流服务的技术人才,用他们的军队后勤管理经验,整顿了福特公司的储存和配送系统,使福特公司一流的汽车制造技术有了当时先进的物流管理,从而降低了生产流通成本,增加了企业的效益。

在这一阶段,真正意义上的物流管理还没有形成,降低成本仅仅停留在降低运输成本与储存成本等个别管理上,企业还没有物流的意识,物流分散在企业组织的不同职能中,物流管理只是企业生产过程中的一个技术环节,在工业企业中只是零散地局部应用。

2. 实体分销管理阶段

20世纪60年代,物流(Physical Distribution)的概念开始形成并受到重视,企业内部设置了物流管理部门,销售物流的综合管理开始得到推进。其特征是,将销售领域存在的运输、储存、在库管理和配送等活动,以信息系统作为中介手段构成有机整体,经济合理地配置相关资源,以达到降低成本的目的。

在物流管理部门的推动下,实体分销管理第一次将企业内部的运输、仓储、库存控制、物料搬运和信息处理等活动因素集成起来,朝着系统化、整合化的方向发展。也就是说,不是将运输、仓库分别对待,而是将其看成一个整体,寻找出合理化的状态;不是追求运输保管个别功能的最优化,而是在考虑这些功能之间联系的同时,找出最佳组合。在美国、日本等经济发达国家，大公司竞争日益集中于降低销售成本，公司内部系统性的物流设计和运筹已成为企业"利润的第三源泉"。20世纪50年代中后期，日本通产省本部派团赴美考察，到20世纪70年代初，随着日本经济的高速发展，生产规模迅速扩大，商品流量急剧增长，为了降低物流成本，加速商品周转，开始重视分销领域的物流的整体运筹。

这一时期的物流管理，从局部的技术性应用向分销领域整体化实用推进，物流管理进入了系统化应用阶段。

3. 一体化物流管理阶段

在实体分销管理阶段，虽然将存在于企业经营领域的运输保管等活动实行整体化管理，大大增强了企业的客户导向，有效降低了企业的分销费用，但仅仅涉及产品的分销物流活动。事实上，物流贯穿于企业整个活动中，不仅包括分销物流，而且还包括采购物流和生产物流。

企业内一体化物流管理受到关注的背景来自于市场的不透明化。随着消费者需求的个性化和多样化，消费者的需求动向越来越难以把握。在市场需求不明朗的情况下，企业只有通过推出新产品的方式来适应市场的变化，其结果导致市场的多品种化，造成畅销产品的缺货和滞销产品的库存积压。无论哪一种情形，都会使企业遭受损失。

一体化物流管理的特征就是将实体分销管理的思想和方法应用到采购物流和生产物流活动中去，依据企业的经营战略，将存在于企业生产经营全过程中的物流活动作为一个有机整体来进行一体化运作和管理。其目标是：在适当的时间，以所期望的服务水准和最低的成本将原材料、在制品和产品配置到指定场所。

20世纪80年代以后，"Physical Distribution"一词被"Logistics"所取代。1963年成立的"美国物流管理协会（National Council of Physical Distribution）"在1985年更名为"Council of Logistics Management"。Logistics和Physical Distribution的区别主要表现在所涵盖的范围发生了变化，Logistics不仅包括实体分销，而且还包括采购物流和生产物流。20世纪70年代，日本丰田汽车公司"看板式生产"成功地应用了准时制（Just In Time，JIT）管理，并使之闻名于世。20世纪70年代以后，日本、美国及欧洲的食品零售业发生了很大的变化，一大批超市，采用JIT管理法，由物流配送中心为本地区的若干超市提供仓储和送货。

如果将现代物流发展的局部应用阶段的物流管理方式看作是分散的点状管理系统的话，实体分销管理是线状管理系统，一体化物流管理则是由线构成的平面管理系统。

4. 供应链管理阶段

企业内部一体化物流管理是根据产品的市场销售动向决定产品的生产和原材料、半成品的采购，从而保证采购、生产与销售的一致性。但是，问题出在产品销售动向只能从批发商的订货变化来掌握，再往前，即零售商、消费者的动向，厂家就无法掌握了。最要紧的是批发商提供的市场动向是依他的利益最大化考量的，并不是真正的市场变化，这样就导致了厂家生产与市场动向的差异性，使降低成本大打折扣。对于这样的问题，企业内部一体化物流管理是无法解决的。解决这一问题必然涉及外部企业，即从制造商到零售商的所有关联企业，这种包括从制造商到零售商所有关联企业的系统称为供应链。

供应链管理以企业间物流信息管理系统为纽带，以关联企业为共同主体，以物流、资金流与知识流为管理内容，以生产、流通与消费的全过程作为控制对象，达到整个供应链的物流合理化。显然，如果供应链上各个企业都孤立地优化自己的物流活动，那么整个供应链的物流不可能达到最优化。因此，要实现整个供应链物流的最优化，就必须从供应链整体出发来协调各成员企业的物流活动，这就是供应链的本质。应当明白，供应链管理的驱动力是使供应链的总成本最小化，为了提高整个供应链的整体竞争优势和增加共同利益，供应链成员企业之间必须实现信息共享和物流活动的高度集成化。

2005年，美国物流管理协会（Council of Logistics Management，CLM）正式更名为供应链管理专业协会（Council of Supply Chain Management Professionals，CSCMP）。美日两国供应链管理的实践首先是在服装生产和销售方面。服装销售的季节性强，需求多样化和个性化加大了服装生产和销售的难度。比如，服装生产企业根据批发商提供的市场信息追加的生产，往往因为无法准确得知销售企业的库存和零售情况，会因市场变化而突然滞销。供应链管理为解决这一问题提供了有效手段，供应链管理反映了当前物流管理的最高水准。

现代物流管理的发展反映了物流活动从个别管理到系统管理、从简单管理到复杂管理、从企业内部管理到供应链整体管理的演变过程。当前，物流产业达到专业化、规模化和市场化的成熟阶段，物流大数据挖掘和高度信息化无疑扮演了纽带和指挥的角色。

近一二十年以来，许多国家的政府和企业不断开发和推广新的物流技术。与此同时，它们也在不断探索更有效的配送形式，在实践中推出改革措施，使物流配送步入了崭新的、充满活力的发展轨道。在发达国家，近一二十年，作业自动化、信息处理电子化、服务网络化、交割电子商务化与管理现代化的物流节点如雨后春笋，竞相拔地而起，在车站码头、江河沿岸、大小海港与交通枢纽，比比皆是，呈现出车水马龙、运输有序的欣欣向荣景象。

1.4.3 第三方物流的发展

第三方物流是指生产经营企业为集中精力搞好主业，把原来属于自己处理的物流活动，以合同方式委托给专业物流服务企业，同时通过信息系统与物流企业保持密切联系，以达到对物流全程管理控制的一种物流运作与管理方式。这是一种由生产商、分销商或零售商以外的物流企业提供物流服务的业务模式，即用外部公司去完成传统上由组织内部完成的物流功能，从这个意义来说，第三方物流类似于外包物流或契约物流。第三方物流是相对"第一方"发货人和"第二方"收货人而言的。第三方物流企业为顾客提供以合同为约束、以结盟为基础，系列化、个性化、信息化的专业物流代理服务。

作为一种新的物流形式，第三方物流兴起于20世纪80年代末90年代初，经过二十几年的迅速稳步发展，第三方物流已经成为现代物流的主流和重要标志之一，在欧美发达国家和日本等，已发展成为现代物流业的主体。随着信息技术的发展和经济的全球化趋势，越来越多的产品在世界范围内生产、销售和消费，物流活动日益庞大和复杂，而第一、二方物流的组织和经营方式已不能完全满足社会需要；同时，为参与世界性竞争，企业必须确立核心竞争力，加强供应链管理，降低物流成本，把不属于核心业务的物流活动外包出去，于是，第三方物流应运而生。

随着商家对第三方物流需求的增加，一部分比较好的物流企业，如运输公司、仓储公司、海运公司、空运公司等便开始参与某些厂商的物流管理，它们一般从帮助厂商运输材料、在制品、零部件和成品做起，而后逐渐扩大到经营仓储、包装加工和配送等业务，成为这些厂商的合作伙伴，进而发展成为颇具规模的第三方物流服务公司。

相对于基本服务，第三方物流提供的物流服务，更加注重客户物流体系的整体运作效率与效益，同时以长期互惠的关系为基础。第三方物流以自身的专业优势和管理经验，为客户提供个性化的定制服务，并且与企业紧密结合在一起，建立了长期的战略合作伙伴关系。信息技术的发展是第三方物流出现和发展的必要条件，现代信息技术实现了数据的快速、准确传递，提高了在库管理、装卸运输、采购订货、配送运输和订单处理的自动化水平，使订货、包装、保管、运输和流通加工实现一体化。客户可以更方便迅捷地使用信息技术与其他企业进行交流和合作。

最常见的第三方物流服务包括物流系统设计、电子数据交换（Electronic Data Interchange，EDI）、报表管理、货物集运、选择承运人与货代人、海关代理、信息管理、仓储、咨询、运费支付、运费谈判等。

第三方物流企业利用其专业物流知识和技术及遍布全球的服务网络，提供给客户企业专业高效的物流服务，降低物流成本，提高物流效率和顾客服务水平。美国田纳西大学、英国Exel公司和美国Emst&Young咨询公司共同组织的一项调查显示，通过第三方物流公司的服务，企业物流成本下降11.8%，物流资产下降24.6%，办理订单的周转时间从7.1天缩短为3.9天，存货总量下降8.2%。毫无疑义，使用第三方物流为生产企业提供服务已成为不可逆转的趋势。

在目前物流业朝着大规模、网络化、信息化、多功能的现代物流方向发展的形势下，第三方物流以客户价值为中心改造和发展自己，从发达国家物流业的状况看，第三方物流在发展中已逐渐形成鲜明特征，突出表现在五个方面。首先，关系合同化。在新的市场环境下，制造商为了降低交易成本，获得高质量的物流服务，避免与许多物流服务商打交道，选择有实力的供应商，只与这些服务商签订合同，以保证获得稳定高效且能加以控制的物流服务。其次，服务个性化。随着市场竞争的日益激烈，企业的生产经营讲求以市场为导向，已逐渐从少品种、大批量为特征的大众营销阶段转向以多品种、小批量为特征的差异化营销阶段。这种趋势反映在第三方物流企业中，就要以个性化的服务来适应市场的需求，加强与客户的沟通和协作，保证信息在两个组织的管理层之间流动，使之与每个公司的垂直沟通相结合。第三，功能专业化。第三方物流企业所提供的物流服务要与国际接轨，按照国际惯例办事，要更为规范化和标准化。这不仅体现在作业流程环节标准化与格式化，而且从物流设计、物流操作过程、物流技术工具、物流设施到物流管理等方面体现出专业化、规范化与标准化。第四，管理系统化。第三方物流应具有系统的物流功能，是第三方物流产生和发展的基本要求，第三方物流需要建立现代管理系统才能满足运行和发展的基本要求。第五，信息网络化。信息技术是第三方物流发展的基础，信息化与否是衡量现代物流企业的重要标志之一。一方面，要根据实际情况建立有形网络，若企业规模大、业务多，可自建经营网点；若仅有零星业务，可考虑与其他物流企业合作，共建和共用网点；另一方面，要建立信息网络，通过互联网、管理信息系统、EDI技术等信息技术实现物流企业和客户共享资源，对物流各环节进行实时跟踪、有效控制与全程管理，形成相互依赖的市场共生、信息共享关系，促进物流管理的科学化，提高物流效率和物流效益。

1.5 我国物流配送中心的建设与发展

1.5.1 历史沿革

20世纪50年代，新中国对资本主义工商业进行了社会主义改造，没收了官僚资本，接收了旧政府遗留下来的各类仓库、码头和货站。同时，为了适应经济建设的需要，根据生产的布局和经济规划，又建设了一批仓库。在商业领域，形成了与商业调拨体制相适应的一级批发和二级批发的调拨仓库；在物资领域，设立了物资储备库和物资中转库；在外贸领域，国家兴建了一批外贸仓库；在粮食领域，国家兴建了大大小小几万个粮库。此外，还有军队仓库、企业仓库、农民仓库等。全国仓储用地面积达 3.5 亿 m^2。

我国是在 20 世纪 70 年代末从国外引进物流概念的。当时正值"文化大革命"结束、准备恢复和发展国民经济的时期。我国派代表团到日美考察，当时接受的概念是 Physical Distribution（PD），译成"物流"。因此，我国许多文献也是按 PD 的概念来阐述物流的，一直沿用到 20 世纪 90 年代初。

仔细研究起来，我国接受"物流"这个概念的背景和方式以及我国物流业的发展方式，都与国外有很大的不同。国外的物流概念是在市场经济发展的基础上自然而然形成的，是市场经济发展的必然产物。而我国是从国外接受了物流概念之后，把它在我国国民经济中推行而逐渐发展起来的。由于当时我国在计划经济条件下的国民经济并不发达，没有出现像国外那样"大量生产、大量流通"的经济局面，所以国家（当时主要是国家物资部）虽然花了很大气力，在物资行业推行物流，但却很难推动起来，搞了几个国家级的配送试点，效果也很不明显。到了 20 世纪 90 年代初，随着计划经济向市场经济的全面转轨，这些物流改革的成果实际上已名存实亡。与前一段物流发展形成鲜明对比的是，20 世纪 90 年代中期我国市场经济的发展达到一定程度，特别是电子商务的出现与发展，把物流推向一个崭新的发展阶段，形成了自 20 世纪 90 年代末以来不断升温的"物流热"。因此，我国的物流发展实践也进一步证明"物流是市场经济高度发展的必然产物"。

1.5.2 发展形势

20 世纪 90 年代中后期，我国市场经济日趋发展，开始呈现"大生产，大流通"的局面，徘徊了 10 年之久的超市突然之间被人们接受，大型超市、连锁店蜂拥而起，物流配送如雨后春笋般应运而生。目前，全国共有各种类型的物流配送中心数千家，已运营的物流园区 754 个。

新建物流园区投资规模、占地面积呈扩大趋势，科技含量提高。与工业发达国家相比，我国的现代化物流配送起步较晚，差距也不小，1974 年才在郑州纺织机械厂建成了我国第一座自动化立体仓库（但还不能说是物流配送中心）。改革开放以来，在沿海开放城市和工业发达地区，外商纷纷投资，独资或合资建立了许多自动化立体仓库，专门从事物流经营的企业也相继成立。进入 21 世纪以来，我国市场经济体制日趋成熟，国民经济持续、高速和稳步增长，铁路、公路和港口等基础设施规模不断扩大，第三方物流方兴未艾。十多年前率先起步的长江三角洲、珠江三角洲和环渤海地区的区域物流，目前正在向中部、西部地区渐次辐射和深入发展。

2016 年，借助大通道建设、电商市场的发展和"工业 4.0"建设的推进，从传统配送到集中配送、协同配送、共同配送，最后到智能配送，未来智慧物流的发展将有较长时间的战略发展机遇期，行业整体有望保持 30%～50% 的高速增长。

随着我国改革开放的不断深入与国民经济的持续快速增长，我国的经济发展已纳入全球一体化的轨道，现代物流发展空间巨大，前景广阔。可以相信，物流业这一服务业的主导产业在我国必将稳步和可持续发展。

1.5.3 建设发展思路

2001年3月，国家经贸委、铁道部等五部委联合印发的《关于加快我国现代物流发展的若干意见》指出："发展现代物流的总体目标：积极采用先进的物流管理技术和装备，加快建立全国、区域、城镇、企业等多种层次的，符合市场经济规律、与国际通行规则接轨的，物畅其流、快捷准时、经济合理、用户满意的社会化、专业化现代物流服务网络体系。"

进入21世纪，物流产业在科技进步和管理技术创新的驱动下，经历了从量变到质变的过程，全球物流已经进入供应链时代。一些物流产业发达国家，给出了物流发展的路径，而精细物流、闭环物流、六西格玛供应链、精细供应链、射频识别（Radio Frequency Identification，RFID）等新概念、新技术，对中国物流产业的发展产生了直接的影响，并将对中国经济的健康发展发挥积极的作用。

2009年3月，国务院公布的《物流业调整和振兴规划》指出：我国物流业总体水平落后，严重制约国民经济效益的提高，必须加快发展现代物流，建立现代物流服务体系，以物流服务促进其他产业发展。几年以内，培育一批具有国际竞争力的大型综合物流企业集团，初步建立起布局合理、技术先进、节能环保、便捷高效、安全有序并具有一定国际竞争力的现代物流服务体系，物流服务能力进一步增强；物流的社会化、专业化水平明显提高，第三方物流的比重有所增加，物流业规模进一步扩大，物流业增加值年均递增10%以上；物流整体运行效率显著提高，全社会物流总费用与GDP的比率比目前的水平有所下降。

调整和振兴物流业的10大主要任务是，积极扩大物流市场需求；大力推进物流服务的社会化和专业化；加快物流企业兼并重组；推动重点领域物流发展；加快国际物流和保税物流发展；优化物流业发展的区域布局；加强物流基础设施建设的衔接与协调；提高物流信息化水平；完善物流标准化体系；加强物流新技术的开发和应用。其中，优化物流业发展的区域布局是：根据市场需求、产业布局、商品流向、资源环境、交通条件、区域规划等因素，重点发展9大物流区域，建设10大物流通道和一批物流节点城市。

9大重点工程包括多式联运、转运设施工程；物流园区工程；城市配送工程；大宗商品和农村物流工程；制造业与物流业联动发展工程；物流标准和技术推广工程；物流公共信息平台工程；物流科技攻关工程；应急物流工程等。

《物流业调整和振兴规划》是提到国家产业振兴政策层面上有史以来第一个服务业的振兴规划，自2009年3月以来，全国各地的物流园区规划、物流产业规划、物流配送中心规划又一次涌现出来，各地区对物流地产的开发成为中国新一轮经济增长的亮点。物流业务社会化、业务运作专业化、操作技术信息化、行业参数标准化成为《物流业调整和振兴规划》指导下整个物流行业的发展方向。

由此以来，中国物流产业将进入更高层次的发展阶段，并呈现一些新的发展趋势与特征。第一，伴随着国民经济的快速稳定发展，物流产业规模将继续快速扩张。第二，与经济结构和产业布局调整相适应，物流产业的集中度进一步提升。第三，随着物流市场的进一步扩大，物流产业内的分工将越来越细。第四，物流服务方式日益多样化，以现代信息技术、运输技术、管理技术为基础的集成化、一体化物流服务将得到更为广泛的应用。第五，物流产业技术进步与创新步伐加快,现代化水平进一步提升。第六,合作互动将成为物流产业实现规模扩张、协调发展的重要途径。第七,物流产业发展的制度环境日趋规范,市场秩序与环境条件进一步优化。

"十三五"以来,随着消费对经济贡献增大,消费需求将成为物流行业发展的主要推动力。以终端消费者为对象,个性化、多样化的物流体验将成为电子商务条件下消费者的核心诉求,这其中最重要的就是快递服务。快递是指快递公司通过铁路、公路和空运等交通工具,对客户进行快速投递的物流活动,属于门对门服务。快递的高效运转是建立在完善的网络基础上的,且网络应具有相当强的整合能力。快递需求主要集中在网络零售和商务件,电商快递随着网络零售产生的巨大运输需求成为行业最重要的业务构成。

随着居民消费水平和安全意识的提高,对食品、药品、快消品、农产品等物流质量的要求越来越高,冷链物流应用领域进一步拓展。制造业物流分离,外包速度加快,生产制造企业推动资源向主业集中,传统制造企业物流外包水平明显提升,IT、汽车、家电、服装等制造企业物流外包进入供应链整合的阶段。前几年由制造企业分离设立的物流企业,经过市场化锻炼规模快速扩张。随着我国参与国际经济一体化进程的加快,国民经济稳定发展,推动了社会物流需求的高速增长。

在经济全球化和电子商务的双重推动下,物流业正在从传统物流向现代物流迅速转型并成为当前物流业发展的必然趋势。在系统工程思想的指导下,以信息技术为核心,强化资源整合和物流全过程优化是现代物流最本质的特征。电子商务的迅猛发展正倒逼着传统物流企业转型升级,信息流、资金流和物流是电子商务的3个重要环节,物流环节则是其中发展最为薄弱的一环。现代物流需要加强包括电子采购、订单处理、流程可视化、虚拟库存管理、信息系统集成等多方面能力的提升,进而极大地改善物流服务水平。第三方物流企业的核心业务是物流业务的整合和运作,而当前企业的竞争已经从物流提高到供应链整体解决方案的竞争,供应链将成为未来物流发展的趋势。

1.5.4 人工智能

随着人工智能的广泛应用,一些物流公司的创始者们纷纷尝试利用人工智能技术优化物流环节,提高物流效率。物流数据服务平台G7以实时感知技术为物流生态提供全程数据服务,构建覆盖物流主要消费的一站式服务平台,通过精细化的数据监控,为客户带来更好的服务体验;阿里巴巴旗下的菜鸟网络,开发出配送机器人菜鸟小G,有助于解决最后一公里配送难题;京东推出了无人机、无人仓等,既改变了物流行业传统的配送方式,也大大提高了物流效率。

在物流行业,人工智能的技术应用主要聚焦在智能搜索、推理规划、模式识别、计算机视觉以及智能机器人等领域。

对于企业仓库选址的优化问题,人工智能技术能够根据现实环境的种种约束条件,如顾客、供应商和生产商的地理位置,运输经济性,劳动力可得性,建筑成本,税收制度等,进行充分的优化与学习,从而给出接近最优解决方案的选址模式。人工智能能够减少人为因素的干预,使选址更为精准。

在库存管理方面,人工智能在降低消费者等待时间的同时使物流相关功能分离开来,令物流运作更为有效。人工智能技术最广为人知的一个应用就是通过分析大量历史数据,动态调整库存水平，保持企业存货的有序流通，在提升消费者满意度的同时，不增加企业盲目生产的成本浪费，使得企业始终能够提供高质量的物流服务。

对于运输路径的规划，智能机器人的投递分拣、智能快递柜的广泛使用都大大提高了物流系统的效率，大大降低了行业对人力的依赖。随着无人驾驶等技术的成熟，未来的运输将更加快捷高效。通过实时跟踪交通信息，以及调整运输路径，物流配送的时间精度将逐步提高。而无人监控的智能投递系统也将大大减少包装物的使用，更加环保。

物流的信息化建设和智慧物流发展的前提条件是互联网基础设施的广泛投入。传统物流企业信息化往往采用由内而外的发展，信息内部化的"孤岛问题"难以解决。而云计算、大数据、物联网、智能终端等互联网基础设施的应用，帮助企业直接接入互联网，可以促进信息的广泛流动，实现更广范围的信息分享，从而降低信息处理成本。

智能物流的一个重要基础是物流的基础数据。物流企业必须对所有物流基础数据做到及时收集与及时分析，如果能在这两个及时的基础上，进而做出及时响应，智能物流的系统基础框架就建立起来了。因此，必须加大对物联网的高度关注和投入，充分储备物流数据，为智能物流应用奠定基础。

智能物流的核心目标是提升物流的生产效率，从而提升企业在行业中的竞争力。尽管机械化、自动化以及互联网对物流行业的生产率提升还有很大的空间，然而人工智能的应用将引领物流行业更为激进地跨越机械化、自动化乃至互联网这个"半智能"物流行业阶段。

人工智能的主要任务是扩充人类脑力劳动效率。智能物流能够根据市场销售情况、供应链生产情况、物流配送、仓储库存水平，甚至每个环节的容错概率等进行精准排产，最大限度地利用已有资源并将成本和损耗降到极低的水平，这是人工排产不可能做到的。

面对越加错综复杂的市场环境，企业的风险控制和经营决策已超出人类管理者的能力，如果不重视投资和利用人工智能，在激烈的竞争中将很可能被淘汰，今后物流行业的竞争秩序，将是由人工智能的应用能力决定的。

1.6 案例

1.6.1 上海洋山深水港四期码头的自动化装卸与智能监管

2017年12月10日，上海洋山深水港四期自动化码头正式开港试运行，这也是全球最大的单体全自动化码头和全球综合自动化程度最高的码头。上海洋山深水港四期自动化码头共有7个集装箱泊位，分别是2个7万t级泊位和5个5万t级泊位，集装箱码头岸线总长2350m，陆域总面积约223万m^2。目前的洋山深水港四期码头，有10台桥吊，40台轨道吊，50台自动导引车。根据规划，最终将配置26台桥吊、120台轨道吊、130台自动导引车。目前年通港能力为400万标准箱，远期为630万标准箱，这使得上海港年集装箱吞吐量将突破4000万标准箱。2016年，上海港集装箱吞吐量达3713万标准箱，自2010年起，连续7年其货物吞吐能力保持世界第一，而洋山深水港的集装箱吞吐量将占到上海港的40%以上。

码头装卸作业采用"远程操控双小车集装箱桥吊（简称'桥吊'）+ 自动导引车 + 自动操控轨道式龙门起重机（简称'轨道吊'）"的生产方案，主要由码头装卸、水平运输、堆场装卸的自动化装卸设备及自动化码头生产管控系统构成。

远程操控让驾驶人员在办公室内就可通过远程操作台轻松控制位于作业现场的桥吊和轨道吊。过去，码头工人都是壮劳力，而现在，无论男女都可以轻松地吊起集装箱。先进的自动导引车让码头前沿的水平运输同样实现了无人化。

自动化码头生产管控系统让船舶和堆场计划、配载计划、生产作业计划等原本必须由专业人员手工完成的任务，全部交由系统自动生成。

这些变化，显著降低了码头生产运营各个环节的人力资源成本，实现了码头作业从传统劳动密集型向自动化、智能化的革命性转变，可为客户提供全天候、高效、绿色、安全的服务。

洋山深水港四期码头之所以如此智能，得益于自主研发的"中国芯"系统。这一系统由码头操作系统和设备控制系统的控制核心组成。海侧的岸桥全部是自动化远程操控，陆侧使用的轨道吊也实现了自动着箱，海侧轨道吊全部是自动化双箱轨道吊，配合自动化双箱岸桥作业，可尽快释放岸线空间，提高码头的使用率，能够提升50%的工作效率。

由于采用了全自动化码头方案，与一至三期工程相比，四期工程的堆场面积要小得多，作业线与码头垂直布置并采用高密度堆垛方式后，大幅度提高了土地与深水岸线资源的利用率，实现了集装箱在港内运输距离的最短化，相比传统码头效率大大提升。

为了与码头自动化、全封闭特征深度契合，洋山海关积极建立"验放自动化、监控远程化、通关零等待、物流零干扰"的智能监管模式，在支持无人自动码头高效运作的同时，最大幅度提升通关速度。除了现场查验，智能监管还体现在大数据系统中。海关将查验模块嵌入码头的运营管理系统，一个集装箱还没到岸，海关就已掌握其物流信息，并提前进行风险判别，通过减少对低风险商品的干预，进一步提高通关效率。

1.6.2 全面向社会开放的京东物流

2016年11月，京东推出了"京东物流"全新的品牌标识，并正式宣布，将积累近10年的自建物流运营能力，以品牌化方式全面对社会开放。同时，京东物流还公布了全面迈向"开放化、智能化"的战略规划，并希望借此成为中国整个商业社会的基础设施提供商，为商家提供线上线下、多平台、全渠道、全生命周期、供应链一体化的物流服务，帮助数以百万计的商家降低供应链成本、提升流通效率，把客户体验做到极致。

京东自2007年全面开始自建物流基础设施，至2016年9月，京东物流已拥有7个智能物流中心、254个大型仓库、550万m^2的仓储设施、6780个配送站和自提点，在中小件、大件和冷链3个领域覆盖全国，其中当日及次日达订单占比达到85%。京东物流已经成为涵盖仓储、运输、配送、客服以及售后等一体化供应链服务的解决方案提供商。为此，京东物流将向社会开放三大服务体系：仓配一体化的供应链服务、京东快递服务和京东物流云服务。京东方面公布的数据显示，商家入仓接入京东配送之后，平均库存周转的天数缩短了8天，发货时效平均缩短了2天，销售额平均拉升了87%，客户的满意率平均提升了113%。

除了面向全社会和行业的开放之外，京东物流的下一步将是通过技术创新提升京东物流的智能化水平，以云计算、人工智能和机器人技术为核心，最大幅度地提升京东物流的效率和体验。

京东物流对于智能化的理解包含3个方面：自动化运作、数据化运营和智慧化供应链。首先，在自动化运作层面，京东在全国建设了7个"亚洲一号"智能物流中心并已投入使用,其中上海"亚洲一号"位居目前国内物流中心前列;京东还成立了研发事业部,专注"互联网＋物流"领域,进行无人机、无人仓和无人车等智能物流设备的研发和应用,为"亚洲一号"、京东自动化分拣中心等物流仓储中心提供技术支持。2016年"双11"前夕,京东首次曝光了无人机、无人仓和无人配送研发成果,并在"双11"期间完成首单无人机送货。其次,京东智慧物流的数字化运营横向分布于仓、配、客、售后的业务全流程,纵向贯穿于决策、预测、评估、可视化管理的全过程,可以利用大数据实现库存商品的灵活合理分拨,实现销量提升和成本增加的完美平衡。最后,京东将打造智慧化供应链,使其具备自我学习、自我迭代、自我决策的能力,构建低成本、可视化、多效用、低风险、全球化的供应链系统。

京东业内人士认为,京东物流的目标是将B2C领域对终端消费者的服务能力延伸到整个商业领域,构建一个能够整合电商、金融、大数据与技术等各方资源的生态系统,推动物流行业的全面繁荣。

京东物流的开放是京东集团全面对外开放的开始,是一个重大的战略转型,这标志着京东将过去12年以传统方式构筑的优势和基础设施升级,并向社会全面输出能力与价值,构筑平台化生态,以共赢的姿态携手行业伙伴共同促进中国商业社会的进一步繁荣。

第 2 章　基本资料的收集与分析

物流配送中心的建设是一项投资高、建设周期长、涉及面广的系统工程。一般来说，建造一个设施适应生产销售、功能满足需求、服务水平适宜的现代化物流配送中心，需要经过规划设计、项目施工、竣工验收与生产准备等建设过程。对于不同业务需求所设计的物流配送中心，尽管其营业范围、作业功能、储存要求和设备设施等不尽相同，但其规划设计却有许多共同之处。随着社会进步、经济发展、大数据、云计算的应用和生活消费观念的改变，物流配送中心已逐步由仓储型、运输型的传统企业改制成社会化、集约化、专业化、信息化与自动化的综合物流枢纽。为了降低成本，合理利用资金，提高物流效率，使物流配送中心实现效益最大化，就要对新建物流配送中心进行科学合理的规划设计。

2.1　建设物流配送中心的目标任务与设计原则

2.1.1　目标任务

物流配送中心是集约化、多功能的物流中枢，系统庞杂，投资巨大，因此，正确的决策是至关重要的。建造新的物流配送中心，可能面临的动因和任务是：

1）企业经营规模不断扩大，市场区域不断拓展，经营物品的品项数和商品量逐步增加，现有的物流网点、人员和设备能力不足，物流业务处理已不能满足客户的需要。

2）在某些区域，物流网点分布不合理，造成物流成本居高不下，运输规划难以掌握，信息不畅，运输效率不高，需要对物流网点进行重组与整合。

3）构筑设施陈旧，设备工具落后，维护费用高，又难以改造，不能适应企业物流业务的拓展。

4）周边环境发生变化，如城市市政建设需要原物流配送中心地址迁移；或者由于客户需求向小量化、多批次发展，使得物流配送中心的出货日趋细化，迫切需要对物流设施进行改善。

因此，物流配送中心规划设计就是运用系统工程的理念和方法对物流的各个功能进行优化整合，从而保证物流系统的良性、健康、有序发展。宏观来讲，其目标应包括：

1）提高物流系统的吞吐能力和运转效率，适应经营业务扩展的需求。

2）迅速响应客户需求，供货准确适时，为客户提供必要的信息咨询服务，提高核心竞争力。

3）对未来的产品变化采取适当的策略，以此为依据建设柔性物流配送中心，系统应及时响应运行过程中可能出现的各种意外变化，保证正常运转。

4）对物流系统中的产品进行实时跟踪。

5）改善劳动条件和工作环境,减轻员工的劳动强度。

6）合理规划运输,关注废弃物的回收与再利用,减放减排,提倡低碳物流,做到环境友好。

综上所述,物流配送中心规划设计总的目标是使人力、资金、设备和人流、物流、信息流得到最合理、最经济、最有效、最环保的配置和安排,力求以最小的投入获取最大的效益和最强的服务竞争力。

上述目标之间实际存在着"效用悖反"问题,往往存在相互冲突,即过分地强调某一单一目标,必然会影响其他目标的实现,物流配送中心规划设计首先要设定符合实际的细化指标,并对整个系统进行综合评价,以期达到总体目标的最优化。

2.1.2 设计原则

物流配送中心一旦建成就很难再做大的改动,所以,在规划设计时,必须切实掌握以下4项设计原则。

1. 系统工程原则

物流配送中心的工作,不但包括进货入库、储存保管、搬运装卸、拣选分拣、流通加工、包装标示、配送退货、信息处理等内部作业内容,同时还包括与上游供货商的物流链接、与下游连锁商场的订单接受和处理,以及同国内外、行业内外、上级公司的信息沟通等内容。这些内容相互依存、相互影响,有着密不可分的内在联系。如何使各项作业和管理均衡协调、有序有效地运转,实现工序合理化、操作简单化和作业机械化,是极为重要的。物流配送中心规划设计工作的关键是做好物流量的分析预测,调节业务量,把握物流的最合理流向和流量。而且,由于运输线路和物流节点网络交织的特征,物流配送中心的选址对于调节物流量,控制物流速度,降低物流成本,提高物流效率都具有非常重要的作用。

2. 价值工程原则

在激烈的市场竞争中,供应链下游对到货的时间段和货物的准确度等方面的要求会越来越高。在满足高质量服务的同时,又必须考虑物流成本。特别是建造物流配送中心耗资巨大,建设周期长,必须对建设项目进行可行性研究,并做多个方案的技术经济比较、力求以最少的投资取得最大的企业效益与社会效益。

3. 软件先行、硬件适度原则

近年来,随着市场需求的不断变化和科学技术的飞速发展,在物流领域不断涌现出许多先进的设备设施和实用技术。在物流配送中心技术设施规划时,是否采用某种先进技术,不能一概而论,而应对技术指标、使用条件、功能需求、能力要求和经济成本等方面进行综合论证,审慎做出正确的选择。欧洲物流界认为"先进性"就是合理配置,能以较简单的设备、较少的投资,实现预定的功能,也就是强调先进的思想、先进的方法。从功能方面来看,设备的机械化、自动化程度不是衡量先进性的最主要因素。根据我国的实际状况,对于物流配送中心的建设,比较一致的认识是贯彻软件先行、硬件适度的原则。也就是说,机械设备装备设施等硬件要根据实际情况,在满足作业要求的前提下,更多选用机械化、半机械化的装备。例如进货出库,可以使用叉车或者与货架相配合的高位叉车;在作业量大,作业面积受到限制，一般仓库不能满足使用要求的情况下，可以考虑建设高架自动仓库。对于物流配送中心的软件建设，则要瞄准国际先进水平，采用国际通行规范与格式标准，密切配合物流作业，加强计算机管理信息系统与控制软件的研究开发，搭建与国际接轨的、迅速便捷的信息平台。

4. 发展原则

规划物流配送中心时，无论是建筑设施的规划和机械设备的选择，还是信息处理系统的设计，都要考虑到使其柔性化程度较高，应变能力较强，以适应物流量增大，经营范围拓展的需要。由于可能对市场变化和未来需求把握不准，可以考虑进行分期建设。在规划设计第一期工程时，应将第二期工程纳入总体规划，预留土地、以备扩建之需要。

2.1.3 规划设计思路

1. 筹建准备

首先需要明确建设物流配送中心的目标任务、设计原则、服务水平以及相关的背景条件，并对建设的必要性与可行性进行论证。与此同时，组建领导班子和工作小组，着手进行市场调研，收集和分析基本数据。

2. 系统规划设计

系统规划设计主要是对物流配送中心的选址、规模、作业流程、功能和能力以及区域布置进行规划；选择设备的类型、型号和数量，确立建筑类型（多层、单层）、车辆行驶线路、停车位置，计算物流要素的占用面积和相互位置；规划设计信息网络系统，制定作业标准与管理规章制度。

3. 方案评估

对最具有现实意义的2～5套规划设计方案进行研判评价，包括成本核算与进度计划，最终确定一套实施方案。

4. 专业设计

进行土建、安装、水电、设备的建设和采购招标，委托各事项的专业设计和审查。

5. 系统实施

进行土建施工、设备订货及安装调试，按照进度检查调整、督查进度和质量，着手进行人员培训。

必须明确，规划设计的各个步骤和内容是互相联系、互相影响的，应当按照建设规范和工序，兼顾相互衔接，合理安排进度，以期达到预想的目标。

2.2 基本规划资料的收集

根据物流配送中心的类型，首先进行规划用的基本资料的收集和调查研究工作。考虑到调研的对象、调研的时间、调研成本、保密问题和市场动态等因素，询问法是最常用的方法。其中包括现场访谈、电话访谈、电脑访谈、街上拦截、问卷调查、固定样本邮寄、网络查询和厂商实际使用的表单收集等。规划资料的收集类型包括现行资料的收集和未来规划资料的收集。

2.2.1 现行资料的收集

现行资料的收集是针对准备建造物流配送中心的类型和现实需求而进行的，具体现行资料包括以下内容。

1. **基本运行资料**

基本运行资料包括业务类型、营业范围、营业额、从业人员数、运输车辆数、供应厂商与客户数量等。

2. **商品资料**

商品资料包括产品类型、品种规格、品项数、供货渠道与保管形式等。

3. **订单资料**

订单资料包括商品种类、名称、数量、单位、订货日期、交货日期、交易方式、生产厂家等。

4. **物品特性资料**

物品特性资料包括物品形态、气味、温湿度要求、腐蚀变质特性、装填性质、重量、体积、尺寸、包装规格、包装形式、储存特性和有效期限等。

5. **销售资料**

销售资料按商品、种类、用途、地区、客户及时间等要素分别统计。

6. **作业流程资料**

一般物流作业流程为进货、搬运、储存、拣选、补货、流通加工、备货发货、配送、退货、盘点、仓储配合作业（移仓调拨、容器回收、废弃物回收处理）等。

7. **事务流程与单据传递资料**

事务流程与单据传递资料包括接单分类处理、采购任务指派、发货计划传送、相关库存管理和相关账务系统管理等。

8. **厂房设施资料**

厂房设施资料包括厂房结构与规模、布置形式、地理环境与交通特性、主要设备规格和生产能力等。

9. **人力与作业工时资料**

人力与作业工时资料包括机构设置、组织结构、各作业区人数、工作时数、作业时间与时序分布等。

10. **物料搬运资料**

物料搬运资料包括进货发货频率、数量、在库搬运车辆类型及能力、时段分布与作业形式等。

11. 供货厂商资料

供货厂商资料包括供货厂商类型，货品种类、规格、质量、地理位置，供货厂商的规模、信誉、交货能力，以及供货家数及据点分布、送货时间段等。

12. 配送网点与分布资料

配送网点与分布资料包括配送网点分布与规模、配送路线、交通状况、收货时段、特殊配送要求等。

2.2.2 未来资料的收集

除收集现行资料外，还要考虑到物流配送中心在该计划区域的发展，收集未来发展的趋势和需求变化的相关资料。

1. 运营策略和中长期发展计划

国家经济发展和产业政策走向、外部环境变化、企业未来发展、国际现代物流技术、国外相关行业的发展趋势等。

2. 商品未来需求预测资料

商品现在销售增长率、未来商品需求预测、未来消费增长趋势。

3. 商品品种变化趋势

商品在品种和类型方面可能的变化趋势。

4. 未来厂址与面积

考虑未来可能的发展和扩充需求，预测将来的规模和水平，以及发展的厂址和面积。

5. 未来经营模式变化

比如，由电子商务平台所引起的经营销售模式的变化。

6. 增值功能的需求预测

随着消费者需求的进一步提升，流通加工的范围和方式、服务水平和标准的变化预测。

7. 作业工时和人力预测

组织机构、人员配置、作业工时和时序分布的变化预测。

2.3 基本规划资料的定量分析

这些来自各个方面的原始资料，必须从政策性、可靠性等方面进行整理分析，并结合新建物流配送中心的实际情况加以修订，才能作为规划设计的参考依据。基本规划资料分为定量分析和定性分析，定量分析内容有库存类别分析，物流需求预测分析、订单与品项的数量分析、物品与包装特性分析和货态分析等。定性分析内容有作业时序分析、作业流程分析、作业功能分析和事务流程分析。

特别注意的是，一般规划分析者常犯的错误在于只会把资料进行一番整理、统计和计算之类的工作，不善于把资料和规划设计有机地结合起来，最后只得到一堆数据与报表。为此，在分析过程中，结合实际需要有效掌握分析数据是很重要的。

2.3.1 库存类别分析

我们知道，物流配送中心库存物品种类繁多，少则几千种，多则上万种，甚至几十万种。每种物品的价格不同，库存数量也不等，有的物品品项数不多但价值很大，即资金占用很多，而有的物品品项数很多但价值不高，资金占用不多。如果对所有库存物品均给以相同的重视是不可能的，也是不符合实际的。面对纷繁杂乱的库存物品，如果分不清主次，可想而知，其效率和效益也不可能高。而分清主次，抓住主要的物品，一定可以取得事半功倍的效果。因此，依据设定的物流配送中心服务水平，规划各类物品的库存水平、存放类别、存放方式、存放地点和补货方式，是库存类别分析的基本思路。ABC分析法正是根据库存物品的重要程度，进行分类排列，从而实现区别对待分类管理和控制的一种方法。

ABC分析法是由意大利经济学家维尔弗雷多·帕累托（Vilfredo Pareto）在1879年首创。1951年，管理学家戴克（H. F. Dickie）首先将ABC分析法用于库存管理。ABC分析法就是将库存物品按重要程度通常分为特别重要库存（A类库存）、重要库存（B类库存）和不重要库存（C类库存）3个等级，然后针对不同等级的物品，采取不同的管理策略进行控制。比如采用不同的采购策略和库存方法，设置不同的最低库存量和最高库存量，选用相应层次的储存和搬运设备。

ABC分析法的步骤如下。

1. 收集资料

按库存管理的要求，收集物品存储有关资料。包括各种物品的单价、储存特性、库存量、销售量和结存量等。库存量和销售量收集半年到一年的资料，结存量应收集最新的盘点分析资料。

2. 处理资料

将收集来的数据资料进行整理并按价值（或重要性、保管难度等）进行计算和汇总。如计算销售额、品项数、累计品项数、累计品项百分数、平均资金占用额、平均资金占用额累计百分数等。当物品品项不多时，应以每一种物品为单元进行统计；当物品品项较多时，可将库存物品按价值大小逐步递增的办法进行分类统计，分别计算出各范围所包含物品的库存量和价值。

3. 绘制ABC分析表

ABC分析表栏目（见表2-1）构成如下：第1栏为物品或范围名称；第2栏为累计品项数，即每一种物品皆为1个品项数，品项数累计实际就是序号；第3栏为累计品项百分数，即累计品项数对总品项项数的百分比；第4栏为物品单价；第5栏为平均库存；第6栏是第4栏物品单价乘以第5栏平均库存，为各种物品平均资金占用额；第7栏为平均资金占用额累计；第8栏为平均资金占用额累计百分数；第9栏为分类结果。

制表按下述步骤进行：将第2步已计算出的平均资金占用额，以大排队方式，由高至低填入表中第6栏。以此栏为准,将相应物品名称填入第1栏、物品单价填入第4栏、平均库存填入第5栏、在第2栏中按1、2、3、4……编号,则为累计品项数。此后,计算累计品项数百分数,填入第3栏;计算平均资金占用额累计,填入第7栏;计算平均资金占用额累计百分数,填入第8栏。

表2-1 库存物品数量与价值统计表

物品名称	累计品项数	累计品项百分数(%)	物品单价	平均库存	平均资金占用额			分类结果
					金额	累计	累计百分数(%)	

4. 根据 ABC 分析表确定分类

按 ABC 分析表,观察第3栏累计品项百分数和第8栏平均资金占用额累计百分数,将累计品项百分数为 5%～15%,而平均资金占用额累计百分数为 60%～80% 的前几个物品,确定为 A 类;将累计品项百分数为 20%～30%,而平均资金占用额累计百分数也为 20%～30% 的物品,确定为 B 类;其余为 C 类,C 类情况和 A 类正好相反,其累计品项百分数为 60%～80%,而平均资金占用额累计百分数仅为 5%～15%。

5. 绘制 ABC 分析图

以累计品项百分数为横坐标,以累计资金占用额累计百分数为纵坐标,按 ABC 分析表第3栏和第8栏所提供的数据,在坐标图上取点,并光滑连接各点,绘成 ABC 曲线。按 ABC 分析曲线对应的数据和 ABC 分析表确定 A、B、C 3 个类别的方法,在图上标明 A、B、C 3 类,则制成 ABC 分析图(见图 2-1)。

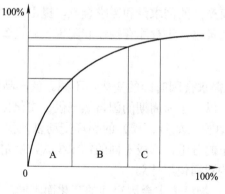

图 2-1 ABC 分析图

按照 ABC 分析的结果,结合物流配送中心的管理资源和经济效果,对 A、B、C 3 类物品分别采取不同的管理办法和采购储存策略。

1) A 类物品在品种数量上仅占 15% 左右,管理好 A 类物品,就能管理好 70% 左右的年消耗金额,是关键的少数,要进行重点管理。对仓储管理来说,保管时货位尽量靠近仓库出口,对库存要进行定期盘点和检查,必要时每天都要盘点检查。在保证安全库存和不缺货的前提下，小批量、多批次按需组织采购、储存和发货，随时监控需求的动态变化，尽可能缩短订货提前期，最好能做到准时制管理。尽可能地降低库存总量，减少仓储管理和资金占用成本，提高资金周转率。

2）B类商品属于中批量物品，进行次重点管理，即常规管理。库存期比A类商品长，应加强日期管理，先进先出，采用立体货架进行储存。采用定量订货方法，中量采购。前置期时间可较长，进行盘点和检查的周期比A类物品更长，一般是每周一次。

3）C类物品品种数量巨大，消耗金额比重十分小，不应投入过多的管理力量。采购量可大一些，从而获得价格上的优惠。由于C类物品所消耗金额非常小，即使多储备，也不会增加太多金额。可以多储备一些关键物料，少报警，避免发生缺货现象。同时要简化库存管理，每月循环盘点一遍。对于积压和不能发生作用的物品，及时清理出仓库。

ABC分析法是依据"对应价值大小投入努力"来获得非常有益的有效管理技巧，表明了关键的少数和次要的多数之间的关系，是物流管理的基本分析方法之一。ABC分类法还可以应用到质量管理、成本管理和营销管理等管理的各个方面。应当说明的是，应用ABC分析法，一般是将分析对象分成A、B、C类3类，但也可以根据分析对象重要性分布的特性和对象数量的大小分成3类以上，如分成4类、5类等。

2.3.2 物流需求预测分析

物流企业的市场需求主要指企业所在地区或行业领域中的需求量和特征的总称，其本质是消费者对产品或服务的要求。而这种物流需求是市场上众多因素作用的结果，其中有些因素是企业可以影响甚至决定的，而另外一些因素则是企业无法控制的。在众多因素中，一般来讲，某产品或服务的需求取决于该产品或服务的市场容量以及该企业所拥有的市场份额。

物流需求预测就是通过调查分析，推测未来一定时间内物流市场的变化及其规律，估计整个物流产品或特定物流产品的需求量和需求金额，提出切实可行的需求目标，从而为企业制订采购计划，改进营销策略，进行库存控制和配置设施设备等提供依据。

1. 物流需求特性

（1）时间特性　物流需求会因时间的变化而不同。就产品销售趋势而言有：长时间内是渐增或渐减的长期趋势，以一年为周期的因自然气候、文化传统、商业习惯等因素影响的季节变化，以固定周期为单位（如月、周）的循环变动以及偶然的不规则变化。物流企业通过对随时间不同物流需求的分组，形成不同的需求模式，确定不同的服务水平和目标值，决定投资策略，制订设备购置和使用计划。

（2）空间特性　同理，物流需求会因空间的变化而不同。物流企业也要预测物流需求在何处发生，从而规划仓储位置和平衡运输资源。

（3）独立需求和相关需求　独立需求是指某产品或服务的需求与其他产品没有关联，是完全独立的。一般情况下，需求会来自许多不同的客户，这些客户根据自身的销售状况，独立提出采购计划，各自向物流企业发出订单。

相关需求是在特定计划下派生的，是指某种产品或服务的需求与其他产品相关，其需求数量和时间与其他变化因素存在一定的关联性。例如，某品牌计算机供应商需要一批新键盘，与该品牌的一批新型号计算机相配套。此时，这种需求就是相关需求。物流企业要根据相关需求的特点及时掌握需求者的计划，做到及早准备，及时满足。

2. 需求预测内容

预测是为决策服务的，需求预测的第一步，就要根据决策所提出的要求确定预测的目标。包括预测目的、对象、期间和结果。

预测目的就是要明确为什么要预测。

预测对象就是确定对什么事物进行预测。

预测期间就是预测的时间跨度，按时间跨度，预测可分为短期、中期和长期预测。短期预测，一般最多为一年，通常是3～6个月，用于补货与工作安排等；中期预测，通常为6个月～3年，用于销售计划、生产计划与预算等；长期预测，通常为3年及3年以上，用于规划新产品、生产安装与资本计划。

预测结果就是对预测的精度进行分析评价，评价预测结果是否适用于实际情况。

3. 需求预测方法

需求预测方法可以分为定性方法、定量方法和仿真方法。

（1）定性方法

1）基层人员估计法。基层人员主要指销售人员及其居于销售一线的部门负责人，这些人距离客户最近，最了解产品的最终用途，因而也最清楚产品今后的需求情况，也最有发言权。基层人员估计法就是召集这些人，请他们对市场情况和未来发展做出估计。这种方法既简便又迅速，也是工业企业最常用的方法。

2）市场调研估计法。市场调研估计法通常是聘请专业市场调研公司来做，一般用于新产品开发。这种方法通过了解客户对现有产品的好恶，了解某些特定层次客户对竞争性产品的偏好，形成对现有产品的评价和新产品开发的预测。

3）德尔菲法（Delphi Method）。德尔菲法是在兰德公司研究发展后，进行推广的一种方法。这种方法是依靠技术专家组各成员，以匿名的方式，相互独立地对市场进行预测，然后对各专家的意见进行汇总整理，再作为参考资料匿名反馈给各位专家，使他们重新做出分析判断，以提出新的意见，这样经过多次反复，专家的意见逐步趋于一致，形成预测结果。这种方法具有一定的科学性与实用性，可以避免因会议讨论引起的害怕权威、随声附和现象。缺点是过程复杂，时间太长。

4）历史类比法。历史类比法即按类似产品的发展规律、可替代产品的发展规律或国外同一产品的发展规律作为类比模型进行预测，这也是经常采用的预测方法，主要用于互补产品、替代产品和竞争性产品。

这里以随时间变化的4种需求趋势表现形式为例，定性分析预测结果。

① 长期渐增趋势。还应结合更长周期的成长趋势加以判断。规划时以中期需求量，即以峰值的80%为目标值依据，若需考虑长期渐增的需求，则可预留空间或考虑设备的扩充弹性，以分期投资为宜。

② 季节变化趋势。通常以峰值的80%为目标值，如果季节变动的差距超过3倍，可考虑部分物品外包或租赁设备，以避免过多的投资造成淡季的设备闲置，另外，在淡季应争取互补性的物品业务以增加设备的利用率。

③ 循环变化趋势。其变化周期以季度为单位，若峰值与谷值差距不大，可以峰值进行规划，后续分析仅以一个周期为单元进行。

④ 不规则变化趋势。系统较难规划，宜采用通用设备，以增加设备的利用弹性。

（2）定量方法 主要有时间序列分析法和因果关系分析法。

1）时间序列分析法。时间序列分析法是根据某一事物的纵向历史资料，按时间进程组成动态数列，并进行分析与预测未来的方法。这种方法比较适用于市场预测，如市场资源量、采购量、需求量、销售量和价格的预测。这种方法假定未来的需求模式与过去一致，市场条件相对稳定，并且历史数据真实可靠，常用于短期预测，中长期预测不宜采用。经常使用的时间序列分析法有移动平均预测法、加权移动平均预测法与指数平滑预测法等。由于移动平均预测法、加权移动平均预测法采取移动计算期算术平均数或加权算术平均数为预测数值，因此这两种方法比较简单，就不在此具体介绍了，这里主要介绍指数平滑预测法。

运用时间序列分析，首先要选模型参数，指数平滑预测法的模型参数有一次平滑指数、二次平滑指数和高次平滑指数，本书选一次平滑指数作为预测物流配送中心市场需求的模型参数。

一次平滑指数预测是利用时间序列中本期的实际需求量与本期的需求预测量加权平均作为下一期的需求预测量，其基本公式为

$$F_t = ax_{t-1} + (1-a)F_{t-1} \quad (2-1)$$

式中，F_t、F_{t-1} 分别为在 t、$t-1$ 时刻的一次平滑指数需求预测量；x_{t-1} 为 $t-1$ 时刻的实际需求量；a 为平滑系数，$0<a<1$。

式（2-1）的实际含义是：

下期需求预测量 = 本期实际需求量的一部分 + 本期需求预测量的一部分

要运用平滑指数预测公式进行预测，就必须首先确定 F_1，F_1 被称为初始值。初始值是不能直接得到的，应通过一定的方法选取。若收集到的时间序列数据较多且比较可靠，就可以将已知数据的某一个或已知数据的某一部分的算术平均值或加权平均值作为初始值 F_1。若收集到的时间序列数据比较少或者数据的可靠性比较差时，通常用专家评估的办法选取 F_1。

平滑系数 a（$0<a<1$）的取值大小，体现了不同时期数据在预测中所起的作用，a 值越大，对近期数据影响越大，模型灵敏度越高；a 值越小，则对近期数据影响越小，可以消除随机波动，只反映长期的大致发展趋势。如何掌握 a 值，是运用指数平滑模型的重要技巧，一般采用多方案比较，从中选出最能反映实际变化规律的 a 值。

我们知道，本期实际需求预测量反映当前的现实，下期需求预测量反映历史的过去，因为需求预测量是由过去的数据推算而来的。a 值越大，现实需求量在预测中占的比重就越大；a 值越小，历史需求量在预测中占的比重就越大。由此可见，a 值是事物发展的历史总趋势与事物当前变化的现实之间相互权衡的天平砝码，它的一般取值原则是：

初始值 F_1 的准确性小时，a 宜取大些；按时间序列，只有一部分需求预测量与实际需求量拟合较好而大部分不好时，a 宜取较大的数值（大于 0.5）；需求预测量与实际需求量虽有不规则摆动，但总的趋势较为平稳，a 宜取小些（小于 0.5），以强调重视历史发展趋势；需求预测量与实际需求量差异和变化都较大时，a 宜取大些（大于 0.5），以强调重视近期实际的变化状态。

例 2-1 表 2-2 为某物流配送中心 1 月～12 月 A 物资的市场预测收集资料统计，试预测下一年元月该物资的市场需求预测额。

第 2 章 基本资料的收集与分析

表 2-2 某物流配送中心 A 物资市场需求预测表

月份	期数	市场销售量 /t	预测销售量 /t	月份	期数	市场销售量 /t	预测销售量 /t
1	1	51		7	7	52	47.24
2	2	35	44.50	8	8	48	49.62
3	3	28	39.75	9	9	42	48.81
4	4	32	33.88	10	10	46	45.41
5	5	48	32.94	11	11	44	45.71
6	6	54	40.47	12	12	47	44.86
				1	13		45.93

首先确定初始值。由于前 3 个月的市场销售量差别比较大,我们不能取某个月的市场销售量为初始值。这里取前 3 个月预测额的算术平均值为初始预测额。即

$$F_1 = \frac{x_1 + x_2 + x_3}{3} = \frac{51 + 35 + 28}{3} t = 38 \text{ t}$$

然后确定平滑系数。从实际统计的预测额来看,在上、下半年各有一次预测波动,其频率适中,平滑系数 a 不宜选得过大或过小,这里选 a 为 0.5。

最后计算预测销售量。根据式(2-1),可依次计算 2 月份、3 月份、……、下年 1 月份的预测销售量。

$$F_2 = ax_1 + (1-a)F_1 = (0.5 \times 51 + 0.5 \times 38)t = 44.50t$$
$$F_3 = ax_2 + (1-a)F_2 = (0.5 \times 35 + 0.5 \times 44.50)t = 39.75t$$
……
$$F_{13} = ax_{12} + (1-a)F_{12} = (0.5 \times 47 + 0.5 \times 44.86)t = 45.93t$$

计算结果见表 2-2。

平滑系数分析是通过数据的加权求和,"平滑掉"短期不规则的过程。平滑后的数据反映了长期市场趋势和经济周期的信息。因此在物流预测中,是极其有用的方法。特别是该方法所用的数据量,就总体而言并不很多,对任何时间序列都有较好的适用性。因而被广泛应用于短期市场资源量、采购量、需求量、预测量及价格的预测中。

2) 因果关系分析法。我们知道,某种产品需求量与自然变量之间存在着一定的因果关系,这种因果关系有确定性和非确定性两种。确定性关系就是变量之间存在着一定规律的唯一确定关系,可以用确定的数学函数公式表示;非确定性关系是指变量之间存在着某种相互联系、相互制约的关系,而这种关系又有不确定性,不能用精确数学公式来表达,我们称变量之间的这种关系为不确定关系或相关关系。

通过变量之间存在的相关关系(因果关系),进行分析预测的方法称为因果关系分析法。常见的因果关系分析法有回归分析法、经济模型和投入产出模型等。下面主要介绍回归分析法。

虽然变量之间非确定性的相关关系不能用精确的函数关系唯一表达,但可以通过统计的方法给出某种函数表达方式,这种处理变量之间相关关系的方法就是回归分析法。回归分析法是通过大量收集统计数据,分析变量之间的相关关系,找出统计规律性,并用数学方法将变量之间的统计规律较好地表达出来,以便进行下一步预测。按照数学表达式自变量数目的不同,回归分析法可以分为一元回归分析法和多元回归分析法;也可按照数学表达式自变

量指数的不同分为线性回归分析法和非线性回归分析法。

（3）仿真方法　仿真方法是用计算机对真实系统在一定条件下各变量的相互作用进行模拟试验，进而求得数值解的一种数量分析方法，也称为模拟方法。

2.3.3　订单与品项的数量分析

订单是物流配送中心的生命线。掌握了订单就能了解物流配送中心的特性。然而订单的品项、数量、发货日期差别很大，且在不断变化，它既是物流配送中心的活力表现所在，又是难以把握的不确定因素。正因如此，无论规划新系统还是改造旧系统，往往使规划人员感到无从下手。若能找出数据分析原则，做出有效的资料组群，简化分析过程，得出较可靠的分析结果，则对于规划设计来说具有基础工作的意义。

日本的铃木震先生倡导 EIQ 分析法用于物流配送中心的设计规划，颇有成效。所谓 EIQ 分析法，就是利用预测资料的订单件数（Entry）、品项（Item）和数量（Quantity）三者之间的关系做出个别和交叉的统计比较，累计交易历史资料，分析业务形态，作为储位规划、发货作业的参考。

EIQ 分析法是针对不确定和波动状态物流系统的一种规划方法。其意义在于，掌握物流特性，并对物流状态和运作方式规划出符合实际的物流系统。这种 EIQ 分析法能有效规划出系统的大略框架结构，从宏观上有效掌握系统特色。

在进行订单和品项的数量分析时，首先应考虑时间范围和单位。在以天为时间单位的数据分析中，主要订单发货资料可分解为表 2-3 的格式。在资料分析时，必须注意统一数量单位，应把所有订单和品项的发货量转换成相同的计算单位，如箱、重量、体积或金额等。金额与价值功能分析有关，多用在货品和储区分类等方面。重量、体积等单位与物流作业有直接密切关系，它将影响整个系统的规划。

表 2-3　EIQ 资料分解格式

时间：　年　月　日　　　　　　　　　　　　　　　　（发货单位：箱）

发货订单	发货品项						订单发货数量	订单发货品项
	I_1	I_2	I_3	I_4	I_5	…		
E_1	Q_{11}	Q_{12}	Q_{13}	Q_{14}	Q_{15}	…	Q_1	N_1
E_2	Q_{21}	Q_{22}	Q_{23}	Q_{24}	Q_{25}	…	Q_2	N_2
E_3	Q_{31}	Q_{32}	Q_{33}	Q_{34}	Q_{35}	…	Q_3	N_3
⋮	⋮	⋮	⋮	⋮	⋮		⋮	⋮
发货数量	$Q_{\cdot 1}$	$Q_{\cdot 2}$	$Q_{\cdot 3}$	$Q_{\cdot 4}$	$Q_{\cdot 5}$	…	—	$N_\cdot$
发货次数	K_1	K_2	K_3	K_4	K_5			$K_\cdot$

注：Q_1（订单 E_1 的发货数量）$= Q_{11} + Q_{12} + Q_{13} + Q_{14} + Q_{15} + \cdots$

$Q_{\cdot 1}$（品项 I_1 的发货数量）$= Q_{11} + Q_{21} + Q_{31} + Q_{41} + Q_{51} + \cdots$

N_1（订单 E_1 的发货品项）$=$ 计数（Q_{11}, Q_{12}, Q_{13}, Q_{14}, Q_{15}, …）>0 者

K_1（品项 I_1 的发货次数）$=$ 计数（Q_{11}, Q_{21}, Q_{31}, Q_{41}, Q_{51}, …）>0 者

$N_\cdot$（所有订单的总发货品项数）$=$ 计数（K_1, K_2, K_3, K_4, K_5, …）>0 者

$K_\cdot$（所有品项的总发货次数）$= K_1 + K_2 + K_3 + K_4 + K_5 + \cdots$

通过表2-3的分解格式,可对量化资料进行物流特性分析,这些分析包括EQ分析、EN分析、IQ分析和IK分析等。这些分析的依据是相应的数据统计,各统计的主要内容为:

EQ统计:各订单的发货数量Q_i,单一订单的最大发货数量、最小发货数量与平均发货数量。

EN统计:各订单的发货品项N_i,单一订单的最大品项数、最小品项数与平均品项数。

IQ统计:各品项的发货数量$Q_{\cdot i}$,单一品项的最大发货数量、最小发货数量与平均发货数量。

IK统计:各品项的发货次数K_i,单一品项的最大品项数、最小品项数与平均品项数。

EIQ统计(总统计):所有订单的总发货品项数$N.$,所有品项的总发货次数$K.$,订单总数,总品项数,所有产品的总发货数量。

例2-2 表2-4为某物流配送中心流利货架区淡季某一天的发货订单品项数量资料统计,试对其进行EIQ分析。

表2-4 某物流配送中心流利货架区淡季某一天的发货订单品项数量资料统计 (单位:箱)

	I_1	I_2	I_3	I_4	I_5	I_6
E_1	300	200	0	60	100	150
E_2	150	750	200	0	0	600
E_3	60	0	300	400	0	250
E_4	0	0	0	500	300	150
E_5	90	150	70	200	350	70

各订单发货数量为:

$$Q_1=(300+200+0+60+100+150)箱=810箱$$
$$Q_2=(150+750+200+0+0+600)箱=1700箱$$

同理,可计算出$Q_3=1010$箱,$Q_4=950$箱,$Q_5=930$箱。

各订单发货品项数为:

$$N_1=5,N_2=4,N_3=4,N_4=3,N_5=6$$

各品项的发货数量为:

$$Q_{\cdot 1}=(300+150+60+0+90)箱=600箱$$
$$Q_{\cdot 2}=(200+750+0+0+150)箱=1100箱$$

同理,可计算出$Q_{\cdot 3}=570$箱,$Q_{\cdot 4}=1160$箱,$Q_{\cdot 5}=750$箱,$Q_{\cdot 6}=1220$箱。

各品项发货次数为:

$$K_1=4,K_2=3,K_3=3,K_4=4,K_5=3,K_6=5$$

所有订单的总发货品项数$N.=6$

所有品项的总发货次数$K.=4+3+3+4+3+5=22$

要了解物流配送中心的实际运作的物流特性,只分析一天的资料是不够的。但若分析一年的资料，往往因资料数量庞大，分析过程费时费力而难以做到。为此，可选取具有代表性的某个月或某个星期为样本，以一天的发货量为单位进行分析，找出可能的作业周期和波动幅度。若各周期中出现大致相同的发货量，则可缩小资料范围。如一周内发货量集中在星期五和星期六，一个月集中在月初或月末，一年集中在某一季度发货量最大。这样可求出作业周期和峰值时间。总之，尽可能将分析资料压缩到某一个月份、一年中每月的月初第一周或者一年中每周的周末。如此取样既可节省许多时间和人力，又具有足够的代表性。

1. 关于订单量（EQ）分析

通过对订单量的分析可以了解每张订单的订购量分布情况，从而可以确定订单处理的原则，以便进行拣货系统、发货方式和发货区的规划。一般是对营业日的 EQ 分析为主。EQ 分布图形对规划储存区的拣货模式也有重要参考价值。当订单量分布趋势越明显时，分区规划越容易。否则应以柔性较强的设计为主。EQ 量很小的订单数所占比例大于 50% 时，应把这些订单另外分类，以提高效率。

2. 关于品项数量（IQ）分析

通过对品项数量 IQ 进行分析，可以掌握各种产品发货量的分布情况，进一步可分析产品的重要程度。IQ 分析可用于仓储系统的规划、储位空间的估算、拣货方式及拣货区的规划。

EQ 分布图形和 IQ 分布图形的类型分析十分相似，现就物流配送中心几种常见 EQ 和 IQ 类型分析如下。

I 型：EQ 和 IQ 的分布如图 2-2 所示，此为一般物流配送中心常见模式。

EQ 分析：由于订货量分布趋于两极化，可利用 ABC 分析法进行进一步分类。规划时可将订单分级处理，少数量大的订单可进行重点管理，相关拣货设备的使用亦可分级。

IQ 分析：由于订货量分布趋于两极化，可利用 ABC 分析法进行进一步分类。规划时可将物品按储存区分类储存，不同类型的物品可设不同水平的储存单位。

II 型：EQ 和 IQ 的分布如图 2-3 所示，该类型的特点是大部分订单量（或发货量）相近，仅少数有特大量及特小量。

EQ 分析：可以对主要量分布范围进行规划，少数差异较大者进行特例处理。

IQ 分析：可以对同一规格的储存系统和定址型储位进行规划，少数差异较大者进行特例处理。

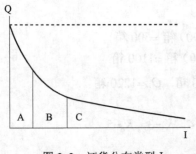

图 2-2　订货分布类型 I

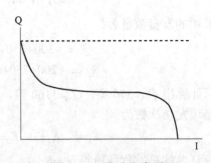

图 2-3　订货分布类型 II

III 型：EQ 和 IQ 的分布如图 2-4 所示，该类型的特点是订单量（或发货量）分布呈渐减趋势,无特别集中于某些订单或范围。

EQ 分析:系统较难规划,宜规划通用设备,以增加设备柔性。

IQ 分析与 EQ 分析相同。

IV 型:EQ 和 IQ 的分布如图 2-5 所示,该类型的特点是订单量(或发货量)分布相近,仅少数订单量(或发货量)较少。

EQ 分析:可分为两种类型,部分少量订单可以批次处理或以零星拣货方式规划。

IQ 分析:可分为两种类型,部分少量物品可用轻型储存设备存放。

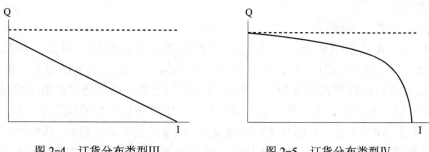

图 2-4　订货分布类型Ⅲ　　　　图 2-5　订货分布类型Ⅳ

V 型:EQ 和 IQ 的分布如图 2-6 所示,该类型的特点是订单量(或发货量)集中于特定数量且为无连续性渐减,可能为整数发货或为大型物件的少量发货。

EQ 分析:以较大单元负载单位规划为主,而不考虑零星发货。

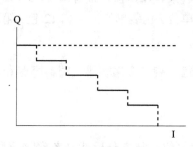

图 2-6　订货分布类型Ⅴ

IQ 分析:以较大单元负载单位或重量型储存设备规划为主,但仍需考虑物品特性。

一般来说,在规划储存区时多以时间周期为一年的 IQ 分析为主,在规划拣货区时还要参考单日的 IQ 分析。通过对单日和全年的 IQ 数据进行分析,结合发货量和发货频率的相关分析,整个仓储拣货系统的规划会更符合实际情况。

2.3.4　物品与包装特性分析

物品特性通常是影响物料分类的重要因素,在对订单品项与数量分析的同时,应当结合物品特征与包装状况等因素进行分析。以便划分不同的仓储和拣货区。

1. 物品特性

对于物流配送中心的规划而言,物品特性一般指的就是物品的物理化学性质,也就是说,物料的类别通常是按其物理化学性质来划分的。

1）尺寸：长、宽、高。
2）物态：固体、液体和气体，不稳定的、黏的、热的、湿的、脏的等。
3）重量：每运输单元重量或单位体积重量。
4）形状：扁平的、弯曲的、紧密的、可叠套的、不规则的等。
5）损伤的可能性：易碎、易爆、易污染、有毒、有腐蚀性等。
6）价格：贵重物品和一般物品。
7）储存温度：普通、冷冻和冷藏等。
8）湿度需求。
9）气味：中性、刺激等。

除了形状、尺寸及重量外，很多物品还要关注其他物理化学性质，例如，青菜、水果会呼吸，能使周围温度上升、水分蒸发，因此储存青菜、水果的湿度一般应控制在85%～90%左右；医疗药品体积较小，有批号和日期管制，必须储存在恒温恒湿条件下，且避免阳光直射；洗洁剂、香皂等具有散发性气味，因而不能与食品储存在一起；家电产品体积大、重量重、季节性强，大部分储存在箱储位；化妆品属于高价物品，体积小，容易变质，直接与人体接触，因此对储存条件要求较高。诸如此类，凡是物品都对物流有着与其他物品不一样的要求，不同的物品对物流作业流程要求也不同，规划设计一定要符合物品特性。

2. 基本包装单位与外包装单位

基本包装单位：如个、包、条、瓶、盒、捆等。

外包装单位：个数（基本单位/包装单位），如 12 包/箱。

3. 包装材料

包装材料可分为纸箱、捆包、袋、金属容器、塑料容器和包膜等。

2.3.5 货态分析

货态是指货物的基本储运单位，货态分析就是考察物流配送中心各个主要作业环节的基本储运单位。一般物流配送中心的储运单位包括托盘（P）、箱子（C）和单品（B）。对于不同的储运单位，所配备的储存和搬运设备也不同。因此，在规划设计中，分析和设计节点及其上下游物流过程的货态变换是必不可少的内容。

P、C 和 B 所采用的储存搬运设备不同，系统规划相应也有差异，因此建立一个把 P、C、B 形状图表化的辅助系统很有必要。货态分析的内容就是将货态（P、C、B）纳入分析范围，用货态图或表格作为表现形式，并把它们换算成相同的单位，以方便物流过程中的储存和搬运工作。

当货物之间的形状、尺寸、重量相差较大时，则将它们分成大物、中物、小物或组合等几种类型，然后分别选择相应合适的搬运与储存设备。

在物流下游企业的订单资料中，常常同时包含各类出货状态。为了合理规划仓储区和拣货区的货态变换，就要将订单资料按出货货态单位进行逆向分析，计算各作业区域的货态和实际数量需求，选择进行相关作业的搬运装卸、包装标识设备。

一般来说，物品入库的货态单位最好能配合储存货态单位，可以凭借采购量的优势要求供货商配合，必要时写入合同条款，此种情况下，入库单位通常设定为最大的储存单位。

但是，由于各种复杂因素的影响，入库前的货态单元转换也时有发生。

储存单位应当大于或等于拣货单位。在物品一次采购最大批量、最小批量及采购前置时间、送达时间（时间均以天为单位）设定的情况下，且物品

$$每天平均拣货量 \times 采购前置时间 < 上一级包装单位数量$$

那么，储存单位＝拣货单位；反之，储存单位＞拣货单位。

如果服务水平时间＞采购前置时间＋送达时间，且物品每日订购量在采购最小批量和采购最大批量之间，则该项物品可不设置存货位置。

以上为基本规划资料的定量分析，在规划设计中，基本规划资料的定量分析相当重要，如果这些数据不可靠的话，将导致所建物流配送中心的战略性错误，从某种意义来说，正确的调查分析是设计物流配送中心的关键。

2.4 基本规划资料的定性分析

在进行物流配送中心规划时，除了 2.3 节的定量分析外，物流与信息流定性化的资料分析也很重要。物流与信息流定性分析包括作业流程分析、信息系统分析、作业时序分析以及自动化水平分析等方面。

2.4.1 作业流程分析

物流作业流程是物流系统为实现特定的物流目标而进行的一系列有序物流活动的整体，它直接反映了物流系统运行过程中的物料流动、设备工作与资源消耗等情况。作业流程分析是针对常态性和非常态性的作业加以分类，并整理出物流配送中心的基本作业流程。不同类型与功能的物流配送中心，其作业流程也不尽相同，甚至有很大的差别。一般物流配送中心作业流程内容的分析项目如下。

1. **常态性物流作业**

（1）进货　包括车辆进货、卸载、验收、编号和理货等内容。

（2）储存　包括入库和调拨补充等内容。

（3）拣货　包括订单拣选、批次拣选和分拣等内容。

（4）发货　包括流通加工、集货、品检、点收和装载等内容。

（5）配送　包括车辆调度、路线安排、运输和交货等内容。

（6）仓储管理　包括盘点、抽盘、移仓与储位调整和到期品处理等内容。

2. **非常态性物流作业**

（1）退货　包括退货卸载、点收、责任确认，退货良品、瑕疵品和废品处理等内容。

（2）换（补）货　包括误差责任确认、零星补货拣取、包装和运送等内容。

（3）辅助　包括车辆出入管制、停泊、容器回收、空容器暂存、废料回收处理等内容。

3. **集货中心作业流程分析**

多数情况下，作业流程分析可能更为细致。这里以集货中心为案例进一步说明。集货中心的主要功能是将零星货物集中成批量对外发运。所进的货物一般是包装程度低（甚至不

包装）的小批量货物，规格质量混杂，进货距离短，运输方式简单。货物经过集货中心的加工，如进行分级、分选、除杂、精制与成型等，然后按不同要求组成较大的包装进行储存，实现对外大批量、高效率、低成本的运输，并有利于批量运输后的配送和预测。这类集货中心广泛适用于收购企业，如供销、粮食、外贸及商业部门。

为实现集货中心的功能，合理制定集货中心作业流程是非常必要的。典型物流集货中心作业流程如下。

（1）进货计量　对所进（购）货物进行称重计量，核定数量。
（2）质量检验　对已计量的货物进行质量检验，以确定货物质量等级。
（3）验收　对经过质检合格的货物进行验收，使货物所有权（或保管权）移交给集货中心。
（4）结算　如果货物为收购，则进行结算付款。
（5）分级　将已归属集货中心的货物按类别等级进入暂存区存放（或直接进入分选加工作业）。
（6）分选加工　对暂存区货物进行分选初加工，必要时对验收后的货物直接分选加工。
（7）精细加工　根据需要，将分选初加工后的货物进行精细加工。
（8）成型加工　根据特定需求对相应货物进行成型加工。
（9）包装　对货物进行必要的包装，以满足客户及运输要求。
（10）储存　对包装后的货物按类别、等级入库储存。
（11）出库　根据出库单明细，拣选所需货物出库到发货区。
（12）发货　按发货单要求，组织配装发运。

2.4.2　信息系统分析

物流信息系统既是整个物流系统的心脏，又是物流运作的神经网络。现代物流以信息为中心，协调物流、商流与资金流，密切联系供给系统和需求系统。信息系统以提高物流系统的整体运作效率和服务水平为目的，以信息的即时性与共享性为重点，有效协调指挥物流作业和管理运作的各个部门，密切联系和关注供应链上下游各个企业，同时又为各层级决策提供有效数据和材料。信息系统有效性的关键在于信息流和信息传递界面。信息系统分析就是信息流和信息传递界面的分析与规划。

1. 物流支援作业

（1）接单作业　包括订单资料处理、货量分配计划、客户与订单资料维护、订单资料异动、退货资料处理、客户咨询服务和交易分析查询等内容。
（2）发货作业　包括发货资料处理、发货资料维护、发货与订购差异处理、换货补货处理和紧急发货处理等内容。
（3）采购作业　包括采购资料处理、供应商与采购资料维护、采购资料异动和货源规划等内容。
（4）进货作业　包括进货资料处理、进货资料维护、进货与采购差异的处理和进货时序管理等内容。
（5）库存管理作业　包括储位管理作业、物品资料维护、库存资料处理、到期时间管理、盘点资料处理和移仓资料处理等内容。

（6）订单拣取作业　包括配送计划制订、拣选作业指示处理、配送标签列印处理和分拣条码列印处理等内容。

（7）运输配送作业　包括运输计划制订、车辆调度管理、配送路径规划、配送点管理、货运基本资料维护和运输费用资料处理等内容。

2. 一般事务作业

（1）财务会计管理　包括一般进销存账业务处理、成本核算会计作业和相关财务报表作业等内容。

（2）人事劳务管理　包括人事考核作业、缺勤资料处理、薪金发放作业、员工福利、教育培训和绩效管理等内容。

（3）厂务管理　包括设备财产管理、门卫管理、公共安全措施、厂区卫生维护和办公物品订购发放等内容。

3. 决策支援作业

（1）效益分析　包括物流成本分析和营运绩效分析等内容。

（2）决策支援管理　包括运营现状分析、市场走向分析与企业发展分析等内容。

2.4.3 作业时序分析

作业时序，就是物流配送中心各项作业的时间分布。由于社会的不断发展和竞争的日趋激烈，夜间工作已逐渐普及。为此，必须根据客户作息时间考虑配送时段，以满足客户需要。许多物流配送中心采取夜间进货，一来避免白天车流量大，二来此时间段的购物人数少，便于进行进货、验收等作业。表 2-5 为某物流配送中心一天内各项作业的时间段分布。由图可以观察和分析该物流配送中心的作业时序安排和特性。

表 2-5　某物流配送中心一天内各项作业的时间段分布

作业名称	作业时间																							
	7	8	9	10	11	12	13	14	15	16	17	18	19	20	21	22	23	24	1	2	3	4	5	6
1. 订单处理			━	━	━	━	━	━	━															
2. 派车		━					━	━		━														
3. 理货												━	━	━	━									
4. 流通加工				━	━	━									━									
5. 发货			━	━																				
6. 配送				━	━	━	━																	
7. 回库处理							━	━	━	━														
8. 退货处理				━	━	━																		
9. 进货验收					━	━	━	━	━															
10. 入库上架						━	━	━	━	━														
11. 仓库管理			━	━	━	━	━	━	━	━	━													
12. 库存反应及资料上下传														━	━	━	━	━	━	━				

2.4.4 自动化水平分析

物流自动化是指物流作业过程的设备和设施自动化，包括运输储存、搬运装卸、包装、分拣、信息识别等作业过程。物流配送中心某一作业单元的自动化水平，不仅与该单元的作业量、作业频度、作业难度和作业要求有关，而且与作业环境、物品货态以及企业形象有关。自动化水平分析，是对各项作业所使用设备的自动化程度进行分析。按照软件先行、硬件适度的规划原则，自动化水平过低或过高都会影响物流配送中心的效率和效益。因此，自动化水平分析对物流配送中心规划具有极其重要的参考价值。物流配送中心自动化水平分析示例见表 2-6。

表 2-6 物流配送中心自动化水平分析示例

作业分类	作业内容	自动化水平				
		人工	半机械	机械化	自动化	智能化
进货作业	□车辆卸载					
	□进货暂存					
	□点收检验					
	□理货					
储存保管	□入库					
	□调拨补充					
拣货作业	□订单拣货					
	□批次拣货					
	□分拣					
	□集货					
发货作业	□流通加工					
	□包装堆叠					
	□发货检验					
	□装载					
配送作业	□运输调度					
	□车辆运送					
	□交货					
在库管理	□盘点					
	□移仓					
	□到期品处理					

2.5 案例

2.5.1 降低非正常库存的 ABC 分析法

如何让企业能够有效渡过危机，其实重点只有一个，增加现金周转量。很多企业在危机中倒闭，最重要的一点是企业所堆积的库存量过大，严重影响了资金的周转，从而导致企业无法运行。所以要想度过危机,必须做一些改革,达到减少库存量,增加周转资金的初衷。

××公司是精细化工产品行业的全球领先企业,生产八千多种产品,为全球各个行业的三万家客户提供服务,客户分散在各个行业中约一百多个国家和地区。××公司在全球各地有数个全球物流分销中心,在中国的分销中心位于上海,各事业部的库存都集中存放在此分销中心,但是由于非正常库存过高(非正常库存占总库存的13.2%),严重影响了资金的周转,所以××公司准备把降低非正常库存作为管理切入点,组织项目团队进行攻关。具体步骤和措施如下。

(1) 定义目标值 该目标值必须是可测量的量化值。目标值的定义必须符合实际,也就是目标值不能设定得太高,如果无法达到设定值,那就是失败。同理,如果目标值设定得太低,没有挑战性,对于改善库存是没有意义的,比如把13.2%的比率降低到10%。因此,××公司想通过管理使非正常库存占总库存的13.2%降低到5%。

(2) 绘制流程图 通过流程图可以使大家熟悉从产品预测、计划、要货订单、生产、国际运输、进口报关、储存管理、分销商管理、订单管理、发货管理、库存管理到销货管理等整个业务流程。

(3) 测量数据 测量数据的目的有两个:①收集数据,确认问题和机会并进行量化;②梳理数据,找出关键过程输出变量,为查找原因提供线索。关键过程输出变量指的是对于符合顾客需求而言极为重要的过程输出项目。××公司对外高桥仓库数据进行收集与分析,统计了4个月的仓库库存,包括建筑、橡胶、塑料、玻璃等大类。进而对非正常库存进行了20/80测量,了解到塑料占非正常库存量的75%。

(4) 查找原因 项目团队根据非正常库存数据,对主要缺陷进行分析,查找问题的根本原因。首先,计算非正常库存的价值,通过其价值来区分改善重点。团队发现超期发货产品占63%,特定物料占21%,其他综合占16%,因此,按照20/80原则,超期发货产品和特定物料是重点改善对象。其次,对超期发货产品与特定物料进行分析,分析结果如下:对超期发货原因进行分析,第一位是预测差(68%),第二位是产品生命周期短(18%),第三位是客户提货延迟(14%)。对特定物料进行同样的分析,发现产品本身质量和产品包装损伤是重点改善对象。

(5) 设计改善方案 对缺陷进行分析后,针对关键因子,围绕根本原因设计大量的改进方案,进行选择细分,最终得出实施方案。

1) 针对预测业绩差采取的措施。对每个商品的预测,都须根据全球的预测指导方针严格管理;对于保质期特短的订单和试销商品订单,须经业务经理审批,方能实施。

2) 针对超过发货期库存的预防措施。计划每月向销售经理发出滞销货月清单,销售经理按清单进行促销。

3) 针对客户提货延迟。确认每一个商品的真正供货时间,重新设置客户要货计划,同时与客户确认订货、变更与注销订单的原则。

4) 针对产品生命期短采取的措施。更换货源地,寻找较近的进口地,本土化生产,货源地采用"后进先发"策略出货。对销售量不大的商品,不备库存。

通过以上4方面的改善,现在公司在上海外高桥仓库的非正常库存占整个库存比例的价值已下降到2%以下。由于非正常库存的比例减少,节约资金650 000美元,增加了企业的流动资金。

2.5.2 提高"最后一公里"的配送效率

1. 整合配送流程思路

随着越来越多的便利店出现在密集的商业写字楼和住宅区周围,对于这种城市配送体系下非仓储式购物的食品零售业,深入居民和住宅区的"最后一公里"物流配送效率成为便利店盈利的关键。

由于便利店里的拆零比率大,出货量少,频次多,送货的时效性要求高,所以,便利店配送中心运营的设计定位为"拆零配货"型物流中心,其关键绩效指标是分拣的低错误率、快速的分拣速度以及低库存损耗。为了完成这个目标,按照配送中心流程,提出了整合配送流程的设计思路,并选用先进的设备使得货物在正确的时间到达。该便利店整合后的配送流程如图2-7所示。

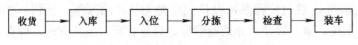

图2-7 便利店整合后的配送流程

2. 常温库区

根据货品要求温度的不同,配送中心分为两个区域,常温库区和低温库区。

对于常温库区,在压缩成本的同时注重"效率优先"原则。

(1)收货 常温库区采用仓储物流管理系统(Heading Warehouse Management System,HDWMS)以及射频(Radio Frequency,RF)技术。HDWMS自动安排收货的托盘数量与收货码头等,同时,HDWMS通过RF技术识别收货信息,实时录入货品的名称、数量和重量等信息,并实时提供货品的上架储位信息。

(2)入库 入库保证"先进先出",HDWMS会记录商品入库的时间和保质日期,防止货物在仓库中过期,降低货物的报废成本。

(3)入位和分拣 仓库基于EIQ分析,然后将货品进行ABC分类。拣货频率高的产品归为A类,依次类推,不同类别的产品在不同的流水线上分拣。对于整箱拣货频率高的A类货品存储在货架的最前面,这样,拣货员的行走路径减少,拣货效率提高。或者,采用越库转运(货品入库后,直接在暂存区进行拣选)。例如,人们夏季对饮料和水的需求量比较大,货品上架不久就要出库,为了解决这个问题,这类货品前一天收货后就被整托放在暂存区,晚上直接出库,这样消除了货物拆零和上架的时间浪费。对于A类拆零商品的拣货,配送中心采用流利式货架、电子标签拣货和动力输送线,能够保证在较短的时间内完成拣货作业。

(4)核查 为了确保货品拣选的正确性,配送中心采用称重自动复核方法,这与以往抽样核查不同,所有的周转箱都会被检查。HDWMS会筛选出分拣不正确的周转箱,复核人员会用RF设备对有问题的周转箱进行复核,复核率达100%,有效降低了分拣的错误率。

(5)装车 HDWMS系统根据汽车的容量,以及各个门店对整箱和周转箱的需求量,选择适当的汽车,合理利用汽车容量,提高配送效率。

同时,配送中心的运输管理系统(Transportation Management System,TMS),每天统一安排每台车的作业,优化车辆运输,摒弃以往的一天一配的小批量、多频次的送货方式。

3. 低温库区

对于低温库区提出时间最短的"时间优先"原则。

（1）低温库区概况　低温区域面积为 $1600m^2$，主要包括 4℃冷藏的保鲜食品（如熟食、牛奶等）和 18℃恒温产品（如饼干、面包等），共约有 300 个储位。使用的物流技术包括电子标签拣货、RF 技术、电子看板与颜色管理等。

（2）具体措施　首先，在接货环节，配送中心会给所有的供应商不同的送货时间。这样有利于均衡收货作业，既不拥挤，也不会造成人员闲置浪费。其次，采用看板管理，将仓库各个环节的作业完成情况显示在显示屏上，屏幕 1min 更新一次，这样使作业人员和管理人员可以实时了解作业进度。第三，为了提高分拣效率，配送中心采用颜色管理技术，对于不同的门店，所使用的周转箱喷涂不同的颜色。

第 3 章　物流配送中心的选址规划

3.1　概述

3.1.1　物流网点的设置

物流配送中心的选址，是指在具有若干个资源点（供货点）和若干个需求点的某个经济区域内，选择合适的地址设置物流配送中心的规划过程。物流配送中心的选址也称为物流网点设置。

物流网点设置包括两个层面的决策：经济区域的确定与具体地址的选择。

物流网点设置首先要选择合适的经济区域，这对于一个业务范围覆盖全国，乃至全球的物流企业尤为重要。在选择经济区域时，决策层要全面掌握企业目前的经营状况，把握未来区域政策走向，企业业务拓展空间，同时结合企业的物品特性、服务范围、服务水平和企业运营策略，审慎评估决策所带来的投资、效益和风险，确定一个合适的经济区域范围作为进一步选址的对象。

在物流网点设置的经济区域确定后，就要选择具体的物流网点建设地点，我们通常所说的选址规划实际是指具体地址的选择。物流网点具体地址的选择，是一个非常庞杂的系统工程，由许多感性的、理性的、定性的、定量的、客观的和主观的因素决定。

3.1.2　网点设置的重要性

物流网点设置，就是运用科学的方法决定物流配送中心的地理位置，使之与企业的整体经营运作系统有机结合，以便有效、经济地达到企业的经营目的。对物流配送中心来讲，在不断变化的物流环境中如何进行网点设置是至关重要的问题。20 世纪 90 年代以来，随着我国经济的高速稳定发展和人们消费水平的逐步提高，我国的物流事业突飞猛进，社会物流量不断增长，物流业务范围不断扩大，经营业务日趋复杂，多批次、小量化、短周期、高质量需求趋势持续增长，配送区域和辐射空间迅速拓展。为了更好地服务于客户，在激烈的市场竞争中永远立于不败之地，企业必须高度重视和认真研究物流配送中心的网点设置。

1. 网点设置制约成本与服务

在一定的经济区域范围，网点设置的数目和位置，将直接影响物流成本和服务水平。减少物流网点，就会使配送距离延长，运输费用相应增加，但却可以减少人员费用、仓储费用和管理费用。但从另一方面来说，减少物流网点引起的配送距离的增加，就有可能导致服务水平的下降。在规划物流网点过程中，必须考虑方便客户、市场竞争和库存策略等诸多因素。建设新的物流网点，不但不能影响主要客户群的服务水平，而且还要通过提高物流服务水平，进一步满足客户日益提高的消费理念和水准，保证运输服务的及时性和准确性。物流网点设置要以便利顾客为首要原则，从节省顾客的购买时间、降低其交通费用的角度出发，最大限度地满足顾客的需要。否则物流配送中心就会失去客户的信赖和支持，也就失去了自身存在的价值。21世纪以来，随着高速公路网络的完善和信息技术的发展，大数据、云计算及智慧物流的应用，使得配送时间大大缩短，响应速度大大加快，在保证服务水平的前提下，合并物流网点也才成为可能。

2. 网点设置是确定市场定位与经营目标的重要依据

市场定位与经营目标的确定，首先要考虑所在区域的社会环境、地理环境、人口密度、交通状况及市政规划等因素。依据这些因素明确目标市场，按目标顾客的构成及需求特点，确定市场定位及经营目标，制定包括市场营销、服务措施在内的各项经营策略。

事实表明，经营方向、产品构成和服务水平基本相同的物流网点，会因为选址的不同，而使经济效益出现明显的差异。网点设置对设施布置以及投产后的生产经营费用、产品营销渠道和服务质量都有着极大而长久的影响。一旦选择不当，它所带来的不良后果不是通过建成后的加强和完善管理等其他措施就可以弥补的。因此，在进行设施选址时，必须充分考虑多方面因素的影响，慎重决策。

3. 网点设置是一项长期性投资

物流网点一经确定，就需要投入大量的资金用以建造物流配送中心必须具备的建筑物、构筑物及相关设备设施。这些建筑物、构筑物和设备设施一旦建成，就很难搬迁。物流配送中心的地址具有长期性和固定性的特点，当外部环境发生变化时，地址无法像人、财、物等其他经营要素一样可以适时地、方便地做出相应的调整。如果选址不当，将付出沉重的代价，因此，物流网点设置是物流配送中心规划中的关键性工作，必须做到深入调查、周密考虑和妥善规划。

4. 网点设置是具有战略意义的决策

物流网点设置得合理与否，对于物流配送中心的投资规模、运营成本、作业效率和服务质量等，都会产生直接而深远的影响。其布局是否合理，网点选址是否得当，将对整个系统的物流合理化、社会效益以及企业命运都起着关键性的作用。

3.1.3 网点设置的目的

物流配送中心选址规划的目的，简单来说，就是为了在不断变化的商品流通环境中，使物品通过物流配送中心汇集、中转、分发，直至输送到需求点的全过程的总体效益最好。

1. 提供优质物流服务

在激烈的竞争中，作为销售战略的一环，优质的物流服务是不可或缺的。如果没有完善的物流系统，按照承接的订单，将合适的商品，按正确的数量和价格，在恰当的时间和地点提供给顾客，企业就难以在销售竞争中取胜。作为提供专业物流服务的物流配送中心，必须适应客户需求小批量、多品种、交货期缩短的要求。也就是说，按期保质保量交货，提高物流服务效率。

2. 降低物流总成本

物流配送中心是连接生产和消费的流通部门，利用时间及场所创造效益的机构与设施。由于高速公路网的越加完善和信息网络的普及，电子商务和大量处理多批次、小批量订单的软件系统的应用，使得作业效率大大提高，运输时间大大缩短。对物流网点设置进行合理规划，将物流网点相对集中，设立较大规模的物流配送中心，可以减少库存；通过协同配送、运输大型化，可以减少中间环节，降低运输费用，缩短运输时间，从而减少物流总成本。

3. 注重环境保护

随着社会化大生产和全球化大流通程度的日益加剧，环境问题已经成为人们不得不面对的严重问题。由于物流与环境的密切关系，在设置物流网点时，必须考虑环境保护，推行绿色物流。我们知道，物流过程对环境造成的危害有些是不可避免的，例如，运输作为主要的物流活动，对环境会产生一系列的影响，设置物流网点一定要考虑如何减少迂回运输、交错运输、单程运输，这一方面是降低成本的要求，同时也是抑制物流对环境危害的需要。另外，在物流配送中心的规划设计和运行过程中，必须注重废旧物品如何合理回收，包装材料如何再利用，废弃物品如何净化处理，噪声如何控制在允许的范围内等问题。

3.2 选址规划的原则和影响因素

3.2.1 选址原则

物流配送中心选址过程应同时遵守经济性原则、适应性原则、协调性原则和战略性原则。

1. 经济性原则

物流配送中心发展过程中，与选址有关的费用，主要包括建设费用与经营费用。物流配送中心的选址定在市区、近郊还是远郊，其未来物流活动所需装备设施的建设规模、投资费用以及运输费、人工费等物流费用是不同的。选址时应以总费用低作为物流配送中心选址的经济性原则。

2. 适应性原则

物流配送中心的选址应与国家以及地方政府的经济发展规划、大政方针、经济政策相适应，与中国特色市场经济体制改革的前进方向相适应，与我国物流资源分布和需求分布相适应，与国民经济和社会发展相适应。

3. 协调性原则

物流配送中心选址应将国家的物流网络作为一个大系统来考虑，使物流配送中心的固定设施与活动设备之间、自有设备与公用设备之间，在地域分布、物流作业生产力、技术水平等方面相互协调。

4. 战略性原则

国民经济的不断发展必然产生生产力布局的变更，生产结构和运输条件也会随之发生变化，这些变化无疑会对物流系统的效益产生新的要求和影响。在设置物流配送中心网点时，除了考虑现存的情况外，物流配送中心选址应具有战略眼光和前瞻性。制订长远规划时，一是要考虑全局，二是要考虑长远。局部要服从全局，眼前利益要服从长远利益，既要考虑眼前的实际需要，又要对计划区域内的经济发展前景和建设规划进行预测，使物流配送中心网点设置能够为今后业务拓展和企业发展留有潜在空间。

3.2.2 影响因素

物流配送中心的选址要考虑自然环境因素、经营环境因素、交通运输因素、法律法规因素以及社会因素等。

1. 自然环境因素

气象条件。物流配送中心选址过程中，主要考虑的气象条件有湿度、温度、风力、降雨量、无霜期、日照等指标。如选址时要避开风口，因为在风口建设物流配送中心会加速露天堆放商品的老化。

地质条件。物流配送中心是大量商品的汇集地，某些堆密度较大的材料、设施的静载荷，设备的移动载荷和振动载荷都是相当可观的。如果物流配送中心地面以下存在着淤泥层、流沙层、松土层等不良的地质条件，可能会使受压地段产生裂缝、沉降、塌陷、翻浆等严重后果。为此，物流配送中心选址时地质条件应该符合国家强制性建筑规范对承载力的要求。

水文条件。物流配送中心选址需要远离容易泛滥的河川流域和地下水上溢区域。要认真考察近年的水文资料，地下水位不能过高，应禁止使用洪泛区、内涝区、故河道、干河滩等区域。

地形条件。物流配送中心应该选择地势较高、地形平坦，适宜基本建设，且应具有适当的面积与形状的区域。完全平坦的地形是最理想的，其次可选择稍有坡度或起伏的地方，应该尽量避开山区陡坡地区。在外形上可选择长方形，不宜选择狭长或不规则形状。此外，选址一定要避开古墓葬和文物集聚区。一般来说，文物保护区和遗址区政府是限制建设的，即便不如此，也要尽量与其保持一定的距离。

2. 经营环境因素

（1）经营环境　物流配送中心所在地区的产业政策，对物流企业的经济效益会产生重要的影响；数量充足、素质较高和成本低廉的劳动力条件也是物流配送中心选址考虑的重要因素之一。

（2）土地成本　在物流成本中，物流配送中心的土地成本占有很大的比重，地价的高低直接影响着物流配送中心的选址和网点布局。

（3）物流费用　物流费用是物流配送中心选址的重要因素之一。例如，大多数配送中心选择接近物流服务需求地点，比如接近大型工业、商业区，以便缩短运输距离，降低运输费用。

（4）商品特性　经营不同类型商品的物流配送中心应该根据商品的特性进行选址。物流配送中心选址应与产业产品结构、工业布局等紧密结合。如当物流配送中心主要服务产品为原材料时，物流配送中心趋向于接近原材料产地，而当物流配送中心主要服务产品为产成品时,则应接近市场与消费地。

(5) 服务水平　服务水平也是物流配送中心选址的考虑因素。在现代物流过程中,能否实现准时送达是服务水平高低的重要指标,因此,在物流配送中心选址时,应保证客户在任何时候向物流配送中心提出物流需求时,都能获得快速满意的服务。

(6) 周边消费水平　对于接近物流末端的区域配送中心来说,周边人文状况、风俗习惯、文化层次、商业网点、人口重心、销售重心、人口增长、人口密度、工业区及居住区等因素都对消费习惯和水平有影响,选址时也要考虑。

3. 基础设施因素

(1) 公共设施状况　主要考虑城市配套的水、电、暖、气等是否到位,信息网络、固话、银行、邮政等条件是否具备,附近是否有污水与垃圾处理设施等,北方地区还要考虑是否具有供暖设施。

(2) 运输条件　物流配送中心的未来地址,必须具备方便的交通运输条件。需要靠近交通枢纽。如紧邻港口、交通主干道、铁路货运站、机场,至少有两种以上运输方式相衔接。

4. 法律法规因素

物流配送中心的选址应符合国家与属地政府的法律法规,满足国家对物流设施标准、工人劳动保障、环境保护等方面的要求。

5. 社会因素

社会因素包括所选城市的地位、生活环境、就业情况、居民态度、人力成本、治安情况以及环境保护要求。例如环境保护要求,物流配送中心的选址需要考虑保护自然环境与人文环境,尽可能降低对居民生活的干扰。对于大型转运枢纽,应适当设置在远离市中心的地方,使城市交通环境状况能够不受影响,城市的生态建设得以维持甚至改善。

3.3　选址规划的主要内容

物流配送中心是组织物流活动的基本设施。在同一计划区域内,在已有的客观条件下,如何设置物流配送中心,合理划定不同的供货范围,就是物流配送中心网点设置的主要内容。

3.3.1　主要解决的问题

物流配送中心的网点设置就是以物流系统和社会经济效益为目标,用系统学的理论和系统工程的方法,综合考虑物资的供需状况、运输条件、自然和经营环境等因素,对物流配送中心的设置位置、规模、供货范围等问题进行研究和设计。此外,研究物流配送中心网点设置还应考虑系统中中转供货和直达供货的比例问题。在物流系统中物资的中转供货和直达供货常常是同时存在的。理论和实践均已证明,物资的直达供货只是在少数几种情况下才是有利的,并且它所占的比例大小与中转供货的费用水平和服务质量有着密切的关系,中转费用低、服务质量好时直达供货比例小,否则直达供货比例大。因此,如何确定中转与直达供货的比例,系统中的客户是否应该采取直达方式进货,这也是研究物流配送中心网点设置应当关注的问题。因此,物流网点设置主要研究和解决以下几方面的问题。

1) 计划区域内应设置物流网点的数目。
2) 各物流网点的具体位置。
3) 各物流网点的规模。
4) 各物流网点的进货与供货关系,即从哪些资源厂进货,向哪些客户供货。
5) 计划区域内中转供货与直达供货的比例。

3.3.2 不同物流网点的选址要求

物流配送中心的位置确定,应符合城市规划和商品储存安全的要求,适应商品的合理流向,交通便利,具有良好的运输条件、区域环境和地形地质条件,具备给排水、供电、道路、通信等基础设施。特别是大型物流配送中心,应具备大型集装箱运输车辆进出的条件。

物流配送中心一般都选在环状公路与干线公路或者铁路的交汇点附近,尽量靠近铁路货运站、港口及公共货车终点站等运输地点,同时也应靠近运输业者的办公地点,并充分考虑商品运输的区域化和合理化。此外,还应分析服务对象,例如连锁超市公司的门店目前分布情况、将来布局的预测以及配送区域范围。

最近几年,许多物流园区大多数建在距大都市 40km 左右的郊外,之所以如此,主要是因为这样的物流节点通常规模较大,配送批量亦大,相应需占用的土地面积也大,然而大城市地价太过昂贵,建设成本太高。因此,建设地址尽量选择地价便宜、交通便利且需求密度高的大城市周边地区。

另外,必须考虑用地的现实性。例如,物流配送中心最适当的位置可能是车站、公园等不可能实现的地方。此时,可以选择其最近处作为可以实现的选址点。

1. 不同类型的物流配送中心

(1) 转运型物流配送中心　这类物流网点一般经营倒装、转载或短期储存的周转类商品,大多采用多式联运方式,因此,一般应设置在城市非中心地区的交通便利地段,以方便转运和减少短途运输。

(2) 储备型物流配送中心　这类物流配送中心主要经营国家或所在地区的中、长期储备物品,一般应设置在城镇边缘或城市郊区地形平整的地段,且要求具备直接而方便的水陆运输条件。

(3) 综合型物流配送中心　这类物流配送中心所经营的商品种类繁多,可依据商品类别和物流量,选择设置在不同地段。例如直接服务于物流末端的配送中心,由于与居民生活关系密切,应该选择在接近服务对象的地段。交通便利、人口集中、购买力强的地方即是新建物流配送中心最理想的位置。

2. 不同经营品种的物流配送中心

经营不同品种的物流配送中心对选址的要求,应依照商品特性,区别对待。

(1) 果蔬食品物流配送中心　这类物流配送中心设置地址应选择在入城干道处,以免运输距离拉得过长,商品损耗过大。

(2) 冷藏品物流配送中心　冷藏品物流配送中心往往选择在屠宰场、加工厂、毛皮处理厂等附近。因为很多冷藏品会产生特殊气味、污物和污水,而且噪声较大,可能会对所在地环境造成不良影响,故多选在城郊。

(3) 建筑材料物流配送中心　通常这类物流配送中心的物流量大、占地多,可能会产生某些环境污染问题,同时有严禁烟火等安全要求,故应选在城市边缘或交通运输干线附近。

(4) 燃料及易燃材料物流配送中心　石油、煤炭及其他易燃物品物流配送中心应满足防火要求,应选择城郊独立地段。在气候干燥、风速较大的城镇,还必须选在下风位或侧风位。特别是油品物流配送中心,选址应远离居住区和其他重要设施,最好选在城市外围的地形低洼处。

3.4　选址规划步骤

选址的具体步骤和详细内容如下。

1. 分析约束条件

选址规划时,首先要明确建立物流配送中心的目的、意义和必要性,然后根据物流资料的现状分析,确定需要限定的基本条件,这样可大大缩小选址范围。

(1) 需求条件　主要分析物流配送中心服务对象目前的分布情况以及未来分布的预测情况,分析货物作业量的增长率以及物流配送的区域范围。

(2) 运输条件　与铁路货运站、高速公路进出口、空港、海港和大型车辆站点等运输节点的距离。

(3) 配送服务条件　根据客户要求的到货时间、发货频率等条件计算从物流配送中心到客户的距离,以确定服务范围。

(4) 规划用地条件　根据区域规划要求,了解选定区域的用地性质,是否允许建物流配送中心。如果利用已征土地,则考虑利用已征土地的改造成本和政府要求投入的社会成本有多大;如需重新征用土地,则要考虑地价有多高,政府优惠条件如何,拆迁、赔付、安置等费用问题。

(5) 流通职能条件　考虑商流职能与物流职能是否要分开;物流配送中心是否有流通加工的职能,其范围与深度如何;从职工通勤的便利性出发,考虑是否要限定物流配送中心的位置确定范围。

(6) 其他　根据物品特性,考虑所经营的物品是否对选址有特殊要求。

2. 收集整理资料

通常情况下,选址要通过成本计算,即将运输费用、仓储费用、维持费用和物流设施建设费用模型化,进行模型分析,并根据约束条件建立目标函数,从而寻求费用最小的方案。但是,采用这样的选址方法,首先必须对业务量和生产成本进行正确的判断和分析。

(1) 分析业务量　选址时,应掌握的业务量主要包括供货地到物流配送中心的运输量、向物流下游配送的货物量和物流配送中心储存的数量等。由于这些业务量在不同的时间段有所波动,因此,一定要对所采用的数据进行筛选和研究。除了对现行的各项数据进行分析外,还要对物流配送中心运行以后的预测数据进行进一步的确认。

(2) 分析费用　　选址时，应掌握的费用主要包括：供货地到物流配送中心之间的运输费，物流配送中心到物流下游的配送费，人工费和业务费以及与设施、土地有关的费用等。由于运输费和配送费会随着业务量、运送距离和淡旺季的变化而变动，因此，必须对每吨公里的费用进行分析。

(3) 其他　　在地图上标明需求点的位置、现有设施的位置和资源点的位置，并整理各候选地址的配送路线和距离等资料，与成本分析结合起来，综合分析得出最少车辆数、作业人员数、装卸方式和装卸费用等。

3. 地址筛选

在对所收集的上述资料进行充分的整理和分析，综合考虑各种影响，并对需求进行合理预测后，就可以初步确定选址范围，即确定初始候选地点。

4. 定量分析

对不同选址情况，选用相应的模型进行分析计算，得出结果。如果对单一物流配送中心进行选址，可以采用重心法或最优规划法；如果对多个物流配送中心进行选址，可以采用其他适当方法。

5. 结果评价

分析其他影响因素对计算结果的影响程度，根据影响程度确定相应的权重。采用加权法对计算结果进行综合分析。如果评价通过，则原计算结果即为最终结果；如果评价发现原计算结果不适用，则返回地址筛选阶段，重新分析，直至得到最终结果。但所得结果不一定为最优解，可能只是符合条件的满意解。

3.5　选址规划模型

物流配送中心选址决策对于整个物流系统功能的有效发挥具有先决性的作用。物流配送中心的布局决定了整个物流网络的模式、结构和服务水平。因而，物流配送中心选址方法的研究已经成为一个受到极大关注的研究领域。要确定物流配送中心的选址方法，就必须根据不同的性质和网点布局问题的需求，对物流配送中心选址问题进行相应的划分，从而简化问题，降低难度，便于分析研究。

3.5.1　按物流配送中心的数量分类

一般来说，在物流配送中心选址决策中，处于网络末端的需求点个数一般为多个，而物流配送中心选点的个数可能为一个或多个，因此根据物流配送中心的数量分类可以分为以下两种。

1. 一元网点布局

一元网点布局即单中心选址决策，在此类问题中，物流配送中心的库容量一般无限制，其选址决策无须考虑设施之间的需求分配、集中库存的效能等。主要需要考虑的因素为物流配送中心的类型、服务对象、交通基础设施条件等因素。但是，在这些因素中存在着大量的非定量因素，定量模型较难对决策做出客观的评价。

2. 多元网点布局

多元网点布局即多中心选址决策，又可以分成两种情况，一种是物流配送中心数量固定的多中心选址问题，其目标是确定各物流配送中心的具体位置；另一种则是数量不固定的问题，其目标不仅要确定物流配送中心的最优数量，而且还要确定其选址位置。

3.5.2 按中转物品种类数量分类

根据物流配送中心中转物品的种类数量，我们可以将物流配送中心粗略地分成单品种网点与多品种网点两大类型。

1. 单品种网点

只中转一种物资且该种物资的品种规格简单，互相之间可代性也比较强，如煤炭、水泥等。

2. 多品种网点

物流配送中心中转多种类型的物资，或者虽然只中转一种类型的物资，但品种规格复杂，如机电产品、化工原料、金属材料等。严格地讲，物流网点都应是多品种的，因为同类物资一般都有不同的品种规格，质量上的好坏和性能上的差异也总是存在的，它们的用途和使用方法也会有所不同。

3.5.3 按建模思路分类

根据建模思路的不同，可以将物流配送中心选址的模型分为定量模型和定性模型、连续型模型和离散型模型、动态模型和静态模型。

1. 定量模型和定性模型

定量模型是通过对影响物流配送中心选址的主要因素，如运输成本、仓储成本、固定成本、维持成本等进行定量化计算，以确定最优的网络布局。其优点是计算结果较为清晰，便于规划人员和管理人员利用。缺点是可能忽略了某些对物流配送中心选址影响较大的因素，或者对于这些因素难以找到适合的定量标准。

定性模型的基本思想是通过对影响物流配送中心选址的各种因素的重要度进行分析，得到各因素的权重来分析评价各种方案的优劣。

2. 连续型模型和离散型模型

连续型模型认为物流配送中心的地点可在平面上取任意点，代表性的方法是重心法。离散型模型则认为物流配送中心的地点是有限的几个可能点中的最优点。

3. 动态模型和静态模型

静态模型基于一个静止的计划期而不考虑时间的变化，一般以某一固定时期的数据为基础来进行分析研究。但现实中需求和成本模型都会随着未来环境的变化而变化，静态模型根据现期数据所得到的解，在未来经济环境中可能是次优的甚至是不合时宜的。因此，考虑随时间变化的动态因素是必要的。动态模型则是以历史资料为基础，通过对各数据的增长趋势的预测来进行研究，使选定的物流配送中心位置在未来一段时间内仍保持最优性。

3.6 选址规划的常用方法

近三十年来，选址理论发展迅速，各种不同的选址方法层出不穷，在理论与实践方面都已取得了较高的成就。特别是信息技术的广泛应用，促进了物流系统选址问题的研究，为不同方案的可行性分析提供了强有力的手段。这里将各种选址方法归纳为 5 类。

3.6.1 多准则决策法

在物流配送中心选址中，人们常常以运营、运输和基础设施建设总成本的最小化满足客户需求，社会、环境要求等为准则进行决策。多准则决策法比较常用的有层次分析法（Analytic Hierarchy Process，AHP）、模糊综合因素评价法和优序法等。这种方法就是聘请具有专业知识和实际经验的专家学者，与决策层共同研究，综合考虑社会环境、服务条件、自然条件和经营条件等因素，进行反复对比，通过综合定性分析，建立加权分值评价指标体系，在几个备选方案中进行指标评价，从中选择相对最优方案。

多准则决策法提供了一套良好的决策方法体系，在实践中有着广泛的应用，能较全面考虑较多的因素，且能有效结合决策者的经验、偏好、意愿等来进行评价。但由于研究过程中主观性较强，定量因素的比较性被削弱，决策结果常受专家知识结构、个人意愿等诸多主观因素的限制和影响，造成评价不够客观与准确。正因如此，从本质来讲，多准则决策法仍属于定性研究方法。为有效克服其缺陷，实际选址中应与至少一种量化技术相结合，以保证选址的科学性。

3.6.2 重心法

重心法即物流地理重心法，是把选址问题抽象成数学表达式，通过求解数学模型找出最优方案的方法。该方法根据距离、资源需求量及运费率，通过在坐标上显示，以物流网点位置为因变量，用代数方法来求解物流网点的坐标。这种方法通常只考虑线性运输成本，是研究单设施选址的常用模型。

现仅讨论用重心法在计划区域内设置一个网点的简单情况。

在某计划区内，有 n 个资源点和需求点，各点的资源量或需求量为 W_j（$j=1, 2, \cdots, n$）。它们各自的坐标是（x_j, y_j）。需设置一个网点，设网点的坐标为（x_C, y_C），网点至资源点或需求点的运费率为 C_j。则各资源点和需求点到网点的单位长度运输费用 m_j 为

$$m_j = C_j W_j \tag{3-1}$$

根据等厚平板求物体重心的方法有

$$x_C \sum_{j=1}^{n} m_j = \sum_{j=1}^{n} m_j x_j, \quad y_C \sum_{j=1}^{n} m_j = \sum_{j=1}^{n} m_j y_j$$

整理后得

$$x_C = \sum_{j=1}^{n} m_j x_j / \sum_{j=1}^{n} m_j \qquad (3-2)$$

$$y_C = \sum_{j=1}^{n} m_j y_j / \sum_{j=1}^{n} m_j \qquad (3-3)$$

将数据代入式（3-2）和式（3-3），实际求得（x_C，y_C）的值，即为所求物流配送中心网点位置的坐标。

但式（3-2）和式（3-3）将纵向和横向距离视为相互独立的量，与实际情况有出入。为克服这一缺陷，则要利用重心法的结果作为初始解，并通过迭代获得精确解。

仍以重心法讨论的系统为例，设总运输费用为 F，则

$$F = \sum_{j=1}^{n} m_j \left[(x-x_j)^2 + (y-y_j)^2 \right]^{1/2}$$

使总运输费用 F 最小的网点位置，其坐标（x，y）必须满足

$$\frac{\partial F}{\partial x} = \sum_{j=1}^{n} m_j (x-x_j) / \left[(x-x_j)^2 + (y-y_j)^2 \right]^{1/2} = 0 \qquad (3-4)$$

$$\frac{\partial F}{\partial y} = \sum_{j=1}^{n} m_j (y-y_j) / \left[(y-y_j)^2 + (y-y_j)^2 \right]^{1/2} = 0 \qquad (3-5)$$

式（3-4）和式（3-5）为一元网点布局的微分方程，由此得

$$x = \frac{\sum_{j=1}^{n} m_j x_j / \left[(x-x_j)^2 + (y-y_j)^2 \right]^{1/2}}{\sum_{j=1}^{n} m_j / \left[(x-x_j)^2 + (y-y_j)^2 \right]^{1/2}} \qquad (3-6)$$

$$y = \frac{\sum_{j=1}^{n} m_j y_j / \left[(x-x_j)^2 + (y-y_j)^2 \right]^{1/2}}{\sum_{j=1}^{n} m_j / \left[(x-x_j)^2 + (y-y_j)^2 \right]^{1/2}} \qquad (3-7)$$

式（3-6）和式（3-7）右边仍含有未知数 x 和 y，此时最佳网点位置坐标（x_C，y_C）还不能解出。如果要将式中右边的 x、y 完全消除，计算起来是相当复杂的。为此，这里采用一种简便的迭代方式求解。

迭代法求解必须事先给出一个初始解，通常的方法是由重心法求得系统的重心坐标，以重心坐标作为初始解。重心坐标可由重心法式（3-2）和式（3-3）求得。记重心坐标为（x_{C0}，y_{C0}），将（x_{C0}，y_{C0}）代入式（3-6）和（3-7）等号右边中的（x，y），计算结果记为（x_{C1}，y_{C1}）。再将（x_{C1}，y_{C1}）代入式（3-6）和（3-7）等号右边中的（x，y），计算结果记为（x_{C2}，y_{C2}）。依次类推，反复进行，直至两次迭代结果相同为止。这时即获得网点最佳位置坐标（x_C，y_C），但在实际运用中还只是一个参考值。

例 3-1 某计划区域内资源点与需求点的分布情况，如图 3-1 所示，各点资源量（或需求量）和运费率见表 3-1 所示。需在该地区设置一个物流网点 D，在只考虑运输费用的前提下，求 D 的最佳位置。

第3章 物流配送中心的选址规划

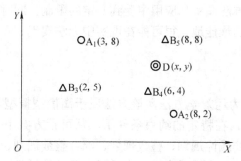

圆表示资源点　三角形表示需求点　双圆表示物流网点

图3-1　资源点与需求点分布

表3-1　各点资源量（或需求量）与运费率

	资源量或需求量	至网点的运费率
A_1	2000	0.5
A_2	3000	0.5
B_3	2500	0.75
B_4	1000	0.75
B_5	1500	0.75

解：

1. 求重心坐标

根据重心坐标式（3-2）和式（3-3），得物流网点位置的初始重心坐标(x_{C0}, y_{C0})为

$$x_{C0} = \frac{2\times0.5\times3+3\times0.5\times8+2.5\times0.75\times2+1\times0.75\times6+1.5\times0.75\times8}{2\times0.5+3\times0.5+2.5\times0.75+1\times0.75+1.5\times0.75}$$
$$=5.16$$

$$y_{C0} = \frac{2\times0.5\times8+3\times0.5\times2+2.5\times0.75\times5+1\times0.75\times4+1.5\times0.75\times8}{2\times0.5+3\times0.5+2.5\times0.75+1\times0.75+1.5\times0.75}$$
$$=5.18$$

2. 迭代求解

将$x_{C0}=5.16$，$y_{C0}=5.18$分别代入式（3-6）和式（3-7），可求得

$$x_{C1}=5.04，y_{C1}=5.06$$

再将$x_{C1}=5.04$，$y_{C0}=5.06$分别代入式（3-6）和式（3-7），可求得

$$x_{C2}=4.99，y_{C2}=5.03$$

依次类推，反复进行，直至两次迭代结果相同时为止。最后求得网点最佳位置坐标为

$$x_C=4.91，y_C=5.06$$

即

$$D(x_C, y_C)=D(4.91, 5.06)$$

最低运输成本为214250元。

重心法灵活性较大，只考虑线性成本，模型简单，但缺点是自由度过多。另外，该模型所用解法主要是迭代法，而迭代常常复杂且计算工作量比较大，使求解相当困难，或要付

出高昂的代价。因而这种方法在实际应用中受到一定的限制。同时，由于重心法属于连续型模型，而连续型模型求得的最佳地点很可能在现实中无法实现。

3.6.3 最优化规划法

最优化规划法，也称为运筹学方法，该方法属于离散型模型。是主要运用数学方法研究选址的优化途径和方案，在特定的约束条件下，从可行方案中挑选最优方案。最优化规划法主要包括线性规划、非线性规划、整数规划、混合整数规划、动态规划和网络规划等。其中，线性、整数规划是目前应用最广泛，也是最主要的选址技术。

鲍姆尔-沃尔夫（Baumol-Wolfe）构造了一个适用于多物流配送中心选址的整数规划模型：在满足供应及需求的约束条件下，追求由运输费、仓储费、进货发货费等可变费用组成的总费用最低，以此选择规划位置。针对 Baumol-Wolfe 模型难以求得最优解且设施固定费用很难在模型中得到反映的局限性，混合整数规划是将固定费用、经营管理费用、运输费用和仓储费用的总费用最少作为目标函数，将容量限制和中心个数限制列入约束条件。混合整数规划的优点是能获得精确最优解，缺点是将可变费用改为线性关系处理。该方法多用于解决物流网络设计的大型且复杂问题，相对于一般选址模型具有更好的适用性和成本节约性。

3.6.4 启发式算法

启发式算法是建立在经验和判断基础上，体现人的主观能动作用和创造力。针对模型的求解方法而言，该算法不是精确的算法，而是一种逐次逼近最优解的方法。这种方法对所求得的解进行反复判断、实践修正直至满意为止。启发式方法的特点是，需要进行方案组合的个数少，计算简单，求解速度快，因此便于寻求最终答案。此方法虽不能保证得到最优解，但只要处理得当，可获得决策者满意的近似最优解。目前，比较常用的启发式算法包括遗传算法、人工神经网络算法和模拟退火算法等。

遗传算法（Genetic Algorithm，GA）是受遗传学中自然选择和遗传机制启发而发展起来的一种搜索算法。它的基本思想是模拟生物进化，通过选择、交叉和变异3个算子，使问题得到逐步优化，最终达到满意的优化解。遗传算法作为一种随机搜索的启发式算法，具有较强的全局搜索能力，但往往容易陷入局部最优情况。

人工神经网络（Artificial Neural Network，ANN）算法是一种由大量处理单元广泛互连而成的网络，模拟人脑处理和智力功能的智能优化算法。在处理和进行计算决策分析等非线性复杂问题方面有着广泛应用。经过大量样本学习和训练的神经网络参数结构，在分类和评价中，往往比一般的分类评价有效，但其不足在于神经网络训练需要大量数据。实际应用中，宜于其他算法相结合，以改进神经网络，提高收敛速度。

模拟退火（Simulated Annealing，SA）算法的基本思想是由一个初始解出发，不断重复产生迭代解，逐步判定、舍弃，最终取得满意解。模拟退火算法可以向好的方向发展，也可以向差的方向发展，因而可以人为控制，使计算跳出局部最优解，从而达到全局最优。该方法与其他方法（如多准则决策、最优规划等）相结合确定物流配送中心地址，具有较好的有效性和可靠性。

除以上介绍的3种方法外，启发式算法还包括其他多种方法，这里不再赘述。

3.6.5 仿真方法

近年来，大量仿真方法层出不穷。选址问题中，仿真是利用计算机运行仿真模型，模拟时间系统运行状态，动态描述多方面影响因素，并通过观察和统计模型某一系统活动，得到被仿真系统的基本特征和输出参数，以此推断实际系统的真实参数和真实性能。

仿真方法相对于解析的方法更能全面地反映系统的实际特征，具有较强的实用价值，常用来求解大规模、运行复杂的选址问题。但也存在一定的局限性，如有些仿真系统对初始偏差比较敏感，需要进行相对比较严格的模型可信度和有效性检验。而且，它不能直接求出系统最优解，只能依照模型运行效果，修改参数，反复仿真。同时，仿真对人和设备要求较高，要求设计人员必须具备丰富的经验和较高的分析能力，相对复杂的仿真系统对计算机硬件的配置要求也相应较高。

3.7 案例

3.7.1 京东配送中心选址

京东是我国有代表性的自营物流电子商务企业，该企业 2012 年制定了"亚洲一号"的大物流运营策略，准备在全国建立起覆盖面广、设施完善的智能物流配送体系，将物品的运输、仓储、包装、装卸搬运、流通加工与信息处理一体化集成。"亚洲一号"的一期项目已于 2014 年 10 月在上海投入使用。此后陆续在武汉、广州等地建立了大型的物流配送中心。京东上海"亚洲一号"配送中心项目选址的考虑因素如下。

1. 环境因素

配送中心建设充分考虑到了上海地区的地理优势，可以有效辐射华东地区，同时联通山东、江苏、浙江、安徽与福建等地区。

2. 交通因素

上海作为我国最大的港口，可以作为海运与内陆铁路运输、公路运输的连接点，方便企业采用多式联运的运输方式，从而实现"门到门"的配送，大幅度提高配送效率。

3. 成本因素

物流配送中心的选址一般地处城市的郊区，上海的"亚洲一号"在上海嘉定区兴邦路，地处郊区，配送中心建设成本相对较低。

4. 基础设施建设

上海周边的公共设施和交通情况较为发达，交通网络便利，方便货物的集散和提高商品流通质量。

3.7.2 德邦快递泰兴配送中心选址

德邦快递是我国主营国内运输业务的第三方快递、物流公司，业务遍及全国各地。为了拓展业务、占领市场，公司决定在江苏泰兴市设立配送中心。泰兴市地处长江三角洲，德邦快递在泰兴市的选址采用定性分析和定量分析相结合的方法。

1. 初步定性筛选

泰兴市地处江苏省中部，德邦快递分别在苏南和苏北有两个大的事业部，泰兴市德邦快递配送的选址旨在辐射更大区域的乡镇网点分支的同时，也起着承上启下，连接江苏南北的作用。经过初步市场调研，并考虑现实的可能性，规划人员通过定性分析，选出 3 个备选地址：泰兴市江平北路，优势是靠近 G40 高速公路；泰兴市江平南路，优势是靠近泰兴市最大的工业园区和经济开发区；泰兴市黄桥镇，优势是靠近大型企业，方便配送业务。

2. 进一步定量分析

泰兴配送中心定量选址采用的是层次分析法（AHP），其各层次的指标依据企业对于市场的调研与结合自身企业需求而选择。选址指标体系层次结构如图 3-2 所示。

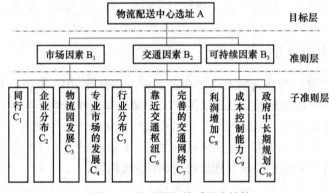

图 3-2　选址指标体系层次结构

确定了指标体系之后，两两比较各层次之间指标，得出指标权重，进而按照重要性排序，确定模糊综合评价矩阵，最后进行评判。选址指标体系权重见表 3-2。

表 3-2　选址指标体系权重

	一级指标	权重	二级指标	权重	组合权重	重要性排序
根据选址原则确定合适的物流中心地址选择指标体系 A	市场因素 B_1	0.5	同行 C_1	0.11	0.055	6
			企业分布 C_2	0.35	0.175	2
			物流园发展情况 C_3	0.24	0.120	3
			专业市场的发展 C_4	0.24	0.120	3
			行业分布 C_5	0.06	0.030	9
	交通因素 B_2	0.33	靠近交通枢纽 C_6	0.25	0.083	5
			完善的交通网络 C_7	0.75	0.247	1
	可持续因素 B_3	0.17	利润增加 C_8	0.545	0.093	4
			成本控制能力 C_9	0.182	0.031	8
			政府中长期规划 C_{10}	0.273	0.046	7

最后，对加权平均的结果进行比较，得出江平南路为最优方案。

第 4 章　物流配送中心的系统规划

由于物流配送中心是集约化、多功能的物流枢纽，系统复杂，投资巨大，而且一旦建成，就难以改变。因此，单凭少数几个人进行规划设计是非常困难的，必须由建设主体（政府或企业）将物流、信息技术、仓储搬运设备、建筑和城市基础设施等多方面的专家汇聚起来，形成一个强有力的调研和决策班子，进行物流配送中心项目的可行性研究论证和规划设计。本章的系统规划属于研究论证和规划设计的主要组成部分，包括总体规模、作业流程、区域功能、区域能力以及区域布置的规划等内容。

系统规划的设计程序实际是一个反复进行逻辑分析的过程，其目的是从初步资料与概略规划逐步演变成完整的设计方案。在此过程中，首先对基本资料进行分析试算，得到概略性的规划和布置方案，然后依据设备选用、空间设计、信息系统设计与搬运分析设计等要求逐步修正原来的方案与布置，最终形成较为合理的物流配送中心规划设计方案。

4.1　总体规模规划

4.1.1　社会经济分析与物流预测

物流配送中心总体规模的规划决策，首先应尽可能收集规划经济区域内社会经济发展的基础资料和国内外同行业的经济运行资料，结合社会经济发展的总体规划和政策走向、同行业的经济运行特点和发展趋势，了解相关领域竞争对手的状况，客观分析和预测规划经济区域内的社会消费和客户规模，以及与客户规模相适应的社会物流需求总量。

社会物流需求总量确定后，进一步科学分析估计所建物流配送中心在社会物流需求总量中所占份额。因为市场总容量是相对稳定的，不能正确地分析竞争形势，就不能正确地估计出自身能占有的市场份额。如果预测发生大的偏差，将导致设计规模过大或过小。估计偏低，可能失去市场机遇或不能产生规模效益；估计偏高，会造成多余投资，从而使企业成本增高、效率低下。

在分析预测物流需求时，应以物流现状和未来发展目标为依据，与市场经济地位相匹配，内部功能与外部系统相衔接。同时，要适度超前，均衡发展，既能满足区域内一段时期的物流需求，又要兼顾未来发展，合理利用土地资源，避免浪费。

物流配送中心的规模大小受业务性质、业务量、作业内容和作业要求的影响较大，预测物流配送中心物流量（吞吐量）时，要根据历年经营的大量原始数据进行分析，主要原始数据有历年的运输量、配送量、储存量、流通加工量、搬运装卸量等。

总体规模不仅取决于客户总规模，还与商品周转速度有很大关系，商品周转速度直接影响着商品在物流配送中心停留的时间。速度慢，意味着占据物流配送中心空间的时间长，需要物流配送中心的规模就大；反之，则需要相对小的物流配送中心。同时，直达供货的商品多，配送中心仓库的面积就可相对小一些。

进行总体规模规划时，不仅要考虑现实需求，同时也要考虑到企业发展，预测未来5～10年的经营范围拓展、品项更新、市场变化、价格走向和物流量趋势。以此来确定新建物流配送中心的总体规模，规划物流配送中心的经营和发展目标。

4.1.2 战略定位

物流配送中心的战略定位关系到物流配送中心的目前运营和未来发展，直接影响到物流成本和发展方向。

1. 经营定位

经营定位就是明确物流配送中心主要从事哪一方面的物流配送业务，或者说准备干什么。比如，有的只是从事钢材的物流业务，有的只是从事百货超市的配送业务，有的可能是从事建筑材料的物流业务，也有的可能是从事综合性物流业务。由此进一步分析现阶段相关行业的经济特征、分布特点、发展趋势和对物流企业的影响。

2. 客户定位

客户定位是确认物流配送中心的主要客户群，即服务对象，哪些是现在客户，哪些是可能发展的潜在客户。不同的客户群具有不同的物流服务的客观需求，通过对客户分布、层次、结构和需求特征进行分析，决定物流配送中心的经营模式、服务方式与平台建设。

3. 市场区域定位

市场区域定位就是确定物流配送中心所经营的市场区域范围。一是物流配送中心确定为国际物流、国内物流、区域物流还是本地物流；二是确认在一定的市场区域内，哪些是核心区域，哪些是核心区域的关键点，哪些是市场常规区域，哪些是市场辐射区域，哪些是市场发展的未来区域。

4. 功能定位

要准确定位物流配送中心在整个物流网络中的地位。物流网络中的各个网点，其功能往往是有差别的。例如，位于物流网络前端的物流中心，大多以少品种大批量货物的快速吞吐为主要任务，因而大量存储和及时运输是首先力图达到的，其功能规划的着重点应该放在仓储和运输的计划、组织与管理上，相应的设施设备要具有核心竞争力的优势。然而，位于物流网络末端的配送中心，则是以多品种小批量货物的分销为主要任务，其主要功能规划应以订单处理、拣选分拣、流通加工和派发送货为主要内容，设施设备也应在订单处理、小型配送和客户服务等方面有所侧重。

5. 形象定位

形象定位是指物流配送中心的市场形象特征的外在表现。也就是说，在广大客户心目中，应该树立一个具有鲜明特征、过目不忘、美好向上的企业形象。它涉及物流配送中心的品牌、声誉、服务内容和服务方式。同时也包括企业形象、企业文化、环境景观、服饰标志与员工语言行为设计等内容。

4.1.3 规模计算

目前国际上还没有一套较为成熟的物流配送中心规模确定方法，通用的方法一般有两种。一是通过物流量计算，而物流量的计算，有的通过社会物流量由外向里推算，有的分别计算各功能区物流量，然后汇总。第二种方法是类比法，由于物流配送中心的规模与物流配送中心类型关系密切，一般可通过横向对比国内外已有的物流配送中心建设规模的方法来确定新建物流配送中心的建设规模。这里介绍第一种方法。

1. 一定区域内总规模的确定

在区域物流规划中，若每年的作业天数以 365 天计，则建设总规模为

$$S = L i_1 i_2 / (365\alpha) \tag{4-1}$$

式 (4-1) 中，S 为物流园区建设总面积 (m^2)；L 为预测规划目标年份的全社会物流总量 (t)；i_1 为规划目标年份第三方物流市场占全社会物流市场的比例；i_2 为规划目标年份第三方物流通过物流园区发生的作业量占第三方全部物流作业量的比例；α 为单位生产能力用地参数 (t/m^2)。

关于具体参数的取值，其中，规划目标年份的全社会物流总量 L 的预测可采取定量和定性相结合的方法，通过调查统计全社会货运量，来反映整个物流业的发展规模。第三方物流市场占全社会物流市场的比例 i_1 可通过规划区域典型工商业问卷和走访调查，得出当前第三方物流市场占全社会物流市场比例 i_1'，同时考虑未来经济发展水平，经过10年发展，i_1'' 应该达到 20% 左右，综合考虑两个参考值 i_1' 和 i_1'' 来决定 i_1 的取值。基于经验分析，给出规划目标年份第三方物流通过物流园区发生的作业量占第三方全部物流作业量的比例估算值，即 i_2 的取值约为 60%～80%。单位生产能力用地参数 α 可以取 30～50t/m^2，当地经济总量大，对周边地区影响辐射强，则 α 取较大值，反之取小值。

上述计算方法虽然简单合理，但准确度不高，使用者的主观意愿体现得很明显。而且，该计算方法是针对物流园区提出的，若用于物流配送中心，则各参数取值还需根据实际情况进行修改。

2. 由功能区面积确定总规模

物流配送中心规模的设计，可根据以下 4 个区域进行细化，即物流生产区的规模、辅助生产区的规模、办公生活区的规模与发展预留地的规模。

物流生产区一般包括储存保管区、进货验收区、拣货分拣区、流通加工区与集货配送区。确定物流生产区规模的方法有很多，这里介绍两种较为简单、易于计算的方法。

（1）按照单位作业量定额计算　运用这一方法，首先要确定物流生产区内各功能区的业务性质、作业内容及作业要求。然后根据经营数据分析和企业发展规划目标，预测其业务量。比如，储存保管区要依据物品数量的 ABC 分析，做到 A 类物品备齐率为 100%，B 类物品为 95%，C 类物品为 90%，由此来研究、确定物流配送中心平均储存量和最大储存量。

再根据规范和经验，确定单位面积的作业量定额。物流生产区各作业区单位面积的作业量定额参考值如下：

1) 储存保管作业区单位面积作业量：$0.7 \sim 0.9 \text{t/m}^2$。
2) 进货验收作业区单位面积作业量：$0.2 \sim 0.3 \text{t/m}^2$。
3) 拣选分拣作业区单位面积作业量：$0.2 \sim 0.3 \text{t/m}^2$。
4) 流通加工作业区单位面积作业量：$0.2 \sim 0.3 \text{t/m}^2$。
5) 集货配送作业区单位面积作业量：$0.2 \sim 0.3 \text{t/m}^2$。

由此可计算各项物流活动所需的作业场所面积。

（2）按照时空消耗理论计算 根据时空消耗理论建立的数学模型见式（4-2）

$$A = \sum_{i=1}^{n} \frac{V_i T_i Q_i F_i}{T \alpha_i S_i} \tag{4-2}$$

式中，V_i 为作业区内第 i 类物品的单位物品平均所占面积或体积；T_i 为第 i 类物品在作业区内的平均作业时间或平均停留时间；Q_i 为第 i 类物品作业时间内的平均作业数；F_i 为作业区内第 i 类物品的时间相关系数；T 为作业区所提供的时间资源；α_i 为第 i 类物品在作业区对时间资源的利用系数；S_i 为第 i 类物品在作业区内对空间资源的利用系数；A 为作业区所需面积或体积（与 V_i 单位保持一致）。

对于不同的作业区，式（4-2）中的变量有一定的差别。对于储存区来说，V_i 取第 i 类单位物品所占体积（m³），T_i 取该类物品在作业区内的平均停留天数，Q_i 应取一年中该物品的周转量（t 或箱），T 应取一年为单位，为 365 天；α_i 一般取 1。对于其他作业区来说，Q_i 一般取各作业区在一天的工作时间内第 i 类物品的平均工作量；T 一般取各作业区每天的工作时间；α_i 应根据具体情况而定，一般取 $70\% \sim 85\%$。

辅助生产区通常包括停车场、物流配送中心内道路、绿化，以及车辆维修区、机械维修区等建筑设施。一般为物流配送中心规模的 $5\% \sim 8\%$。

另外，办公生活区主要指非直接从事生产的部门区域，一般可包括办公室、会议室、休息室、洗手间、餐厅等。办公生活区规模设计通常要根据物流配送中心工作人员数量和设施配置要求等实际情况，按照相关规范和设计原则来决定。一般为物流配送中心规模的 5% 左右。

考虑到物流配送中心在今后发展中的不可预见因素的影响，一般应预留 $3\% \sim 5\%$ 的空地，近期暂作为绿化或临时建筑用地。

最后，再参照城市规划部门对建筑覆盖率和建筑容积率的规定，物流配送中心总体规模便可大体确定。

日本是最早建立物流园区的国家，自 1965 年至今已建成 20 个大规模的物流园区，平均占地约 74 万 m²。韩国于 1995～1996 年分别在富谷和梁山建立了两个物流园区，占地规模都是 33 万 m²。荷兰统计的 14 个物流园区，平均占地 44.8 万 m²。比利时的 Cargvol 物流园区占地 75 万 m²。加拿大的 CN 铁路公司多伦多货运站占地 80 万 m²。相比之下，英国物流园区的规模则小得多，1988 年建设的第一个物流园区占地不到 1 万 m²。相反，德国一些物流园区的占地规模较大，如不来梅货运村占地 100 万 m²，莱比锡货运村占地 96 万 m²，莱茵河货运村 76 万 m²。我国的台北松山机场物流中心占地 70 万 m²。总的来说，这些物流园区用地多在 30 万 m² 以上，最大不超过 100 万 m²。

就单个物流配送中心而言，从国外已有的物流配送中心建设规模来看，一般用地规模均在 5 万 m² 以内。地方性物流配送中心多在 5 万 m² 以下，区域性物流配送中心多在（1～11.5）万 m² 之间，最大不超过 50 万 m²。

4.2 作业流程规划

作业流程规划，就是确定物流配送中心主要活动及其相互衔接关系。物流作业的规划是一个系统工程，构成该系统的每一作业环节力求达到合理化、简单化与机械化。

所谓合理化就是各项作业具有必要性和科学性，作业流程规划必须对每一作业环节进行分析，对不提供价值的环节彻底摒弃，力争作业流程中每一环节的工作绩效最优化。

所谓简单化就是整个系统的物流作业简单、明确和易操作，力求简化可能出现的多余的作业和处理单位，将储运单位分类合并，以标准托盘或储运箱为容器，使物流配送中心尽量减少重复堆放所引起的搬运翻堆和暂存等工作，简化物流配送中心的储运作业。

所谓机械化就是规划设计的物流系统应力求减少人工作业，尽量采用机械或自动化设备来提高生产效率，降低人为因素可能造成的错误。

根据不同的业态和不同供应链位置，由于其特性和作用不同，物流的作业流程具有不同的形式，但它们有许多相似之处，图4-1所示为流通型物流配送中心作业流程图例。

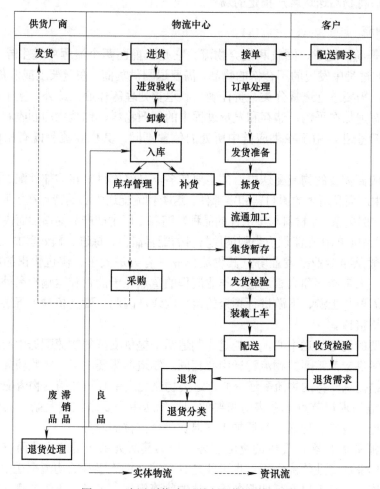

图 4-1 流通型物流配送中心作业流程图例

在图4-1所示的物流配送中心作业流程中，作业流程可分为以下流程。

1. 进货流程

物流配送中心进货流程是物品从生产领域进入流通领域的基本环节，它是采购和接收各种商品的过程。该过程是以供货商发货运输为主体，包括包装、装卸、搬运等物流功能的组合。

进货作业首先由采购中心根据库存的需求计划，制订采购计划并生成采购单。然后将采购单发于供货商，供货商根据采购单填写送货单，将采购单上的物品送到物流配送中心。物流配送中心的进货人员根据具体的收货操作程序和要求，从货车上卸货、点数、验收、理货，搬运到物流配送中心的存储地点对物品进行入库与上架等操作。之后将有关信息书面化。

2. 发货流程

发货流程是把物品直接配送到客户的物流。包括物流配送中心接单、订单处理、发货准备、拣货、流通加工、集货暂存、发货检验、装载上车、配送和客户收货等操作。

发货作业首先由客户订货，发出配送需求订单，物流配送中心进行订单处理，将订单变为拣货单和发货单，物流配送中心工作人员根据拣货单进行拣货、加工，根据发货单进行检验装车，最后将物品送达客户指定的场所。

3. 逆向物流

逆向物流是商品退货、回收和废弃物流。它是在前面两个流程中发生异常情况的处理过程。如在采购进货中发现的不合格的物品，需要退回供货商；在货架上或发货过程中的残、次、过期商品，需要进行退货分类、责任确认和退货处理等作业。此外，基于生态和环境保护的意识，还有附加在采购、储存和发货过程中的废旧物料、包装物的回收和处理过程。

不同的物流企业，由于在供应链中所处的位置不同，其作业流程既有相似之处，也各具有侧重点。

原材料供应商需要的物流配送中心的主要任务，是将原材料和零部件配送给工厂，其处理物品主要是生产商品所需的原材料和零部件。这类物流配送中心的特点在于原材料与零部件之间有固定的比例关系，原材料与零部件的品种数随着工厂生产产品的增加而快速增加。因此，原材料物流配送中心的作业流程应当强调原材料的配套储存、拣选、预处理加工和及时配送。

分销商一般从事专业批发业务，其物流作业具有大进大出、快进快出的特点。它强调的是批量采购、大量储存和大量运输，作业流程的重点在于储存和运输。另外，由于分销商属于中间商，需要与上游、下游进行频繁的信息沟通，因此，要具备与上下游进行高效信息交换的良好网络接口。

制造商需要的物流配送中心，一类是为制造活动提供支持的物流配送中心，其特点和主要流程与原材料供应商需要的物流配送中心相同。制造商需要的另一类物流配送中心是为制造商的产品分销提供支持的物流配送中心，这类物流配送中心与分销商物流配送中心相似。

作为供应链的末端节点，零售商需要的物流配送中心要求比较复杂，其作业流程强调订单处理、拣选、包装、配送、流通加工与退货等全方位的服务。

第三方物流业者向客户提供的物流服务，根据其所处供应链的位置而有所不同。它可能是强调某一作业的专业物流组织，也可能是具有综合物流服务的物流配送中心，还可能是汇集物流、商流、信息流以及延伸服务于一体的物流组织。但是，不管是哪一种形式，第三方物流提供的服务必须高度专业化。

随着大数据的应用和信息技术的更新换代，第三方企业的物流作业流程必然要重新组合优化,通过战略设计和组织管理模式上的变革,将企业运行中的作业过程重新连接起来,使其成为一个连续的、更加通畅的作业生态,通过对作业流程的集成与优化,实现成本和效率的整体优化,增强企业的核心竞争能力。

4.3 区域功能规划

区域功能规划就是规划作业项目、作业功能、作业区域和影响因素。在作业流程规划后,可根据物流配送中心运营特性进行区域的功能规划,其区域可分为物流作业区(如装卸货、入库、订单拣取、出库、发货、退货等作业区)、周边配合作业区(如动力空调、计算机室和维修间等)和事务活动区(如办公室、资料室和餐厅等)。

下面仅就物流与周边配合作业区域的作业项目、作业内容、区位规划和规划要素进行阐述。

4.3.1 一般物流作业区

1. 车辆进货

作业功能:物品由运输车辆送入物流配送中心,车辆停靠在卸货区域。
规划区位:进货口或进发货口。

2. 进货卸载

作业功能:物品由运输车辆卸下。
规划区位:卸货平台或装卸货平台。
规划要素:
1)进发货口是否共用。
2)进发货口是否相邻。
3)装卸货车辆进出频率。
4)装卸货车辆形式。
5)有无装卸货物配合设施。
6)物品装卸特性。
7)装卸货车辆回车空间。
8)每车装卸货所需时间。
9)供货厂商数量。
10)送客户数量。
11)进货时段、配送时段。

3. 进货点收

作业功能:进货物品清点数量。
规划区位:进货暂存区或理货区。
规划要素:
1)每日进货数量。

2）托盘使用规格。
3）容器流通程度。
4）进货点收作业内容。
5）进货等待入库时间。

4. 理货

作业功能：进货物品拆柜、拆箱或堆栈以便入库。
规划区位：进货暂存区或理货区。
规划要素：
1）理货作业时间。
2）进货品检作业内容。
3）品检作业时间。
4）容器流通程度。
5）有无装卸托盘配合设施。

5. 入库

作业功能：物品搬运送入仓储区域储存。
规划区位：库存区。

6. 订单拣取

作业功能：依据订单内容与数量拣取发货物品。
规划区位：库存区、拣货区或散装拣货区。

7. 分拣

作业功能：在批次拣货作业下按集合或按客户将货物分类输送。
规划区位：分拣区或拣货区。
规划要素：
1）物品特性基本资料。
2）配送品项。
3）每日拣出量。
4）订单处理原则。
5）订单分割条件。
6）订单汇总条件。
7）客户订单数量资料。
8）订单拣取方式。
9）有无流通加工作业需求。
10）自动化程度需求。
11）未来需求变动趋势。

8. 集货

作业功能：拣货分拣后，按一定方式集中所需配送的货物。

规划区位：分拣区、集货区或发货暂存区。

9. 调拨补货

作业功能：配合拣货作业将物品移至拣货区域或调整存储位置。

规划区位：库存区或补货区。

规划要素：

1）拣货区容量。
2）补货作业方式。
3）每日拣出量。
4）盘点作业方式。
5）拣取补充基准。
6）拣取补充基本量。

10. 流通加工

作业功能：根据客户需求另行处理的简单加工。

规划区位：分拣区、集货区或流通加工区。

11. 品检

作业功能：检查发货物品的品质及数量。

规划区位：集货区、发货暂存区或流通加工区。

12. 发货点收

作业功能：确认发货物品的品项数量。

规划区位：集货区或发货暂存区。

13. 发货装载

作业功能：将发货物品装到运输配送车辆。

规划区位：装货平台或装卸货平台。

14. 货物运送

作业功能：车辆离开物流配送中心开始运输送货。

规划区位：进货口或退货卸货区。

4.3.2 退货作业区

1. 退货

作业功能：客户退回货物至物流配送中心。

规划区位：进货口或进发货口。

2. 退货卸货

作业功能：退回货物自运输车辆卸下。

规划区位：卸货平台或退卸货平台。

3. 退货点收

作业功能：清点退货物品的品项数量。
规划区位：退货卸货区或退货处理区。

4. 退货责任确认

作业功能：退货原因及物品的可用程度确认。
规划区位：退货处理区或办公区。

5. 退货良品处理

作业功能：退货中属于良品的处理作业。
规划区位：退货处理区或退货良品暂存区。

6. 退货瑕疵品处理

作业功能：退货中有瑕疵但仍可用的物品处理作业。
规划区位：退货处理区或瑕疵品暂存区。

7. 退货废品处理

作业功能：退货中属于报废品的处理作业。
规划区位：退货处理区或废品暂存区。

4.3.3 换补货作业区

1. 换货

作业功能：客户退货后仍换货或补货的处理作业。
规划区位：办公区。

2. 误差责任确认

作业功能：物品配送至客户产生误差或短少的处理。
规划区位：办公区。

3. 零星补货拣取

作业功能：对于量少的订单或零星补货的拣货作业。
规划区位：拣货区或散装拣货区。

4. 零星补货包装

作业功能：对于量少的订单或零星补货所需另行包装的包装作业。
规划区位：散装拣货区或流通加工区。

5. 零星补货运送

作业功能：对于量少的订单或零星补货所需另行配送的运输作业。
规划区位：发货暂存区或装货平台。

4.3.4 流通加工作业区

1. 拆箱

作业功能：根据单品拣货需求拆箱。
规划区位：散装拣货区或流通加工区。

2. 裹包

作业功能：根据客户需求将物品重新包装。
规划区位：流通加工区或集货区。

3. 多种物品集包

作业功能：根据客户需求将数件数种物品集成小包装。
规划区位：流通加工区或集货区。

4. 外箱包装

作业功能：根据运输需求将物品装箱或以其他方式进行外部包装。
规划区位：流通加工区或集货区。

5. 发货物品称重

作业功能：根据配送需求或运费计算需要的发货物品称重。
规划区位：流通加工区、称重作业区或发货暂存区。

6. 印贴条码文字

作业功能：根据客户需求在发货物品外箱或外包装物印制有关条码文字。
规划区位：流通加工区或分拣区。

7. 印贴标签

作业功能：根据客户需求印制标签并贴附在物品外包装。
规划区位：流通加工区或分拣区。

4.3.5 车辆与容器管理区

1. 车辆出入管理

作业功能：对进货或发货车辆出入物流配送中心的登记、行驶和停车管理。
规划区位：厂区大门。
规划要素：
1）出入车辆形式。
2）车辆进出频率。
3）厂区出入口是否区分。
4）厂区外接道路情况。
5）门卫管理规范。

2. 装卸车辆暂停

作业功能：进货或发货车辆在没有装卸平台可用时，临时停靠或回车。

规划区位：运输车辆停车场或临时停车位。

规划要素：

1）进出车辆频率。

2）进货与发货车辆形式。

3）运输车辆临时停车需求数。

4）实际使用面积与长宽比例。

3. 容器回收

作业功能：储运箱或托盘等容器的流通使用配合作业。

规划区位：卸货平台、理货区或容器回收区。

4. 容器暂存

作业功能：空置容器暂存及存取作业。

规划区位：容器暂存区或容器储存区。

5. 废料回收处理

作业功能：拣选、配送和流通加工过程中所产生的废料处理作业。

规划区位：废料暂存区或废料处理区。

4.3.6 仓储管理作业区

1. 定期盘点

作业功能：定期对物流配送中心库存区物品进行盘点的作业。

规划区位：库存区和拣货区。

2. 不定期抽盘

作业功能：不定期按照物品种类轮流盘点的作业。

规划区位：库存区。

3. 到期物品处理

作业功能：针对已超过使用期限的物品所进行的处理作业。

规划区位：库存区或废品暂存区。

4. 即将到期物品处理

作业功能：针对即将到期的物品所进行的分类标示或处理作业。

规划区位：库存区。

5. 移仓与储位调整

作业功能：针对需求变化或品项变动所进行的库存区调整与移仓。

规划区位：库存区与仓储调拨区。

规划要素:
1) 最大库存量需求。
2) 物品特性基本资料。
3) 物品项目。
4) 储区划分原则。
5) 储位指派原则。
6) 存货管制方法。
7) 自动化程度需求。
8) 物品使用期限。
9) 储存环境需求。
10) 盘点作业方式。
11) 物品周转效率。
12) 未来需求变动趋势。

4.3.7 配合作业区

1. 电气设备

作业功能：电气设备机房的安装与使用作业。

规划区位：变电室、配电室和电话交换室。

2. 动力及空调设备使用

作业功能：动力及空调设备机房的安装与使用作业。

规划区位：动力室、空压与空调机房。

3. 安全消防设备

作业功能：安全消防设施的安装与使用。

规划区位：安全警报管制室。

4. 设备维修工具器材存放

作业功能：设备维修保养与一般作业所需器材和工具的存放。

规划区位：设备维修间、工具间或器材室。

5. 一般物料储存

作业功能：一般消耗性物料文具品的储存。

规划区位：物料存放间。

6. 人员出入

作业功能：工作人员出入物流配送中心的区域。

规划区位：大厅、走廊和出入口。

规划要素：
1) 通行人数。

2）人员行走速度。

7. 搬运车辆通行

作业功能：搬运车辆在库存区内的通行。
规划区位：主要及辅助通道。
规划要素：
1）每日进货发货流量。
2）搬运车辆形式。
3）搬运物料种类。
4）作业特性。
5）进出货口位置。

8. 楼层间通行

作业功能：人员在楼层间的通行，物料在楼层间的搬运活动。
规划区位：电梯与物料暂时放置空间。
规划要素：
1）楼层数。
2）楼层通行人数。
3）行人与物料是否共用。

9. 搬运设备停放

作业功能：机械搬运设备不使用时的停放空间。
规划区位：搬运设备停放区。

4.4 区域能力规划

物流配送中心各作业区域作业能力的规划，通常应以物流作业区为主，然后延伸到相关周边区域。而对物流作业区的能力规划，可根据流程进出顺序逐区进行。其重点是对仓储和拣货区进行分析与规划，根据仓储和拣货区的能力，进行相应的前后相关作业的能力规划。

4.4.1 仓容量规划计算

计算物流配送中心仓储运转能力有两种方法。

1. 周转率计算法

利用周转率估计仓储运转能力的特点是简便快速、实用性强，但不够精确。其步骤如下：

（1）年运转量计算　将物流配送中心的各项进出产品单元换算成相同单位的储存总量，如托盘或标准箱等。这种单位是目前或以后规划仓储作业的基本单位。按基本单位分类求出全年各种物品的总量就是物流配送中心的年运转量。

（2）估计周转次数　就是估计物流配送中心仓储存量周转率目标。一般情况下，食品零售业年周转次数约为 20～25 次，制造业约为 12～15 次。在规划物流配送中心时，可针对经营品项的特性、物品价值、附加利润和缺货成本等因素，决定仓储区的周转次数。

（3）计算仓容量　以年运转量除以周转次数便是仓容量，即

$$仓容量 = \frac{年运转量}{周转次数} \qquad (4-3)$$

（4）估计放宽比　考虑到仓储运转的弹性变化，为适应高峰期的高运转量要求，仓容量需要放宽，放宽比是一个大于 1 的系数。如果放宽比取得过高，就可能造成仓储空间过剩，使仓储成本增加；如果取得过低，就可能出现存储空间不够的情况。按照以往的经验，一般取放宽比为 1.1～1.25。

（5）计算规划仓容量　在式（4-3）的基础上，考虑适当的放宽比，最后可计算出物流配送中心规划仓容量。

$$规划仓容量 = \frac{年运转量 \times 放宽比}{周转次数} \qquad (4-4)$$

2. 送货频率计算法

如果能搜集到各物品的年运转量和发货天数，根据厂商送货频率进行分析，也可计算出仓容量。其计算程序如下。

（1）估计年发货天数　根据有关分析资料和经验，列出各种仓储物品在一年时段内的发货天数。由于物流配送中心仓储物品品项太多，少则几千种，多则几万种，既不易分析，也无此必要。因此，将与发货天数大致相近物品归为一类，得到按发货天数分类的物品统计表。

（2）计算年运转量　把物品进出产品单元换算成相同单位的储存总量，如托盘或标准箱等。这种单位是仓储作业的基本单位。按基本单位分别计算各类物品的年运转量。

（3）分别计算各类物品的平均日运转量

$$平均日运转量 = 年运转量 / 年发货天数 \qquad (4-5)$$

（4）估计送货周期　根据厂家送货频率，估计送货周期。如某类物品一年厂家送货 24 次，则送货周期为 15 天。

（5）估算仓容量

$$仓容量 = 平均日运转量 \times 送货周期 \qquad (4-6)$$

（6）估计放宽比　估计仓储运转的弹性变化，与周转率计算法相同。

（7）计算规划仓容量

$$规划仓容量 = 仓容量 \times 放宽比 \qquad (4-7)$$

根据各类产品的实际发货天数，计算得出的平均日运转量比较接近真实情况。但要特别注意，当部分商品发货天数很少并集中在少数天数发货时，就会造成仓储量计算偏高，造成闲置储运空间过多，浪费投资。

4.4.2　拣货区运转能力计算

拣货区运转能力计算主要考虑单日发货品所需的拣货作业空间。由于拣货设备所需空间是由设备特性所决定的刚性指标，购置设备时已有要求。因此，单日发货品拣货空间实际是指拣货区暂存空间。这里，最主要的考虑因素是品项数和作业面。一般拣货区的规划不包括当日所有发货量，应适当折减，在拣货区货品不足时可以由仓储区进行补货。拣货区运

转能力计算如下。

1. 年拣货量计算

把物流配送中心的各种进出物品换算成相同拣货单位,并估计各物品的年拣货量。

2. 估计各类物品的发货天数。

根据有关资料分析各类物品估计年发货天数。

3. 估计放宽比

4. 计算各物品平均发货天数的拣货量

平均发货天数的拣货量 = 各物品年拣货量 / 年发货天数。

5. ABC 分析

对各类物品进行年发货量和平均发货天数的拣货量 ABC 分析。根据这种分析,可确定拣货量高、中和低档的等级和范围。在后续的设计阶段中,可根据高、中、低档等级的物品类别进行物品特性分析和分类。这样,根据发货高、中和低档的类别,可确定不同拣货区存量水平。将物品的品项数乘以拣货区存量水平,便是拣货区储存量的初估值。

例 4-1 某物流配送中心年发货天数为 300 天,将发货天数分成 3 个等级:200 天以上、30～200 天和 30 天以下等高、中、低档 3 组。将年发货量和平均每天的发货量也分为大、中、小 3 档,根据实际情况,该物流配送中心列出比较常见的 A、B、C、D、E 等 5 种类别。表 4-1 为综合发货天数的物品发货量分类情况。

表 4-1 综合发货天数的物品发货量分类

发货量分类 \ 发货天数	高 200 天以上	中 30～200 天	低 30 天以下
A. 年发货量和平均日发货量很大	1	1	5
B. 年发货量大,但平均日发货量较小	2	8	—
C. 年发货量小,但平均日发货量较大	—	—	6
D. 年发货量小,平均日发货量小	3	8	6
E. 年发货量中,平均日发货量小	4	8	7

此表中有 8 种类别,现对各种类别说明如下。

分类 1:年发货量和平均日发货量均很大,发货天数很多。这是发货最多的主力物品群。要求拣货区储存量应有固定储位和大的存量水平。

分类 2:年发货量大,但平均日发货量较小,但是发货天数很多。虽然单日的发货量不大,但是发货天数很频繁。为此,仍以固定储位方式为主,但存量水平可取得较低一些。

分类 3:年发货量和平均日发货量都小。虽然发货量不高,但是发货天数超过 200 天,是最频繁的少量物品发货。处理方法是少量存货,单品发货。

分类 4:年发货量中等,平均日发货量较小,但是发货天数很多,处理烦琐,以少量存货、单品发货为主。

分类5：年发货量和平均日发货量均很大，但发货天数很少，可集中在少数几天内发货。这种情况可视为发货特例，应以临时储位方式处理为主，避免全年占用储位和浪费资金。

分类6：年发货量和发货天数都较小，但品项数多。为避免占用过多的储位，可按临时储位或弹性储位的方式来处理。

分类7：年发货量中等，平均日发货量较小，发货天数也小。对于这种情况，可视为特例，以临时储位方式处理，避免全年占用储位。

分类8：发货天数在 30～200 天之间，发货量中等。对于这种情况，以固定储位方式为主。但存量水平亦为中等。

上述八种分类是参考性的指标。在实际规划过程中仍要根据发货特性来调整分类范围和类型。

订单发货资料经过分类之后，可对各类产品存量定出基本水平。例如分类 1 的产品，存量水平高，估计需要较大的拣选空间，为此，应提高放宽比。而分类 2 的产品的存量水平较低，在估算拣货空间时应减小放宽比，从而减少多余的拣货空间。如果在实际拣货时因缺货而影响发货，则以补货方式来补足拣货区的货存量。

对于年发货量较小的商品，在规划中可省略拣货区。这种情况可与仓储区一起规划，即仓储区兼拣货作业区。若采用批量拣货，则批量处理的品项应加以考虑。上述分类 1 较适合于批量拣货、分拣系统配合的方式进行，因为自动化分拣输送设备能满足规模较大的发货要求。分类 3 和分类 4 较适合于一边批量拣取一边分拣的方式。因为种类多、数量小，易于在拣货台车上一次完成拣货与分货处理。

拣货区发货类型规划表例见表 4-2。

表 4-2 拣货区发货类型规划表例

指标 分类	暂存方式	存量水平	拣货方法	补货频率
分类1	固定储位	高	批次	高
分类2	固定储位	中	批次	中
分类8	固定储位	中	批次	中
分类3	弹性储位	低	批次	低
分类4	弹性储位	低	批次	低
分类5	临时储位	高	批次	高
分类6	临时储位	中	单品	中
分类7	临时储位	中	单品	低

4.4.3 物流量平衡分析

物流量平衡分析是对在各项物流作业活动中物料从某一区域到另一区域的物料流量大小进行研究。一般来说，首先以每个独立的物流作业环节作为分析单元，如进货作业、盘点移仓作业等，然后将物流配送中心内由进货到发货各阶段的物品动态特性，用数量和单位表示出来。为了便于研究，需要将不同搬运单位的物品转换成相同的搬运单位。

为了使物流作业有序流畅，物流配送中心的物品，从采购进货到发货配送的每一项作业，所表现的数目、重量和容量都要保持相对平衡。若不如此,由于作业时序安排、批次作业的处理周期等原因,可能产生物流堵塞或脱节现象。为了避免这种情况,就要根据作业流程的顺序,调整各作业环节的物流量数值。使前后作业平衡。避免堵塞和脱节,以便达到物流通畅的目的。

对于批发型物流配送中心,其物流量平衡分析的要素如下。

1) 进货:包括采购地个数、供货商数量和进货车台数。
2) 保管:包括托盘数、箱数、件数和项目数。
3) 出库:包括托盘数、箱数、件数和订货家数。
4) 流通加工:包括标价数和箱数。
5) 捆包装箱:包括捆包个数。
6) 分拣暂存:包括按线路分个数、按线路分作业数和暂存数。

4.5 区域布置规划

在完成作业流程、作业功能和作业能力等的规划之后,便可进行区域布置的规划工作。

在物流配送中心的布置规划中,可分为物流作业区域、辅助服务区域和办公生活区等3大部分。

区域布置规划要初步确定各个作业区域、辅助办公场所、储存设施等作业单位及工作地、设备、通道、管线之间的相互位置,并对厂区内的建筑构筑物的配置做出合理的布局,同时也要初步提出物料搬运的流程及方式。

区域布置规划的原则如下。

1) 适应储存的作业流程,使物流方向合理,运输距离最短,作业次数最少,仓库利用率高,运输通畅,避免往返交叉,将工位器具设在合适的位置,便于人员完成作业。
2) 选择适当的建筑模式,采用适当的层数、高度、跨度、柱距,合理利用建筑物的空间,平面布置与竖向布置相适应,提高仓库经济效益。
3) 合理区划和协调配置储存区域和作业场所,包括进货、储存、拣选、流通加工与发货等作业的准备与暂存等区域;同时,合理布置辅助场所、通道、公用管线、办公室、生活服务设施等。
4) 符合安全、卫生要求,有一定的防火通道,设有防火与防盗设施。具有良好的采光、照明、通风、采暖、防尘、防噪声与绿化等条件。
5) 具备适应变化的柔性,以便满足不同的需要和日后改造。
6) 投资要合算。

4.5.1 活动关系分析

各类作业区域之间可能存在的活动关系如下。

1) 程序上的关系,即建立在物流和信息流之间的关系。
2) 组织上的关系,即建立在各部门组织之间的关系。
3) 功能上的关系,即区域之间因功能需要而形成的关系。
4) 环境上的关系,即考虑到操作环境和安全需要而保持的关系。

物流作业区域的布置规划以物流作业流程程序关系为主线。根据分析区域物品动态特征、进口和出口的物流量大小，明确各区域之间物流量规模大小及程度。

辅助作业区域是辅助性的区域，必须考虑信息流和有关组织、功能和环境等方面相配合的区域。

在进行活动关系的分析时，首先是对规划区域的特性和活动关联性，即上述各种关系密切程度进行分析分类，并根据各区域之间的活动关系密切程度布置其相互关系。各区域关系密切的因素有以下几点。

1）是否使用共同的原始记录。
2）有无共用人员。
3）有无共用场地空间。
4）人员接触频繁程度。
5）文件交流频繁程度。
6）作业流程是否连续。
7）有无做类似的工作。
8）有无共用设备。
9）组织管理上的关系。
10）其他。

按关系密切程度把这些相关区域分为不同级别。例如，可分为绝对必要、特别重要、重要、一般、不重要、不能接近6个等级。如果区域间关系程度高时，则区域布置尽量相邻接近，如发货区和称重区应相邻；关系程度低的区域则不宜接近，如库存区和驾驶员休息室。

4.5.2 位置布置

1. 动线形式

在完成各作业区域的活动关系分析之后，就可以决定各部门区域的相互位置。方法是根据物流流程和相关部门的关系来设计相互位置。

在分析区域性质的基础上设计各作业区域物流动线形式。表4-3所示为物流配送中心的基本物流动线形式。

（1）直线式　这种形式的特点是出入口在厂房的相对面，无论订单大小与拣货品项多少，均要通过厂房全程。适合于作业流程简单、规模较小的物流作业。

（2）双直线式　与直线式相同，这种形式的出入口也在厂房的相对面，适合于作业流程相似，但有两种不同进出货形态的物流形式。

（3）锯齿形或S形　通常适用于多排并列的库存货架区。

（4）U形　这种形式的特点是出入口在厂房的同侧，可根据进出货频率的大小，将物流量大的物品安排在靠近进出口端的储存区，缩短这些物品的拣货搬运路线。

（5）分流式　这种形式也称为L形，适用于批量拣货的分流作业。

（6）集中式　这种形式适用于因储存区与物品特性而把订单分解在不同区域拣货，然后再进行集货的作业方式。

表 4-3 物流配送中心的基本物流动线形式

项次	作业区域间物流动线形式	项次	作业区域间物流动线形式
1	直线式	4	U 形
2	双直线形	5	分流式
3	锯齿形或 S 形	6	集中式

2. 位置布置

这里以案例来说明进行各区域位置布置的程序。

（1）决定物流配送中心的对外连接道路形式 物流配送中心的主要活动是物品的集散和进出，应至少能衔接两种运输形式。在进行设施规划与设计时，交通环境条件非常重要，如相邻的道路交通、站点设置、港口和机场的位置等因素，以及如何与内部道路、物流路线相衔接，形成内外一体、圆滑通畅的物流通道等。物流设施与道路的距离远近也是不可忽略的因素，物流设施与道路过近可能影响道路利用率，过远则可能造成运距过长、物流成本增高。

（2）决定物流配送中心厂房空间位置、大致的面积和长宽比例 由于各作业区域的面积和长宽比还没有经过详细计算，因此，这里的面积和长宽比仅仅是一个大概的数值。图 4-2 所示为各作业区域的面积与长宽比示意图。

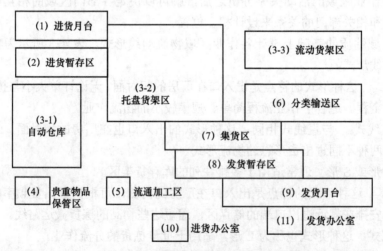

图 4-2 各作业区域面积的面积与长宽比示意图

（3）决定物流配送中心内由进货到发货的主要物流动线形式 如 U 形、双直线形等。该案例的进发货平台和厂内物流动线形式布置如图4-3所示。

(4) 布置刚性区域　刚性区域就是作业区域中面积较大且长宽不易变动的区域。方法是根据作业流程顺序，安排各区域位置。物流作业区域是由进货作业开始，根据物料流程前后关系顺次安排相应位置。其中作业区域中面积较大且长宽不易变动的区域（刚性区域），应首先安排在建筑平面中，如自动仓库、分拣输送机等作业区域。图4-4所示为刚性区域的布置。

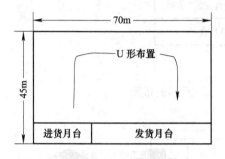
图4-3　进发货平台与厂内物流动线形式布置

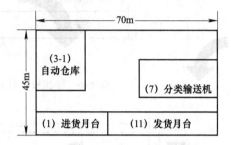
图4-4　刚性区域的布置

(5) 插入柔性区域　柔性区域首先是指虽然面积较大但长宽比例容易调整的区域，如托盘货架区、流动货架区与集货区等。图4-5所示为面积较大但长宽比例可变更区域的布置。柔性区域还应包括面积较小且长宽比例容易调整的区域，如贵重物品保管区、暂存区与流通加工区等。图4-6所示为面积较小且长宽比例可变更区域的布置。

(6) 决定行政办公区和物流仓储区的关系　一般物流配送中心行政办公区是集中式布置。为了提高空间利用率，多采用多楼层办公方案。图4-7所示为现场行政管理和办公区的布置。

上述程序完成后，物流作业区域的位置就基本得以确定，最后需绘制出区域布置规划图。

图4-5　面积较大但长宽比例可变更区域的布置

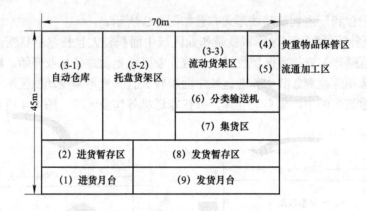

图 4-6 面积较小且长宽比例可变更区域的布置

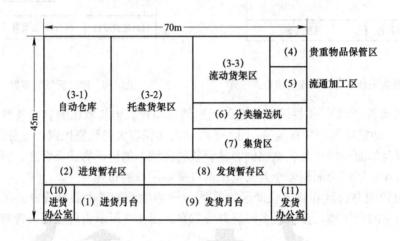

图 4-7 现场行政管理与办公区的布置

4.5.3 物流流程的动线分析

在区域位置布置阶段，还没有进行设备的选用设计，但是按物流特性和作业流程已经对设备的种类有了大致的要求。物流流程的动线分析就是根据这些设备性能逐一分析区域内和各区域之间的物流动线是否流畅，其分析步骤如下。

1）根据装卸货的出入形式、作业区域内物流动线形式以及各区域相对位置，设计厂房内的主要通道。

2）进行物流设备方向的规划。在此规划过程中需要考虑作业空间和区域内的通道情况。

3）分析各区域之间物流动线形式，绘制物流动线图，进一步研究物流动线的合理性和流畅性。图 4-8 所示为物流作业区域布置物流动线图例。

至此，物流配送中心系统规划就基本完成了。这个规划是否可行、合理、科学以及是否符合实际，还要结合设施设备、区域空间与搬运系统进行详细设计和调整。单就系统作业方面，可以进行评估，评估内容如下。

（1）储位柔性　指存取空间能否调整，储位能否按需求弹性应用和是否对存放物品有限定。

（2）系统作业柔性　指系统是否容易改变，系统作业的原则、程序和方法是否可以变更。

（3）系统扩充性　指当系统扩充时，是否改变原有建筑和布置形式，原有设备能否继续使用，是否改变原有作业方式，以及是否需要增加土地等。

（4）人员安全性　指仓库货架稳定性如何，人员、路径和搬运设备之间是否交错和频繁接触，自高处向下搬运货物是否存在潜在危及人员安全的因素，电气设备是否有安全隐患，通道是否畅通、遭遇紧急情况时是否可通行、遇到危险时可否安全逃生等。

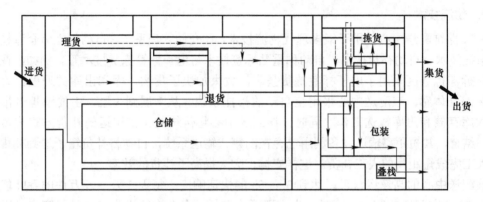

图 4-8　物流动线图例

4.6　案例

4.6.1　"永不打折"的服装配送中心

××服饰股份有限公司是一家以服装为主业，以引进、拓展、经营国际时尚高端品牌来满足客户多元化的时尚需求的公司，其服饰产品品种多、批量少。该配送中心主要用于成品服装的配送工作，是目前国内自动化程度高、管理系统先进、物流效率较高的服装物流配送中心之一。

1. 概况

××服饰配送中心占地 $8800m^2$，配送中心分为两部分。

第一部分为自动化立体仓库（Automated Storage and Retrieval System，AS/RS），立体仓库长 100m、宽 24m，占地 $2400m^2$，共 5 个巷道，5 台堆垛机，11700 个托盘储位空间，用来实现叠装服饰产品的托盘整箱入库和出库，以及整托盘存储和整箱拣选；同时，还规划了 3 层托盘输送机用来实现整托盘的入库和出库。

第二部分是平面库区，平面库区分为 3 层。

1 层的主要功能区有：

1）收货区。收货区主要用于吊挂服装、叠装服装以及退货服装的收货。

2）新品拆零拣选区。新品拆零拣选区主要完成新产品的拆包业务。1 层主要的储位空间用于新品拆零拣选，拥有 3000 多个拣选点。

3）包装区。包装区主要完成服装产品的塑封。

4）称重贴标签区。称重贴标签区是将不同的服装称重并且贴上仓库自己的标签条码。

5）自动分拣输送区。

2 层的主要储位空间用于叠装拆零拣选，此拣选区有 2500 多个拣选点，同时还包括输送区和退货区。

3 层主要是吊挂服装的存储与拣货区域，该层通过专设的自动输送机系统，将 1 层收货区的吊挂服装，穿过 2 层，输送到 3 层存储区。

2. 物流技术

××服饰配送中心使用了很多现代物流技术，如仓储管理系统、自动化立体仓库技术、自动吊挂技术、自动补货技术、自动称重贴标签技术与电子标签拣货技术等。例如，在 1 层的新品拆零拣选区采用了电子标签拣货技术，大大加快了货物入库和出库的速度。为了保证服装的立体感，该配送中心采用全自动的吊挂系统，从 1 层到 3 层，主要承担着吊挂服装的入库存储和出库拣选工作。同时，该配送中心将传统的人工搬运的补货方式与短距离输送相结合，其短距离输送设备利用已存在的箱式输送系统，自动将补货箱子送到补货口，再由人工完成短距离的人工补货。这样安排，大大提高了补货的效率。

该配送中心的高速运营可以达到 3～5h 的快速响应，每天 3 万～5 万件的吞吐能力，满足 3000 余家门店的需求。同时，也实现了小批量、多频次的送货，满足了客户对服装越来越定制化的要求。同时，面对服装行业产品生命周期越来越短的今天，正是由于这样快速的配送物流服务，才可以保证"永不打折"理念的实现。

4.6.2 医药物流配送中心的内部结构与规划

1. 医药物流作业区域结构

目前医药行业配送中心的类型主要分为：生产企业拥有的制药原料及成品库；流通物流中的战略仓库及区域配送中心。

就生产企业拥有的原料及成品库和流通物流中的战略仓库而言，大多数的企业比较倾向于采用高位货架、窄通道、高位驾驶三向堆垛叉车的立体仓库模式，如西安杨森、通化东宝、奇华顿制药、中美史克等。由于这类仓库主要具备存储功能，故一般无须设立拣选作业区。

而流通物流中的区域配送中心的功能区划分则较为复杂，其设施由卸货验收区、储存保管区、流通加工、停车场及办公室等组成。配送中心的主体结构是储运场所及其设施，根据配送中心的特定功能和基本作业环节，内部工作区域可以由进货区、理货备货区、分拣集货区、外运发货区、包装加工区和办公室等几个部分构成。

2. 内部区域结构规划

××公司拥有 3 个配送网点，A 仓库、B 仓库和 C 仓库。A 仓库是该公司储存药品的最大库，其全部业务都集中实行整件进货与发货，大批量地满足顾客群的要求。现有的顾客群多种多样，如有医疗机构、大型诊所、医药公司、医药连锁店以及家庭成员等。A 仓库储存有 4000 多种药品，有 3 座分仓库，每座有六层，具体有阴凉库、常温库、冷藏库、新药特药库和特殊药品库等。医药配送中心有别于其他行业的配送中心就在于药品多品种化、储存条件的特殊化及分类管理的特殊性。在多品种配送需求的条件下，物流管理所面临的最重要的问题是如何在降低成本的同时提高物流活动效率。

A 仓库配送中心周边交通环境比较便利，仓库布局也较为合理。A 仓库配送中心的 3 座分仓库是仓库的主体结构，另有办公区。针对 A 仓库的物流现状，主要工作是配送中心内部区域结构的重新规划，根据实际需要，采用弹性的机械化作业，以提高物流作业的效率。原来的仓库空间布局，有很多物流环节和作业重复，造成药品流通不顺畅；而且入库、出库形式比较单一，都是实行人工搬运，物流作业效率低，客户等待时间过长。

配送中心改建的定性分析，重点应着眼于如何使物流作业顺畅，达到效率化的目的。一层是验货区，所有的 OTC、非 OTC 药品均在此验收，一到高峰期，就会造成验货混乱的局面，药品堆放无序，质检员需努力寻找所检验的药品，而且在打印验收单时，来回奔波于验收区和办公区之间，浪费的时间过长；另外，让送货上门的驾驶员等待时间过长，有的卸下货便匆匆走开，待验货出现问题时，又很难及时沟通解决。在发货区，发货有两个时间段，一般是早上 8:00 左右和下午 3:00 左右，发货时间比较集中，车辆在库区易形成堵塞，而且易与进货车辆在进出口（由于进出口是同一条路线）形成拥挤，更加延迟了时间，降低了物流服务水平。

针对以上迫切需要解决的问题，采取一系列改造措施，首先将原来的办公区和生活区改建变小，而且远离进货路口；第二就是对药品实行分别入库，OTC 入库、非 OTC 入库、新药特药入库各在一个分库；第三是 OTC 与非 OTC 药品可以视业务规模的变化而适当调整进货的库区；第四是将要整件出库的药品，直接从分库出库，可以减少搬运环节；第五是利用分库之间的传送带将散件药品集中于一个分库进行散件发货，物流作业环节变得顺畅和高效；第六是充分利用现有的场地，进货口和出货口分别在仓库的西侧、北侧，进货、出货环节比较简单，不易形成车辆堵塞现象。

3. 配送中心站台规划

该公司原有的配送中心是传统意义上的仓库，仓库各个区域通道的高度和车辆行驶道路的高度几乎相等，而且没有站台，均是人工搬运作业，机械化程度较低。对配送中心站台进行重新规划，需要从站台的空间布局和站台的设计考虑。

（1）站台空间布局　整个平台一般包括 3 个主要区域。第 1 个区域是站台内侧的接货区与发货区，在这一区域可以对药品进行拆、装、理货、检验和暂存，以待入库。必要时，还可进行出货前的包装、检查或暂存待运。第 2 个区域是装卸搬运设施所占的空间，这一空间的大小随设备类型和所占空间而定。第 3 个区域是为搬运车辆及人员能顺畅进出而规划出的通道，通道的宽度也必须视搬运车辆及作业的需要而定，人力搬运作业时的通道宽度一般为 2.5～4m。

（2）站台的设计　库外进出货站台的相对位置直接影响着进出货的效率及质量。本仓库采用进货与出货站台相邻的方式安排站台，这种形式适用于厂房空间较大，进出货容易相互影响、可以相互借用的情况。如果有足够的空间且货物进出比较繁忙，可规划设计多个站台。

第 5 章 物流配送中心的设备规划

物流配送中心的设备规划与设计就是运用系统工程的观点和方法,对物流设备运行所涉及的各个环节进行系统分析,调整人、物、机械与设备的配置,把物流系统的各个设备、各个要素与物流系统总目标有机地结合起来,从而进行综合评价,求得整体设计与配置最佳。在设备规划设计过程中,为了使物流系统整体效益最优,物流设备发挥最大效能,还要改善各个环节的机能,剔除不必要的作业机具,使物流设备之间相匹配,在时间上缩短作业周期,空间上减少占用面积,物料上减少停留、搬运和库存,做到投入资金划算、生产成本较低,工作环境舒适安全。

5.1 物流设备设计选用的基本原则

5.1.1 设计依据

物流设备设计选用的依据是储存单元技术。从世界范围来看,储存单元技术现在正在逐步走向标准化。物流体系标准化的重点在于通过制定标准规格尺寸来实现整个物流系统的贯通,加快装卸搬运与储存运输的运转,为物流作业机械化、自动化创造条件,促进物流社会化,提高物流效率与效益。

储存单元技术通常指物流配送中心的储运作业基本单位,这是实现物流标准化的关键和基础。最主要的储运作业单位是集装箱和托盘,仓库最常用的是托盘。而托盘应该尽量采用标准化形式,以便适应不断增多的海内外联运业务。储存基本单元的标准化,就是使装载货箱的托盘尺寸符合国际标准化组织(ISO)推行的托盘尺寸,同时结合物流配送中心实际,设计堆放货物的高度以及重量级别。托盘设计完成后,才能进行仓储设备、搬运设备、拣选设备,甚至包括厂房建筑设施等的设计。然而,由于产品内包装尺寸千差万别,标准化设计还有很长的路要走,加之人们对标准化的认识还很不到位,在现实物资流通领域,还存在许多非标准的设施设备。但是,物流的标准化是大势所趋,势在必行。

5.1.2 设计原则

(1) 简单化原则 如无必要,坚决不用,一机多用,简化物流程序。
(2) 标准化原则 尽量使物流作业方法、托盘容器和设备设施标准化。
(3) 距离最短原则 缩短物料的搬运距离,避免物品倒退与回流。
(4) 机械化原则 尽量使物流机械化,节省人力,提高效率,减少出错率。
(5) 合并原则 对相关作业进行整理合并,简化作业内容。

（6）准时原则　按时按量把适当货物移动到指定地点。

（7）可靠性原则　可靠性是指物流设备在规定的使用时间和条件下，完成规定功能的能力。如果可靠性不高，无法保持稳定的物流作业，物流设备就失去了存在的必要性，但可靠性越高，其费用也越大。物流设备设计时应全面权衡提高可靠性所需的费用与不可靠造成的费用损失，从而确定最佳的可靠度。

（8）人机学原则　按人体特点、可搬重量、可取高度和弯腰频率等因素，设计物流设备，使工人能够最便利、最有效地使用系统设备。

（9）节能原则　在物流作业中尽量节省能源。

（10）环境保护原则　物流设备应具有较好的环保性，减少污染，控制噪声，避免破坏环境。对废弃包装材料、纸箱和其他废弃物要做到全部回收和处理，排放物要符合国家环保指标。

（11）空间利用原则　充分利用空间，如采用高层立体货架、储存架和积层架等。

（12）柔性原则　能满足各种货物的储存，及时应对异常情况，适应企业业务的拓展。

（13）重力原则　在保证人员安全和不损坏产品的前提下，尽量利用重力搬运货物，从而节省人力和动力。如楼层之间的搬运可利用重力由高层运至低层。

（14）安全性原则　安全性主要包括设备的自动控制性能、自动保护性能以及对错误操作的防护和警示性能等。设计应采用安全的物流设备和工作方法，在设备使用过程中，应保证人身和货物安全以及环境免遭危害。

（15）巧易化原则　使操作简易，避免出错。如采用色标管理、储位标示、拣货标签以及计算机辅助提示和管理等。

（16）信息化原则　对物流系统采取现代化信息管理，实现对物流的信息控制。

（17）适用性原则　适用性是指物流设备满足使用要求的能力，包括适应性和实用性。在物流设备规划设计时，应使物流设备与目前物流作业和发展规划相适应；应符合货物特性与货运量的需要；应适应不同的工作条件和多种作业性能要求，操作使用灵活方便。

（18）物量节省原则　对包装、堆放、批量作业等过程尽可能简化，增加单位搬运量，减少搬运次数，提高作业效率。

（19）降低成本原则　精心计算物流作业所耗成本，比较每个设备的经济性。

（20）易于维护原则　对设备的维护保养操作简单，效果显著，尽量不影响正常工作。

5.2　储存设备

一个完整的物流配送中心包含的设备设施相当广泛。按作业区域主要可分为物流作业设备和辅助作业设备两大类。

物流作业是物流配送中心内开展主要作业活动的核心，物流设备的设计和配置是物流作业规划设计的重点之一。辅助作业设备主要是指流通加工、办公和劳务设备设施，是物流作业的配套和服务设备设施。

为了方便起见，这里又将物流作业设备分为储存、搬运与拣选分拣设备。

5.2.1 容器设备

按功能来分,容器设备可分为搬运、储存、拣选及配送等容器;按形态来分,可分为以下几种。

1. 平托盘

平托盘通常简称为托盘,是托盘的主要形式,也是物流作业必不可少的装载器具。平托盘是由供放置一定数量组合物品的台面与台面下方有供叉车叉入并托起的叉口组成的容器设备。平托盘的台面为装载面,装载面与支撑面之间夹有纵梁,可配合叉车或搬运车进行作业。

平托盘没有上层结构,用途广,按台面分为单面形、单面使用型、双面使用型和翼型等;按货叉插入方式分为单向插入型、双向插入型和四向插入型等;按材质可分为木材、金属、塑料、纸质和复合材料等,如图 5-1~图 5-4 所示。

图 5-1 木质平托盘

图 5-2 钢质平托盘

图 5-3 塑料托盘

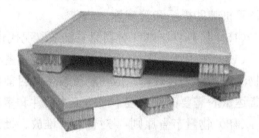

图 5-4 纸质托盘

为使物流适应机械化作业,减少搬运程序,平托盘必须标准化。国家标准确定的平托盘标准尺寸有 1200mm×1000mm 和 1100mm×1100mm 两种,优先推荐 1200mm×1000mm,托盘高度一般为 100~150mm。木质托盘载重量有 50kg、100kg、500kg、1000kg、1500kg 等规格。金属托盘一般有 500kg、1000kg、1500kg、2000kg 等规格。塑料和复合材料托盘优点主要体现在耐化学腐蚀、耐潮湿性和耐虫蛀性方面,而且质轻、美观、强度高、寿命长、可回收,同时对所载物品的保护性能也较突出,因此广泛使用于食品、医药、烟草、化工等行业。虽然目前塑料和复合材料托盘的造价不占优势,但随着木材、钢材等原材料价格的不断飙升,木制托盘和钢质托盘的市场占有率将会逐渐减少。

2. 箱式托盘

箱式托盘也称为储运箱,是四面有侧板的托盘。箱式托盘的侧板有固定式、折叠式和可卸下式 3 种,四面侧板有平板式、栅栏式和网状式,如图 5-5 所示。箱式托盘防护能力强,可防止塌垛和货损；可装载异型不能稳定堆码的货物，应用范围广。箱式托盘多用于散件与散状物料的储运，并可以进行码垛。金属箱式托盘主要用于热加工车间集装热物料。

3. 网箱托盘

网箱托盘一般为金属材质，其四面侧板为网状。网箱托盘不仅可以盛放零碎物料，而且可以多层堆叠，节省仓储空间，空箱可折叠，如图 5-6 所示。网箱托盘适用于小件及散件物料的存储和周转，空间利用率高，搬运、堆放、折叠、使用方便，可配合叉车、托盘搬运车和起重机等进行机械作业。

图 5-5　箱式托盘　　　　　　　　图 5-6　网箱托盘

4. 柱式托盘

柱式托盘的基本结构是在平托盘的 4 个角装有柱子，柱子上端可用横梁连接，形成框架型，如图 5-7 所示。柱子用钢材制成，分为固定式或可拆式两种。柱式托盘的特点是可在不压物品的情况下进行码垛，多用于包装物料、棒料管材的集装。柱式托盘也可以作为可移动的货架或货位，不用时还可叠套存放，节约空间。近年来，柱式托盘在国外推广迅速。

5. 集装架

集装架是一种采用钢材、木材或其他材料制作的框架结构式集装器具，强度较高，其作用是固定和保护物品，并为产品集装后的起吊、叉举、堆码提供必要的辅助装置，特别适合于结构复杂、批量大的重型产品包装，如图 5-8 所示。它可长期周转复用，与木箱包装相比，可节省包装费用，降低运输费用，提高装载量。

图 5-7　柱式托盘　　　　　　　　图 5-8　集装架

6. 物流台车

物流台车又叫载货台车或笼车，是一种安装有 4 只脚轮的运送与储存物料的单元移动集装设备。物流台车既便于机械搬运，又适合短距离的人工移动。物流台车适用于企业工序间的物流周转和物流配送中心的短距离零星搬运，也大量用于超市商场，作为顾客挑选商品时的暂存搬运工具。

7. 集装箱

集装箱，在我国香港称之为"货箱"，在我国台湾称之为"货柜"，是指具有一定强度、刚度和规格，专供周转使用的大型装货容器（内容积 $\geqslant 1m^3$）。国际标准化组织根据集装箱在装卸、堆放和运输过程中的安全需要，规定了作为一种运输储存容器的货物集装箱的条件：能够长期反复使用，可以快速装卸和搬运，具有足够的强度，便于货物装满或卸空。使用集装箱转运货物，可直接在发货人的仓库装货，运到收货人的仓库卸货，中途更换车、船时，无须将货物从箱内取出换装。集装箱如图 5-9 所示。

图 5-9　集装箱

目前，国际标准集装箱的宽度均为 8ft（1ft=0.3048m）。

按制造材料分，有木质集装箱、钢质集装箱、铝合金集装箱、玻璃钢集装箱与不锈钢集装箱等；按结构分，有折叠式集装箱、薄壳式集装箱与固定式集装箱等，固定式集装箱还可再分为密闭集装箱、开顶集装箱与板架集装箱等；按规格尺寸，国际上通常使用的有 20ft 货柜、40ft 货柜、40ft 高柜与 45ft 高柜等；按总重量分，有 30t 集装箱、20t 集装箱、10t 集装箱、5t 集装箱与 2.5t 集装箱等；按所装货物种类分，又可分为以下几种。

（1）干货集装箱　又称为通用集装箱。适用于装载各种不需要调节温度的干杂货，是最常用的集装箱。

（2）散货集装箱　适用于装载粮食、饲料以及水泥等各种粉末、颗粒状散装货物。

（3）罐式集装箱　适用于装载酒、油类和化学品等液态货物。

（4）冷藏集装箱：附有冷冻机设备，并在内壁敷设有较低热导率的材料，箱内温度可在一定范围内调节，用来装载冷冻、保温、保鲜货物。

（5）汽车集装箱　是一种专门设计用来装运汽车，并可分为两层装货的集装箱。

（6）牲畜集装箱　是专门设计用来装运活牲畜的集装箱，附有通风设施和喂料及除粪装置。

（7）兽皮集装箱　是一种专门设计用来装运生皮等带汁渗漏性质的货物，有双层底，底层可存储渗漏出来的液体。

5.2.2　仓储设备

仓储设备的种类相当繁多，由于储存物品的形状、重量、体积、包装形式、发货需求等不同，所使用的仓储设备也不相同。因此，必须搞清各种物品的储存特性和发货需求，以便配置合适的仓储设备，提高物流作业效率。

物流配送中心的仓储设备，以单元负载的托盘储存方式为主，同时为配合各种拣货、发货需要，还需配备一定的容器及箱装品和单品的仓储设备。仓储设备一般包括各种货架和自动化立体仓库。立体仓库主要是托盘储存，而不同的货架可满足托盘、容器、箱装品和单品的储存需求。

货架泛指存放货物的架子，在物流设备中，是指用支架、隔板或托架组成的立体储存货物的设施。在物流配送中心，配置适当的货架可起到以下作用。

1）可充分利用仓库空间，提高仓库利用率，增大仓库储存能力。

2）货架中的货物互不挤压，物品损耗小，有利于保证物品的使用功能。

3）货架中的货物存取方便，不同的货架可满足各种要求的库存管理和存取需求，便于清点计量。

4）可采取防潮、防尘、防盗、防污染、密闭、保鲜等措施，以提高物品的储存质量。

5）现代新型货架有利于实现仓库的机械化作业和自动化管理。

按结构特点，储存设备分类如下。

1. 托盘货架

托盘货架是用来储存单元化托盘货物，配以储运机械进行作业的货架，又称为工业货架，如图 5-10 所示。托盘货架大多为装配式结构，具有刚性好、自重轻、层高可调节、运输安装便利、存取方便等优点，是目前各类货架的主流。

托盘货架高通常在 6m 以下，3～5 层，叉车在进行存取作业的情况下，货架顶层横梁与天花板垂直距离不得小于 230mm。重型托盘货架立柱采用优质冷轧钢板辊压而成，横梁选用方钢，承载大，不易变形，单元载荷最高可达 4000kg。

托盘货架既适用于多品种小批量物品，又适用于少品种大批量物品储运。出入库不受先后顺序的影响，一般叉车都可使用。在选用托盘货架时，应考虑储存单元的托盘尺寸、堆货高度、重量和层数，由此确定托盘货架的支柱和横梁规格尺寸。

2. 轻型货架

轻型货架的结构与托盘货架相似，只是构件承载轻量化而已，如图 5-11 所示。该货架具有结构简单、自重轻、装配方便、可自由调整存放高度和间隔、式样变化多、价格便宜等特点，货架高度一般在 4m 以下。

轻型货架一般采取人工存取货物，货架的高度、深度不大，重量较轻，符合人机工程学原理。因此，适用储存箱品和散品等重量轻、体积小的物品，广泛应用于工厂、办公室、商场、仓库等场所。

图 5-10 托盘货架

图 5-11 轻型货架

根据货架隔板每层的承载能力来区分，轻型货架可分为轻量型货架，其每层承载不超过 150kg；中量型货架，其每层承载 150～500kg；重量型货架，其每层承载在 500kg 以上。实际上，重量型货架若采用人工作业，已经比较困难，通常需叉车配合，进行机械化作业。

3. 辊轮式（流利式）货架

按货物容器的不同，可将辊轮式货架分为托盘用和容器用两类。辊轮式货架是一种利用储存货物自身重力实现货物沿储存深度方向移动的货架，如图 5-12 所示。这种货架的一侧通道为存货口，另一侧通道为取货口，物品放在辊轮上，辊轮可在具有一定坡度的料架导轨轨道上，在重力作用下，沿物品深度方向向出货口自动滑动。

辊轮式货架为"先进先出"存取模式，空间利用率高，运营成本低，不会发生漏检现象，一般采用叉车进行存取作业，但高度受限，通常在 6m 以下，且施工缓慢，对通道布局有特殊要求。这种货架特别适合于同品种、大批量、短时间存取的货物，且较多运用于拣选系统。

4. 贯通式货架

贯通式货架是可供叉车驶入货道内，存取单元货物的货架，如图 5-13 所示。由于叉车作业通道与物品储存场所为同一位置，因此，贯通式货架存储密度高，存储量大，仓库面积利用率大大提高，但存取性较差。

图 5-12 辊轮式货架

图 5-13 贯通式货架

贯通式货架适合于大批量、少品种、流动量大的物料存放，储存单元为托盘。由于叉车在货架中行走,故要求操作者必须小心作业。该货架以4层、3～5列为宜,最高可达10m。

5. 悬臂式货架

悬臂式货架是直接将物品储存在层板上的货架。具有结构简单、自重轻、造价低、装配简单等特点,如图5-14所示。

由于悬臂式货架高度、深度受到其结构特点的限制,一般高度在6m以下。其空间利用率低,货架每层的承载能力也不高。它适合用来存放长条形、板形、圆形货物,如管材、线材、板材等。根据其承载能力可分为轻型,每层承载120kg;中型,每层承载200～500kg;重型,每层承载1000kg。

6. 阁楼式货架

图5-15所示为阁楼式货架。在仓库面积有限的情况下,可利用钢梁和承重隔板将原有储区进行两层或多层的楼层分割,每个楼层可存放不同的物品,上层存放较轻的物品,如箱、包或散件;底层存放较重的物品,如托盘。

图5-14 悬臂式货架

图5-15 阁楼式货架

阁楼式货架适用于多品种零配件的存储,具有成本低、空间利用率高、作业范围小等优点。物品上下楼层选择叉车、液压升降台等方式作业,同层运输使用小型手推车完成。

7. 旋转式货架

旋转式货架设有电力驱动装置,货架沿着环形轨道运行,由开关或小型电子计算机操纵控制,如图5-16所示。存取货物时,货物所在货格编号由控制盘按钮输入后,该货格以最近的距离自动旋转至拣货点,拣货路线短,拣货效率高。

旋转式货架操作简单,存取作业迅速,空间利用率高,不易丢失物品,拣货效率高,存取口固定,高度适中,工作人员不易疲劳;但工作需要电源,且维修费用高。旋转式货架转动速度最高可达30m/min,适用于小批量、多品种的物品,如电子元件、精密机械等的存取。

旋转式货架通常有水平旋转与垂直旋转两种形式。由电动机驱动使货架实现水平面内旋转的货架称为水平旋转货架,又可细分为各层独立旋转和各层联动两种类型。由电动机驱动使货架实现垂直面内旋转的货架称为垂直旋转货架,垂直式旋转货架能够设计成独立的基本单元,可根据客户需要任意组合。垂直式旋转货架的运行速度较慢,约5～10m/min。

8. 移动式货架

移动式货架又称为密集货架,其底部安装有滚轮,可在地面轨道上运行,如图5-17所示。由于货架本身可以移动,存取作业时,可将货架移至方便存取的地方,作业完毕,则可移到其他地方,所以仓库面积的利用率高。移动式货架适用于存放品种多、出入库频率较低的物品,广泛应用于办公室、图书馆、银行、车间、仓库等场所,用以存放长期保存、短期很少使用的档案、文献、票据、贵重物品、隐秘文件等。

图 5-16 旋转式货架

图 5-17 移动式货架

9. 智能立体循环货柜

智能立体循环货柜是以料斗为存储单元、认址单元和运动单元的自动化存储设备,通过电动机转动带动链条循环转动,实现"由货到人"的物料存储方式。操作者点击触摸屏,系统进行最优化路径选取,货柜自动完成物料的存取。图 5-18 和图 5-19 分别为单体、联体智能立体循环货柜。

按承重不同可将智能循环货柜分为轻量型、中量型和重量型 3 种类型。轻量型单料斗承重 50～200kg,料斗数 8～34,适用于存放电子元器件、医疗药品器材、重要文档、资料、光盘等相对较轻的物品;中量型单料斗最大承重 300kg,料斗数 12～34,适用于存放零部件、辅料、半成品、设备备件、医疗器材等物品;重量型单料斗承重 400～500kg,料斗数 12～34,适用于存放成品、原材料、工具、刀具、模具及刀柄等重量型物品。

图 5-18 单体智能立体循环货柜

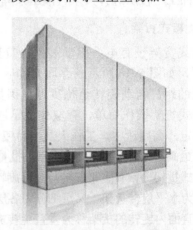

图 5-19 联体智能立体循环货柜

立体循环货柜广泛应用于各行业,如航天航空、机械、烟草、石化、医药、电子、铁路、汽车、码头等。

10. 自动化立体仓库

自动化立体仓库（AS/RS）作为现代物流系统的主要组成部分，是一种采用几层、十几层乃至几十层高的货架作为储存单元来存放物品的高架仓库系统，如图 5-20 所示。自动化立体仓库由高层货架、堆垛机、出入库输送机系统、自动控制系统、检测浏览系统、通信系统和计算机监控管理系统等组成，能按指令实现仓库内货物的物理活动及信息管理的自动化和智能化。

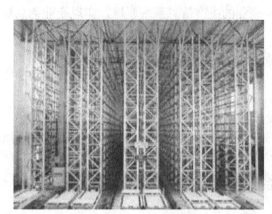

图 5-20　自动化立体仓库

按货架结构来划分，自动化立体仓库可分为整体式和分离式。整体式自动化立体仓库的货架及其主要结构与建筑物的屋顶和墙壁固连为一体，分离式自动化立体仓库的自动化立体仓库独立建在建筑物内。

按用途来划分，自动化立体仓库可分为原材料、零部件、工序间、流通和成品等。

按导轨配置形式来划分，自动化立体仓库可分为直线形、横移型与 U 形等。直线形是指堆垛机沿某一巷道的导轨，行走路线完全是直线；横移型通过横移轨道将数条巷道的平行导轨连接起来，一台堆垛机可在数条巷道中行走；U 形是用弧形导轨将两条巷道的直线导轨连接起来，堆垛机通过弧形导轨可在两条巷道中行走。

按货架单元格来划分，即一个单元格装载几个托盘，可分为单装载单元、双装载单元与多装载单元 3 种。

按使用环境划分，可分为一般立体库、低温立体库（0℃以下）、高温立体库（40℃以上）、防爆立体库与其他立体库等几种。

自动化立体仓库已成为物流配送中心和企业物流不可缺少的仓储技术，越来越受到企业的重视。自动化立体仓库应用范围很广，几乎遍布所有行业，在我国，自动化立体仓库应用的行业主要有机械、冶金、化工、航空航天、电子、医药、食品加工、烟草、印刷、物流配送中心、机场、港口等。

自动化立体仓库的主要优点有以下几个方面。

1）很高的空间利用率。能充分利用仓库的垂直空间，其单位面积存储量远远大于普通的单层仓库（一般是单层仓库的 5～10 倍）。目前，世界上最高的立体仓库可达 50 多米，容量多达 30 万个货位。

2）很强的出入库能力。自动存取全部实现机械化和自动化，运转处理速度快，能节省人力，提高作业效率，降低了操作人员的劳动强度，减少了出错率。

3）快捷方便的仓储管理。可以很方便地做到"先进先出"，并可防止货物自然老化、变质、生锈，也能避免货物的丢失损坏。

4）信息处理及时准确。计算机控制能够准确无误地对各种信息进行存储和管理，减少了货物信息处理过程中的差错，便于随时了解控制库存，提高了生产的应变能力和决策能力。

5）能更好地适应黑暗、低温、有毒等特殊环境的要求。例如，胶片厂把胶片卷轴存放在自动化立体仓库里，在完全黑暗的条件下，通过计算机控制可以实现胶片卷轴的自动出入库。

6）自动化立体仓库的信息系统可以与企业的生产信息系统联网，实现企业信息管理的自动化。

自动化立体仓库的主要缺点有以下几点。

1）由于自动化立体仓库结构较复杂，配套设备较多，所以需要的基建和设备的投资也较大。

2）货架安装精度要求高，工期相应较长。

3）存储货物以托盘为单元，品种有一定限制，不能存放长、大、笨重的货物，以及要求特殊保管条件的货物。

4）自动化立体仓库的堆垛机、自动控制系统技术含量高，维护要求高，因此必须依靠供应商，这就增强了对供应商的依赖性。

11. 案例：正泰集团自动化立体仓库

正泰集团股份有限公司（以下简称"正泰集团"）创建于1984年，业务遍及140多个国家和地区，在全球拥有超过3万名员工，总资产超过650亿元，年销售额突破600亿元，位列中国民营企业100强。在全国低压工业电器行业中，正泰集团首先在国内建立了三级分销网络体系，同时还建立了原材料、零部件供应网络体系。正泰集团通过引进国内外先进设备、自动化生产技术、现代化仓储管理技术等，大大提高了企业技术装备和工艺水平。

（1）立体仓库的功能　正泰集团自动化立体仓库是公司物流系统中的一个重要部分，它在计算机管理系统的指挥下，可高效、合理地储存各种型号的低压电器成品，准确、实时、灵活地向各销售部门提供所需产成品，并可为物资采购、生产调度、计划制订、产销衔接提供准确信息。同时，它还具有节省用地、减轻劳动强度、提高物流效率、降低储运损耗、减少流动资金积压等功能。

（2）立体仓库的作业流程　正泰集团自动化立体仓库占地面积为1600m^2（入库小车通道不占用库房面积），高度近18m，具有3个巷道（6排货架）。作业方式为整盘入库、整盘出库、库外拣选。其基本作业流程如下。

1）入库流程。仓库2、3、4层两端6个入库区各设1台入库终端，每个巷道口各设2个成品入库台。需入库的成品经终端输入产品名称、规格型号和数量，控制系统接收入库数据，按照均匀分配、先下后上、下重上轻、就近入库和ABC分类等原则，由管理系统自动分配一个货位，并提示入库巷道。工作人员可依据提示，将装在标准托盘上的货物由小电瓶车送至该巷道的入库台上。监控机发出堆垛指令，堆垛机将货盘存放于指定货位，同时，在入库机上形成入库单。

库存数据入库处理分为两种类型：一种是需操作员在产品入库之前或入库之后，将入库托盘上的产品的名称（或代码）、型号、规格、数量、入库日期、生产单位等信息在入库客户机上通过人机界面读入；另一种是空盘入库。

2）出库流程。底层两端为成品出库区，中央控制室和终端室各设一台出库终端，在每个巷道口设有一块 LED 显示屏，用于提示本盘货物要送至装配平台的出门号。需出库的成品，经管理系统读入产品名称、规格、型号和数量后，控制系统按照先进先出、就近出库与出库优先等原则，查出满足出库条件且数量相当或略多的货盘，修改相应账目数据，自动地将需出库的各类成品货盘送至各个巷道口的出库台上，经电瓶车将其取出并送至汽车上。同时，出库系统在完成出库作业后，在客户机上形成出库单。

3）回库空盘处理流程。底层出库后的部分空托盘经人工叠盘后，读入空托盘回库作业命令，操作员依据提示，用电瓶车送至底层某个巷道口，堆垛机自动将空托盘送回立体库 2、3、4 层的原入口处，再由各车间将空托盘拉走，形成一定的周转量。

（3）立体仓库的主要设施　立体仓库的主要设施包括以下几个。

1）托盘。所有货物均采用统一规格的标准钢制托盘，以提高互换性，降低备用量。此种托盘既能满足堆垛机和叉车等设备的装卸要求，又可满足在输送机上平衡运行的要求。

2）高层货架。高层货架是采用特制横梁结构的组合式货架。这种货架美观大方，省料实用，且易安装施工，是一种优化的设计结构。

3）巷道式堆垛机。根据立体仓库的特点，堆垛机采用下部支承、下部驱动、双立柱形式的结构。该机在高层货架的巷道内按 X、Y、Z 3 个坐标方向运行，将位于各巷道口入库台的产品存入指定的货格，或将货格内的产品取出运送到巷道口出库台。

该堆垛机的设计与制造严格按照国家标准进行，并对结构强度和刚性进行精密地计算，以保证机构运行平稳、灵活与安全。堆垛机配备有安全运行机构，以杜绝偶发事故。该堆垛机的运行速度为 4～80m/min（变频调速），升降速度为 3m/min 和 16m/min（双速电动机），货叉速度为 2～15m/min（变频调速），通信方式为红外线，供电方式为滑触导线方式。

（4）计算机管理及监控调度系统　计算机管理及监控调度系统不仅对信息流进行管理，同时也对物流进行管理和控制，集信息流与物流为一体。同时，还对立体库所有出入库作业进行最佳分配及登录控制，并对数据进行统计分析，以便对物流实现宏观调控，最大限度地降低库存量及资金占用量，加速资金周转。

在日常存取活动中，尤其是库外拣选作业，难免会出现产品存取差错，因而必须定期进行盘库。盘库处理是通过对每种产品的实际清点来核实库存产品数据的准确性，并及时修正库存账目，达到账物统一。盘库期间，堆垛机将不进行其他类型的作业。在操作时，即对某一巷道的堆垛机发出完全盘库指令，堆垛机按顺序将本巷道内的货物逐次运送到巷道外，产品不下堆垛机，待得到回库命令后，再将本盘货物送回原位并取出下一盘物品，依此类推，直到本巷道所有托盘产品全部盘点完毕，或接收到管理系统下达的盘库暂停的命令后，方可进入正常工作状态。若本巷道未盘库完毕便接收到盘库暂停命令，则待接到新的盘库指令后，继续完成盘库作业。

正泰集团运用高效的供应链和销售链系统，大大降低了物资库存周期，提高了资金的周转速度，减少了物流成本和管理费用。自动化立体仓库作为现代化的物流设施，对提高仓储自动化水平具有重要的作用。

5.3 物料搬运设备

物料搬运作业是物流配送中心的主要作业之一。随着物流事业的发展，根据物流配送中心的实际需要，设计和生产的搬运设备品种繁多，规格齐全，现已达数千种，而且还在不断研制新机种和新机型。常用的搬运设备是以搬运车辆和设施为主，分类方法很多，为了使用和管理方便，可以分为连续式和间歇式两大类，连续式为输送机，而间歇式按其设备特点又可细分为堆垛机、叉车、手推车和自动导引车等搬运系列。

5.3.1 输送机设备

输送机是一种沿固定路线和方向连续不断地搬运物料的设备，是物料搬运的主要设备之一。输送机搬运物料的优点在于承载均匀，作业功率波动小，速度稳定，能连续作业，生产效率高，作业成本低。其缺点是通用性差，输送物料受限制大，物料单品不能太重。决定输送机的主要参数为搬运物料的最大宽度、长度、重量和单位时间的搬运量。

1．带式输送机

带式输送机采用胶带作为牵引构件，胶带为环状，在支架的两端装有带轮，用动力转动一端的带轮，以胶带为牵引构件，靠主动轮带动胶带和其上的物料，达到搬运物料的目的，如图5-21所示。

带式输送机具有输送能力强、输送距离长、费用低和通用性好等特点，适用于散状物料的搬运。

2．辊筒式输送机

辊筒式输送机是利用一系列排列起来的辊筒转动进行物料搬运的输送机，如图5-22所示。辊筒式输送机分为重力式和动力式两种，重力式输送机的特点是重量轻、易搬动、安装方便，对于表面较软的物料，如袋装品，有很好的输送性，同时也可用于塑料筐、桶形物和其他容器的输送；动力式输送机的应用范围广泛，常用于箱装品或托盘品的输送，也可用于油污、潮湿、高温和低温环境的输送。

图 5-21 带式输送机

图 5-22 辊筒式输送机

3．链式输送机

链式输送机是将链条结成环形并作为牵引构件，在其上面安装平板或皿状器物对物料进行搬运，包括板条、槽式、滑链、多斗、悬挂、牵引和埋刮板等结构的输送机，如图 5-23 所示。链式输送机主要适用于输送单元装载，如托盘、料箱和台车等。链式输送机结构简单、容易维护，但速度较慢。

4. 斗式提升机

斗式提升机是连续垂直或大倾角提升物料的输送机械，如图 5-24 所示。它的主要优点是结构比较简单，外形尺寸小，占地面积少，提升高度和输送能力大，有较好的封闭性能，耗用动力小，主要适用于垂直提升物料。

图 5-23　链式输送机　　　　　　　　　图 5-24　斗式提升机

5. 螺旋输送机

螺旋输送机是利用带有螺旋叶片的螺旋轴旋转，由于摩擦力的作用，使物料产生沿螺旋面的相对运动，从而将物料沿轴向向前推进，实现物料的输送。螺旋输送机结构简单，成本较低，尺寸紧凑，占地面积小，工作可靠，维护方便，能实现密封输送，主要输送如粮食、水泥等散状物品。

5.3.2　巷道式堆垛机

巷道式堆垛机通常简称堆垛机，它是由叉车、桥式堆垛机演变而来的，如图 5-25 所示。堆垛机是立体仓库中最重要的搬运设备，是随着立体仓库的出现而发展起来的专用起重机。它的主要功能是在高层货架的巷道内来回穿梭运行，将位于巷道口准备储存的物料存入货格，或者相反，将准备出库的物料从货格取出并运送到巷道口。这种工作条件对堆垛机在结构及性能方面提出了一系列特殊要求。

堆垛机由运行机构、提升机构、装有存取货机构的载货台、机架、电气设备和安全保护装置等部分组成。

按照导轨配置形式，巷道式堆垛机可分为直道型、横移型和 U 形等。按照载荷重量可分为轻型（20～200kg）、中型（250～1000kg）和重型（2.0t 以上）；按照用途的不同可分为单元型、拣选型和单元-拣选型等；按照控制方式可分为手动、半自动和全自动等；按照金属结构的形式可分为单立柱和双立柱两种。

图 5-25 巷道式堆垛机

堆垛机的额定载重量一般为几十千克到几吨,其中 500kg 的使用最多,高度为 6~24m,国内最高可达 40m。它的最大运行速度为标准型 80m/min 和高速型 200m/min,最大提升速度为标准型 20m/min 和高速型 50m/min,最大货叉伸缩速度为标准型 12m/min 和高速型 50m/min。现在,国外堆垛机发展的趋势是:①高速化,目前水平速度可高达 400m/min,垂直速度也可达 100m/min;②自重轻,随着自重减轻,其提升高度将会更高,现已可达 50m;③准确化,其停位精度由 10mm 降到了 3mm;④载重大,载重量已达 5000kg,航空集装箱专用堆垛机已达 16500kg。

堆垛机的优点在于可以方便地为多个巷道服务,适用于单元装载物品的存取,在自动化立体仓库中应用最广。

5.3.3 叉车系列

叉车主要用于举高和搬运货物,一般与托盘配合使用。叉车可以用来码垛和上下货架的垂直作业,又可用于水平搬运。叉车以其机动灵活、性能可靠等特点应用于各种物流场所。叉车主要由动力系统、货叉、升降架、货叉架与安全架等部分组成。

可以通过叉车的技术参数来了解叉车的结构特征和工作性能,叉车的主要技术参数有额定起重量、载荷中心距、最大起升高度、门架倾角、最大行驶速度、最小转弯半径、最小离地间隙、轴距、轮距及直角通道最小宽度等。

1. 按动力方式划分

(1)内燃动力叉车 包括以柴油、汽油、液化石油气为燃料的叉车,如图 5-26 所示。

(2)电动叉车 由蓄电池供给能量,直流电动机驱动,具有体积小、自重轻、操作简单、安全省力和维护方便等特点,如图 5-27 所示。

(3)手动堆高叉车 主要靠人力推拉运行,具有操作简便、操作员不用培训等特点,可分为手摇机械式和手摇液压式两种,如图 5-28 所示。

图 5-26 内燃动力叉车

图 5-27 电动叉车

a)   b)

图 5-28 手动堆高叉车

a）手摇机械式　b）手摇液压式

2. 按操作者姿势划分

（1）步行式叉车　一般堆垛高度 5m 以下，搬运距离在 100m 以内，最大搬运速度可达 5km/h，适用于储存密度高、堆垛高度较低的情况。常用的步行式叉车有无动力式、配重式、跨立式和直达式 4 种形式。图 5-29 所示为步行式无动力叉车（又称托板车）。

（2）坐立式叉车　操作员站在叉车站立板上或坐在驾驶位上进行操作。高提升坐立式叉车的搬运距离长，负载较重，提升高度较高，最高可达 12m。电动式多工作于室内，室外一般用内燃式动力系统。底盘负载能力分为 5 个等级：1000～2000kg，2000～5000kg，5000～8000kg，8000～10000kg，10000kg 以上。图 5-30 所示为内燃高提升叉车。

图 5-29 托板车

图 5-30 内燃高提升叉车

3. 按结构特点划分

（1）平衡重式叉车　平衡重式叉车利用设在车尾的配重底盘来平衡悬挂在前轴上方的负载，功率大、机动性和安全性好，有立式和坐式两种形式。坐式叉车用于长距离搬运，坐式的轴距较立式大，因此负载能力也大；立式的轴距小，在窄道中作业比较灵活方便。坐式平衡重式叉车的负载能力一般为1000～5000kg，立式的一般为1000～2000kg，如图5-31所示。

（2）插腿式叉车　两条臂状的支腿伸向前方，支腿前端装有小直径的车轮，无须平衡配重，整车稳定性好，如图5-32所示。

图5-31　平衡重式叉车

图5-32　插腿式叉车

（3）前移式叉车　前移式叉车是门架（或货叉）可以前后移动的叉车，伸出时可超过底部跨架约600mm，此叉车也叫跨架式叉车。这种叉车在存取货物时，货叉伸出长度超过底部跨架长度，门架后移，使货物重心位于前、后轮之间，运行稳定，动力系统和操作者起到配重作用，行走平稳。前移式叉车具有不需要平衡重，自重轻，稳定性好，负载能力大，降低直角通道宽和直角堆垛宽等特点，适合在车间、仓库内工作，如图5-33所示。

（4）侧叉式叉车　侧叉式叉车门架和货叉面向叉车一侧，位于车体中部，并可横向移动，在不转弯的情况下，具有直接从侧面叉取货物的能力，如图5-34所示。叉车行驶时，货物置于车体平台，整车稳定性好。侧叉式叉车适用于搬运长条形货物，如木条、钢筋等。

图5-33　前移式叉车

图5-34　侧叉式叉车

（5）转叉式叉车　转叉式叉车门架不动而货叉可做旋转和侧移的动作。这种叉车的设计结合了侧叉式与平衡重式叉车的特性，轴距较大，稳定性好，门架宽度较大，刚性好。作业时的基本动作是提升、旋转与侧移。

一般叉车的作业通道可分为宽通道、窄通道和超窄通道3类。宽通道的宽度为3.1～4.5m，适合于配重式叉车；窄通道的宽度为2.1～3.0m，适合于直达式和跨立式叉车；超窄通道的宽度在2.0m以下，适合于转叉式叉车。

总之，随着物流业的迅速发展，开发出了许多叉车系列，以满足物流工作的需要。这里所述各式叉车仅是叉车族中的一部分，在设计搬运设备时，需要根据实际情况通过调查分析加以选择。

5.3.4 手推车

手推车由于轻便灵活，广泛用于仓库、物流配送中心、生产工厂、百货公司、货站、机场及医院。由于一般手推车没有提升能力，所以一般承载能力在500kg以下。

1. 手推车

手推车可分为平板形、单推把形、双推把形、箱形、多层形与两轮形等几种形式，如图5-35所示。

2. 笼车

笼车主要用于配送发货之前的集货。为此，在设计上要求空间大，存放货品多，一般高度为1.7m以上，并可折叠，便于空笼车回送。在制造上要求高强度焊接结构，表面进行镀锌处理，以延长其使用寿命。笼车有栅门式和挂钩式两类，栅门式用于存放体积小、易翻落的物品，挂钩式用于存放体积较大的物品，如图5-36所示。

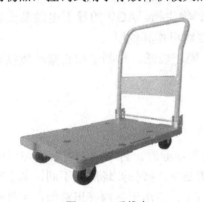

图5-35 手推车

图5-36 笼车

常用物流笼车规格尺寸（长×宽×高）有800mm×600mm×1700mm、850mm×600mm×1700mm、850mm×650mm×1700mm、950mm×800mm×1700mm和1100mm×800mm×1700mm等。

5.3.5 自动导引车

自动导引车（Automated Guided Vehicle，AGV）是指装备有电磁或光学等自动导引装置，能够沿规定的导引路径行驶，具有小车编程与停车选择装置、安全保护以及各种移载功能的运输小车。AGV属于轮式移动机器人（Wheeled Mobile Robot，WMR）的范畴。AGV是现代物流系统的关键装备，其外形如图5-37所示。

图 5-37 AGV 外形

AGV 由车体、蓄电和充电系统、驱动装置、转向装置、精确停车装置、车上控制器、通信装置、信息采样子系统、超声探障保护子系统、移载装置和车体方位计算子系统等组成。

AGV 可十分方便地与其他物流系统，如 AS/RS、各种缓冲站、升降机和机器人等实现自动连接；可实现在搬运路径上对物料的实时跟踪；可对输送进行确认；可按计划输送物料并有执行检查记录；可与生产线和库存管理系统实现在线连接，向物流管理系统提供实时信息。

采用 AGV，由于人工拣选与堆置物料的劳动力减少，且操作人员无须为跟踪物料而进行大量的报表工作，因而可显著提高生产率。另外，非直接劳动力（如物料库存会计员、发货员以及调度员）的工作减少甚至完全取消，可以进一步降低成本。

AGV 运输物料时，系统具有极高的可靠性，很少出现产品或生产设备的损坏，这是因为 AGV 按固定路径行驶，不易与加工设备和其他障碍物碰撞。AGV 的导引电缆是安装在地面之下或其他不构成障碍的地面导引物，其通道必要时可作其他用处。

AGV 的充电和驱动系统耗能少，能量利用率高，噪声极低，对制造和仓储环境没有不良影响，利于节约能源与保护环境。

5.3.6 牵引车

牵引车是牵引一组无动力台车的搬运车辆。牵引车作业时，台车的物料装卸与牵引车的运行可交叉进行，且可牵引一组台车，从而提高物流效率。按作业场所的不同，牵引车可分为室内和室外两种，室内牵引车为实心车轮，直径较小，适用于室内平坦路面；室外牵引车为充气轮胎，直径较大，适用于室外不平道路上的行驶。牵引车具有结构紧凑，操作灵活，行驶平稳，噪声低，操作成本低等特点，适用于物流仓库、机场、车站等。

5.4 拣货分拣设备

随着消费需求的多元化，商品品种的多样化，连锁销售配送中心也日益增多，多品种、多批次的商品拣选作业相应也得到迅速发展。拣选分拣作业是物流配送中心业务量最大、劳动强度最密集、出错率最高的作业。

近年来，根据不同的客户、不同的商品特性、不同的订单类型和不同的拣货量，出现了许多不同类型、不同层次的拣选系统，以适应各种情况的拣选分拣要求。在这里，我们将其分类如下。

5.4.1 一般拣货设备

1. 人至物的拣货设备

人至物拣货是指物品固定，拣选人员到物品所在位置进行拣选作业的工作模式。

存储设备有重型钢架、托盘货架、轻型料架、数位显示货架和移动式货柜等。

搬运设备有物流台车、叉车、拣选车、AGV 和自动控制台车等。

2. 物至人的拣货设备

物至人拣货是指拣选人员拣货位置固定，等待拣货设备将物品搬运到拣货位置进行拣选作业的工作模式。这种拣货设备本身附有动力，其自动化水平较"人至物"的要高。

存储设备有流利式货架、轻型料架、水平旋转式货架、垂直旋转货架、单元负载自动仓库、梭车式自动仓库等。

搬运设备有拣选台车、电动拣选叉车、搬运梭车、各种输送机和堆垛机等。

5.4.2 拣货系统

在进行人工、机械或自动拣货作业时，大多都要借助计算机辅助拣货系统（Computer Aided Picking System，CAPS），此系统包括数据采集装置、有线数据传输装置、无线发射器、转接器、无线接收器、存取数据显示器与计算机等设备。

电子标签拣货系统为有线数字传输显示拣选系统，是计算机辅助拣货系统最常用的方式之一。仓库拣选作业是通过安装在货架上的电子标签显示器所显示的拣货信息，向拣选作业人员及时、明确地下达向货架内补货（入库）和取货（出库）的指示，具有加快拣货速度、降低拣货出错率、免除表单作业等优点。

RF 拣货系统是无线数字传输显示拣货系统，与电子标签拣货系统的功能相同。当输入、输出端（操作者或作业设备）没有固定的位置，在一定的区域（如仓库、车间）内随机变动时，为传递拣货数据信息，可采用无线网实时进行信息的传递和管理。

语音拣选系统是将语音识别、语音合成整合运用，使得现场作业人员与信息管理系统形成一种语言沟通接口与作业模式。在语音识别拣货系统环境中，拣货人员接收耳机中的系统指令去执行拣货工作，完成后再经由麦克风口头向系统回报确认。语音拣货系统造就了仓库管理系统最大的实时性，让作业人员无须持单作业与记录，可专注作业，减少意外发生，大大提升了拣货的正确率与工作效率。

5.4.3 自动分拣系统

自动分拣系统是将随机的、不同类别的、不同去向的物品，按要求（如按物品类别或按配送目的地）自动进行分类的一种物品分类和搬运系统。在物流配送中心，拣选分拣是物流作业的难点，过去多以人工操作为主。随着分拣量的日益提高、下游配送点的增多和对服务质量更进一步的要求，人工分拣已难以满足多品种、小量化、多批次的配送要求，自动分拣系统应运而生，并已成为发达国家大中型物流配送中心不可缺少的一部分，在我国也已取得越来越多物流业者的认同，正在得到更加广泛的应用。

目前大型自动分拣系统可包括几十个到几百个分拣机，分拣能力每小时几乎接近两万件。它具有不受气候、时间和人力影响，可连续大量地分拣物品，分拣准确、迅速，基本实现无人化操作等优点；缺点是系统设备复杂，投资和运营成本高，需要计算机信息系统等配套设施和外部条件与之相适应。

自动分拣系统一般由输送装置、分拣装置、分拣道口、控制装置和计算机信息系统所组成。

输送装置主要组成部分是输送机，其作用是通过输送机的输送带把待分拣的物品依次通过控制装置、分拣装置，并使分拣好的物品及时滑下主输送带。输送带有直线形、环形（多数为45°，也有30°和90°配置的）两种形式。

分拣装置是自动分拣机的核心，其作用是根据控制装置发出的分拣指令，实现相应动作，改变待拣物品的运动方向以进入分拣道口。分拣装置的形式有滑块型、浮出型、推出型、倾翻型与挡板型等。

分拣道口是尽快使分拣物品脱离主输送带，进入集货区域，并避免与下一货物相碰撞的装置。分拣道口的滑道通常由钢带、输送带或滚筒等组成。

控制装置是根据计算机传输的分拣物品信息，对分拣机上的物品进行分拣控制的装置。其控制方法有磁气记忆法与脉冲发信式两种。

计算机控制系统是把物品的分拣信号传送到控制装置和分拣道口，并通过网络将分拣系统连接在一起，与人工控制和人工处理环节构成完整的分拣系统。

按照分拣装置的不同，自动分拣系统可分为以下几种形式。

1. 滑块型

滑块型分拣机是通过条板输送机和装在条板上的滑块在条板上左右滑动来进行商品分拣的。滑块下部用销子与条板下的导向杆连接，通过计算机控制。滑块型分拣机可适应不同大小、重量、形状的各种不同商品；分拣时轻柔、准确、速度高；可向左、右两侧分拣，分拣道口多，占地空间小；分拣时所需商品间隙小，分拣能力高达18000件/h；机身最长可达110m，如图5-38所示。

2. 浮出型

浮出型分拣机是将物品从输送机上托起，并引导出主输送机的分拣设备。按分离方向来分，可分为直角式和斜角式（一般是30°～45°）；按分拣装置分，有胶带式和辊筒式。

胶带式分拣机由辊筒主输送机和安装在辊筒下方横向的窄条带式输送机组成，当物品移动到分拣位置时，转动输送带，完成把商品分拣送出的任务。胶带式分拣机适用于分拣各类小件商品，如食品、化妆品、衣物等，分拣道口多，可左右两侧分拣，分拣能力一般可达6000～7700件/h。大型胶带式分拣系统一般应用于机场行李分拣和安检。

辊筒式分拣机由辊筒或链条主输送机和安装在主输送机下方的有动力斜向辊筒组成。当物品移到分拣位置时，斜向辊筒浮起，将物品移出主输送机，达到分拣商品的目的。辊筒式分拣机对商品冲击力小，分拣轻柔，分拣快速准确，分拣道口数量多，适应于各类硬纸箱、塑料箱等平底面物品，如图5-39所示。

第 5 章　物流配送中心的设备规划

图 5-38　滑块型分拣机

图 5-39　辊筒式分拣机

3. 推出型

推出型分拣机由主输送机和附在主输送机上的侧推装置组成。当物品到达分拣位置时，汽缸侧推机构直接推挡物品，强制物品离开主输送机进入分流输送线。推出型分拣机装置简单，价格不高，分拣精确可靠，但物品包装必须结实，底面要平。推出型分拣机分拣速度不高，一般为 1000～1200 件/h。

4. 倾翻型

倾翻型分拣机分为倾斜式和翻盘式两种。倾斜式将被分拣的物品放置在与输送机一起运行的条板上，到达分拣口时，条板一端升起，使条板倾斜将物品移离输送机。翻盘式分拣机由一系列盘子或台车组成，盘子为铰接结构，到达分拣口时，盘子倾斜，将物品翻倒在旁边的道口中。倾翻型分拣机可立体布局，适用于大批量产品的分拣，如报纸捆、米袋等。并具有可靠耐用和易维修保养等特点，如图 5-40 所示。

5. 挡板型

挡板型分拣机是将被分拣的物品放置在沿轨道运行的钢带式或链板式输送机上，转动挡板使物品沿挡板杆斜面滑到指定位置，以达到分拣物品的目的。挡板一般安装在输送机两侧，只接触物品不接触输送机平面，挡板本身有直线形和曲线型两种。挡板型分拣机具有结构简单、价格较低等特点，如图 5-41 所示。

图 5-40　倾翻型分拣机

图 5-41　挡板型分拣机

5.4.4　分拣机器人

分拣机器人是一种具备了传感器、物镜和电子光学系统的机器人，可以快速进行货物分拣,如图 5-42 所示。

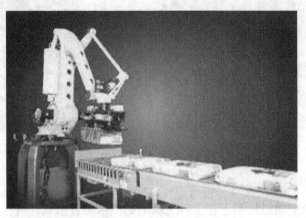

图 5-42　分拣机器人

5.5　辅助作业设备

5.5.1　流通加工设备

随着物流配送中心服务项目的多元化和客户要求的多样化,物流配送中心进行二次包装、裹包和贴标签等加工作业也日益增加。加之国际货运使得口岸转运后再分装和简易加工的业务越来越多,从而使流通加工的作业范围更为广泛,要求更为精细。

流通加工设备根据其实现的功能不同可分为包装设备、计量设备、分割设备、组装设备、冷冻设备、金属加工设备、木材加工设备与搅拌混合设备等。包装设备有填充机、装箱机、液体灌装机、裹包机、拆箱机、封口机、装盒机、捆扎机、标签机、码垛机等,外包装配合设备有订箱机和打带机等,印贴标签条码设备有钢印设备、喷印设备和条码列印机等,计量设备有称重机和地磅等。图 5-43～图 5-46 为常用的物流流通加工设备。

图 5-43　码垛设备

图 5-44　包装机

图 5-45 拆箱机

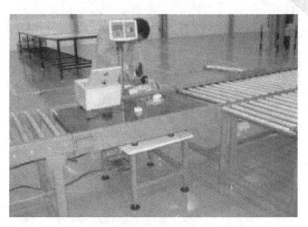
图 5-46 流水线称重设备

5.5.2 物流配合设备

物流配合设备包括物流整理设施、楼层流通设备、装卸货平台、装卸载设施、容器暂存设施和废料处理设施等,根据物流配送中心实际需要来选定。

物流整理设施是对物流作业所需工具进行整理所需的设施,以便使物料保管整齐和存取方便,包括工具车、工作台、零件盒、整理架、周转箱、线棒和工具柜等设施,如图 5-47 所示。

图 5-47 物流整理设施

楼层流通设施:如电梯、楼梯和升降机等。
装卸货平台:可分为直线式、锯齿式和垂直锯齿式等类型。
装卸载设施:如液压升降台、伸缩式输送带、起重机和无动力滚轮等设施,如图 5-48 所示。
叠卸栈设施:如辅助物品升降装置、叠栈机、卸栈机等设施,如图 5-49 所示。
容器暂存设施:如轻型料架、重型料架和就地堆叠等设施。
废料处理设施:如废料处理机、裁纸机和废料储存槽等设施。

图 5-48 液压升降台

图 5-49 固定升降装置

5.5.3 辅助作业设备

在物流配送中心的运营过程中，除了需要主要的物流设备之外，还需要辅助作业区域的配合。物流配送中心内主要的周边设施如下。

1. 办公设施

包括办公桌椅、文字处理设施（如复印机、装订机、裁纸机和碎纸机等）、会议设施（如投影仪、幻灯机等）、通信设施（如电话机和传真机等）和文件保管设施（如轻型移动文件柜、玻璃书柜和文具盒等）。

2. 计算机设施

包括主机、打印机、网络设施和监控设施等。

3. 服务设施

包括卫生间、休息室、娱乐室、医务室、驾驶员休息室、餐厅等。

4. 室外设施

包括停车场、草坪、花圃、路灯、假山、人工水面和企业标识物等。

5.6 物流设备的设计与配置

物流设备是物流系统中的物质基础，是现代物流的主要作业工具，是合理组织批量生产和机械化流水作业的前提条件，体现着企业的物流能力大小。物流设备的设计配置主要以功能需求、选用型号和所需数量等内容为主。

5.6.1 进货系统

进货作业首先考虑货态要素，主要考虑所进货物是托盘品、箱装品（货车散装品）、袋装品还是简易包装品；第二要考虑进货品的外形、尺寸和重量，以便决定接收货物的方式和设备；第三要考虑接收货物后的工作，如暂时存放、托盘化。根据这些作业性质决定使用的设备有叉车、输送机（托盘输送机、箱用输送机）、垂直搬运机、手推车和自动导引车等。

1. 托盘品

配置设备为叉车或 AGV，也可选用叉车与托盘输送机配合作业，收货后的作业：如进货量大，则选择自动化立体仓库储存；如进货量不大，则选择托盘货架储存；如直接出库，则在拣选区直接堆放。

2. 箱装品

进货量大，选用的设备为码垛机和叉车或 AGV，收货后的作业为自动化立体仓库储存或托盘货架储存。如直接出库，则在拣选区直接堆放。

进货量中，选用的设备为箱用输送机，收货后的作业为箱货架或流利货架储存。

进货量小，选用的设备为手推台车，收货后的作业为箱货架储存。

3. 袋装品和简易包装品

进货量大，选用的设备为箱式托盘，装箱后按托盘品作业。

进货量小，选用的设备为手推车，其收货后的作业为轻型货架储存。

5.6.2 储存系统

储存系统设备配置就是选择合适的货架类别和型号，即以经济高效为原则，综合分析货态属性、出入库频率、出入库数量、保管要求和储存方式等因素，由此来确定最适合的货架类别、型号与数量。

1. 物品特性

物品的外形、尺寸、重量和包装形态等物理性质直接影响货架规格的选择，要准确分析这些物理性质，判断哪个是无法变通的控制因素，进而结合货架的特征选择配置。如悬臂式货架适合存放长大件物品；移动货架适用于存放库存品种多、出入库频率较低的物品；流利式货架特别适合于同品种、大批量、短时间存取的货物。

2. 出入库情况

出入库情况包括出入库频率和出入库数量，货架选型要考虑出入库情况。一般来讲，存取方便性与储存密度通常是相悖的，能较好解决存取方便性与储存密度矛盾的是流利式货架，但其投资成本较大、日常维护要求高。

3. 与装卸搬运相匹配

由于在货架上存取物品是由装卸搬运设备完成的，所以货架选型一定要和与之配套的装卸搬运设备一并考虑。

4. 货态属性

（1）托盘　出库频率高、保管量较大，其保管形式可选用自动化立体仓库，堆垛机台数与货位平衡是系统平衡的重点。

出库频率高、保管量中，选用流利式货架储存；保管量小，选用输送线暂存。

出库频率中，其保管标准为自动化立体仓库或托盘货架。

出库频率低，其保管标准为托盘货架或地面直接堆放。

（2）箱保管　保管量大，其保管标准为箱货架或托盘保管；保管量小，其保管标准为箱货架，出库频率高，可在拣选区暂存；出库频率高、保管量较大，其保管标准为流利式箱货架。

（3）袋装　大多被装入托盘保管，单体保管较少。

5.6.3 拣选系统

拣选作业可分为订单拣选和批次拣选两种拣货方式。所谓订单拣选是通过拣货车巡回于储存场所，按每个订单挑选出所需物品。批次拣选，也称为集合拣选，就是在订货截止时间将一天中收到并等待处理的一批订单按同种商品汇总起来，从储存货位取出，按一批或分批方式进行拣选，然后再进行分拣作业。

订单拣选的优点在于作业方法单一，订单前置处理时间短；作业人员责任明确，派工容易；拣货后无须进行分拣作业。缺点在于当拣货品项数多时，拣选行走路线过长，拣货效率降低；还有就是拣选区域大时，搬运系统设计难度较大。因此，订单拣选方式仅适用于数量大、品项少的订单处理。

批次拣选的优点在于可缩短拣货时的行走搬运距离，增加单位时间的拣货量；对于批量小、批次多的配送，批次拣选效率尤为明显。缺点在于对于订单不能做出及时响应，因为必须等订单到了一定量或到了一定时间时，才能进行订单处理；同时，批次拣选完毕，还必须进行分拣作业。因此，批次拣选特别适合于订单数量庞大的现代物流系统的拣选作业。

究竟采用订单拣选还是批次拣选，这主要决定于实际需要的作业效率，即单位时间处理的订单数和物品品项数，甚至可根据两种方式的不同适用范围，有机地将两者结合混用。例如，在物流配送中心的销售旺季，订单量大，可主要采用批次拣选方式；然而，在销售淡季，由于订单量不大，适宜采用单一订单拣选方式。

拣选设备包括一般拣货设备与计算机辅助拣选设备。一般来说，拣选设备选用除与拣货方式有关外，还和库存区与拣货区的相互关系有关。一种情况是拣货区和库存区分区存放，拣货时物品由库存区补货到拣货区；另一种情况是拣货区和库存区规划在同一个区，但以分层方式处理；还有一种情况是不设置拣货区，直接在储位上拣货。对于不同的拣货要求，所需要的拣货区保管设备和拣货台车等搬运设备，因按订单拣取和批次拣取而有差异，要进行综合分析后确定。

拣选系统设备选用考虑的因素主要有拣选物品的品项数、体积、重量、批量大小和发货频率等因素。

对于小体积、小批量、重量轻、发货频率不高的物品，可选用轻型料架储存，人工方式拣取，物流台车配合。

对于多品种、小批量、发货频率高的物品，可选用旋转货架储存拣取，搬运设备选用搬运台车或拣选梭车。

对于体积大、重量大的物品,若发货频率低,宜选用升降叉车等搬运机械辅助作业。若发货频率较高,宜选用计算机辅助拣货系统。

对于发货频率很高的物品,一般选用自动拣货系统。

5.6.4 分拣系统

分拣作业是批次拣选条件下拣选工作的后续作业。影响分拣作业系统的有货态、单位时间的分拣量(件/h)、分拣方式和分拣条件等因素。设备选用要通过对各种因素进行综合分析,然后确定分拣作业系统。

1. 符合货态特性

待分拣的物品货态可能有箱装、袋装、长尺寸和散装物品,对于不同货态的物品,分拣方法与分拣手段是不一样的。要根据所分拣物品的物理、化学性质,主要考虑外部形状、重量、包装、易损性、腐蚀性等基本特性来选择分拣设备。如浮出型分拣设备只能分拣包装质量较高的纸箱和塑料箱;输送带浮出式分拣设备适用于输送带输送的小件物品;推出型分拣设备要求物品包装必须结实,底面一定要平整。

2. 满足分拣条件

主要是分拣道口与集货个数。分拣道口是决定分拣能力的重要因素,集货个数对集货暂存能力有较大影响。所谓集货个数,就是在某一批次的分拣中,对于按订单发货,为配送的客户数;对于按路线发货,为发货的方面数;对于按物品品项发货,为发货物品种类数。

3. 合理选择分拣方式

可分为人工分拣、机械分拣和自动分拣 3 种方式。

人工分拣主要靠人力搬运,或利用简单器具和手推车等,这种分拣劳动强度大,分拣效率低,一般用于零星或特殊物品分拣。

机械分拣以输送机为主要输送工具,人工配合拣选。这种分拣投资不多,可减轻劳动强度,提高分拣效率,一般适用于批量不大、品种复杂的物品分拣。

自动分拣主要适用于量大、速度要求高的物品分拣。

4. 适应分拣量要求

对于不同的分拣量要求,分拣系统的作业方式与配置设备参考如下。

1)分拣量小于 1000 件/h,分拣系统作业方式为机械分拣,人工从输送机上取下,并搬运到指定集货位置的托盘上。

2)分拣量在 1000~2000 件/h 之间,货态为箱,包装结实,分拣系统选用推出型分拣机,直角分离;挡板型分拣机对包装要求不是很高,也可选用。

3)分拣量在 2000~3000 件/h 之间,货态为箱、袋,分拣系统选用滑块型分拣机或低速倾斜型自动分拣;货态为箱,平底,选用辊筒式上浮分拣机。

4)分拣量在 3000~5000 件/h 之间,货态为箱,分拣系统选用辊筒式上浮分拣;货态为箱、袋,分拣系统选用标准倾翻型自动分拣。

5)分拣量在 5000~7000 件/h 之间,集货个数在 10 个以上,货态为箱,分拣系统可选用倾翻型或滑块型自动分拣。

6) 分拣量大于 7 000 件 /h，货态为箱，分拣系统选用高速滑块型或倾翻型自动分拣。

5.7 设备清单与作业详细流程

按照物流配送中心的实际情况，应写出各大类设备清单，其目的在于确认各工序所需各种设备的台数和套数。物流配送中心规划设计进行到此，我们就可以绘制其作业流程详图了，图 5-50 所示为某物流配送中心作业流程详图。

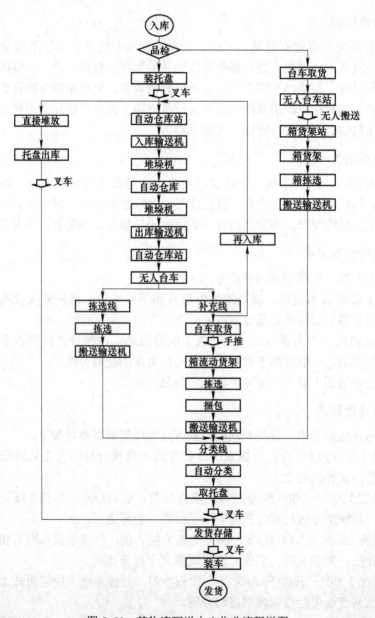

图 5-50 某物流配送中心作业流程详图

5.8 某制药企业自动化物流中心的内部设计

5.8.1 概况

某制药企业创建于陕甘宁边区，是具有80余年历史的老制药企业。近十多年来，随着企业的迅速发展，原有的物流和仓储系统已不能满足现代物流的要求，必须建立一个集物流、信息流和资金流于一体的自动化物流中心，从而降低物流成本，提高企业综合效益。

1. 原来库存系统状况

原有仓库数量多，条块分割严重，占地面积大，存储量小，运作效率低，耗费人力，具体存在以下问题。

1）库房种类多、布局分散、管理部门重叠，全局管理难度较大。例如，库房种类有成品库、原材料库，而成品库又分片剂、粉剂和针剂等，原材料库又分为原料成品、内外包装材料和标签类等不同的库房。这样的储存模式造成了运作效率低、资源和人力浪费等问题。

2）库房管理采用传统的手工计账方式，不能及时和动态地反映库存信息，使经营决策者在决策时有一定的困难。

3）仓库作业采用人工方式，出入库效率低、时间长，不能满足该企业迅速发展的要求。

4）原有的库房设施不能使药品这一特殊商品实现先进先出的原则。

5）原有库房的库存量大，占用流动资金多，不利于企业的发展。

综上所述，建立一个现代化的自动化物流中心势在必行。

2. 仓库位置和面积

新建的自动化物流中心位于厂区东北角，库区面积为95m×42m=3990m^2。

3. 保管药品种类和规格

1）品种规格。共100个品种，129个规格。其中，片剂（包括颗粒剂、胶囊）品种64个，规格83个；针剂（包括粉剂）品种36个，规格46个。

2）常年生产的品种72个，规格87个。其中，片剂品种47个，规格58个；针剂品种25个，规格29个。

3）一个月中生产的品种规格23个，其中片剂12个，针剂11个。

4. 货态

1）日入出库量。日入库量：最多11925箱，最少5364箱；日出库量：最多8349箱，最少413箱。

2）重量。每箱重量：最大30kg，最小11kg，数量最多的品种每箱16.8kg。

3）外包装箱规格。片剂用外包装箱规格：最大690mm×415mm×277mm，最小315mm×205mm×140mm；针剂用外包装箱规格：最大625mm×415mm×270mm，最小475mm×225mm×180mm。

5.8.2 参数设计

该制药企业库存品种繁多，数量巨大，尺寸规格不尽相同。包装形式有箱、桶与袋等，尺寸规格有 120 多种。出入库作业以批次作业为主，拣选作业较少。根据这些特点选用 T-1000 型托盘、有轨巷道式高层自动化立体仓库。

1. 确定单元负载

设计自动化立体仓库最重要的一个环节是确定单元负载尺寸，这是设计自动化立体仓库的基础。确定单元负载尺寸的基础首先是确定入库品的尺寸，根据入库品的规格尺寸进行排序，选出尺寸相近且占入库品体积百分比最大的几种物品，以此为依据设计托盘尺寸。此外，考虑到托盘的力学性能及价格，最后确定单元负载尺寸为

$$W \times L \times H = 1400mm \times 1100mm \times 1400mm$$

托盘尺寸为

$$W \times L \times H = 1400mm \times 1100mm \times 150mm$$

单元货格有效容积为

$$W \times L \times H = 1400mm \times 1100mm \times 1250mm$$

2. 立体仓库的主要参数

库房占地面积：$95m \times 42m = 3990m^2$

采用 5 巷道 9 层 50 列，每巷道 2 排，总货位数为 ($50 \times 9 \times 5 \times 2$) 个 =4500 个

3. 主要设备

自动堆垛机 5 台。

链式输送机（含工作台）20 台。

搬运台车 5 台。

计算机终端 8 台。

4. 进出货能力

每台堆垛机的平均复合存取能力（处理复合进出货所需时间）为 134.1s。复合存取是堆垛机把托盘运入、放进货格之后不出仓库，然后到另一货格把需出库货物运出。5 台堆垛机的复合存取能力为

$$134.1s \div 5 = 26.82s$$

每天按 8h 工作制考虑，整个系统（5 台堆垛机）的复合能力为

$$3600s \times 8 \div 26.82s \approx 1073 次$$

因此，一个工作日进出货总数为 2×1073 次 =2146 次。

5. 仓库结构特点

整个货架区为全封闭式，入库和出库作业区分开，入库品在入库前为整理和除尘等工序留有足够的空间。在货架区前面留有 15m×26m 的场地，作为货物的拣选区和入库前、出库后的暂存区，也为将来发展自动水平旋转库留有余地。

本系统由计算机统一管理，存放的货物既可以归类存放在某一巷道的货格中，又可分散存放在其他巷道的货格中，这样可适应某些物品紧急入出库的需要，而不影响整个系统作业。

5.8.3 系统设计

本系统采用计算机对药品和原材料进行在库管理、储位管理、自动化立体仓库的入出库管理和输送机的控制。

1. 系统管理范围

系统管理范围如图 5-51 所示，货品由入库开始到出库为止。

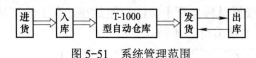

图 5-51 系统管理范围

2. 系统基本功能

本系统以托盘为单位，对在库品进行管理。

（1）储位管理方式（托盘与货架关系） 采用自由储位管理方式，即寻找货架的空货位的位置，使托盘高效率入库。

（2）分配管理方式（物品与托盘的关系） 当托盘上的物品全部被取走时，物品与托盘之间的关系被解除。若其他新物品放入托盘，则重新建立起物品与托盘的新关系。

（3）混载管理 混载管理是指在一个储位里可以放入多个不同物品。这个系统最多可放 8 种物品。

（4）多储位管理 本系统可对同一物品，分别用多个储位进行管理。

（5）空托盘管理 本系统能够存放空托盘，对空托盘进行科学管理。

（6）出库顺序 完全按先进先出原则进行出库管理。

5.8.4 运转系统

1. 基本方针

（1）自由货位和区域管理系统的采用 为了满足产品和原材料的出库频率，把自动化立体仓库分成了 3 个区域来管理药品，在各区域内以自由货位的方式进行保管。

（2）自动化立体仓库之外的在库管理 自动化立体仓库的原则是以托盘为单位进行出库，为此，可能出现不足一个托盘的"多余药品"。在此情况下，把"多余药品"暂时放在自动化立体仓库之外的货架上进行保管，必要时可再入库，所以，计算机必须掌握"多余药品"的库存信息。

（3）出库原则是先进先出 自动化立体仓库之外的"多余药品"和货格内的药品都必须按先进先出的原则进行出库。

（4）管理系统 要求自动化物流管理中心的计算机能做各种账票，查询有关信息，管理精度高，具备盘点库存的各种程序。

（5）控制水平阶层化 这样即使出现故障，也能进行入出库作业。全部运转包括在线运转、自动运转和手动运转 3 部分。在线运转，就是在计算机控制下可实现正常运转和备用运转。正常运转是指全部机器正常工作时的运转方法。备用运转是当入库传送带的部分机器出现故障时启用的运转方法。自动运转是指当计算机发生故障时启用的运转方式，这时是在堆垛机面板控制盘上进行操作，利用这种方法出库时，在返回在线运转之前，必须对计算机的各种文件进行修正。手动运转是在堆垛机或传送带发生故障时选用的运转方式。这时分别通过堆垛机和传送带的手动操作箱来进行操作。

2. 入库作业

1）由叉车提供空托盘。

2）将制品或原材料放在托盘上。

3）将记载了制品号或原材料号及个数的标签贴在托盘上的制品或原材料上，在这种情况下，一个托盘上的混载物最多可达 4 种。

4）叉车把"入库准备完了"的托盘放在输入传送带上。

5）叉车离开传送带，托盘开始向货态检测部的方向自动移动。

6）在货态检测部对单元载荷进行货态检查，货态最大尺寸为宽 1100mm，深 1400mm，高 1400mm。然后读取贴在托盘侧面上的票据数据，托盘停于"入库设定位置"。如果是空托盘，则在入库主线上自动合流。

7）货态尺寸超过规定值或读取托盘侧面上的票据数值发生异常时，操作箱的红色信号灯闪烁，报警器鸣响，同时解除异常按钮也亮起来。

此时，如果按下解除异常按钮，发生异常的托盘前进，自动向入库主线合流，被送入剔出线。向入库主线合流后，异常解除按钮熄灯。送到剔出线上的托盘，当异常原因除去后，用叉车再把它送到传送带上。

8）将放在制品或原材料上的标签收集起来，通过入库终端，输入"入库/再入库数据"。入库/再入库数据是制品号或原材料号、制造号和数量，一个托盘最多可输入 4 种品种。此时，计算机进行托盘号数据与制品或原材料号的连接处理。

入库/再入库数据设定结束后，当确定托盘几号机入库后向入库主线合流，达到指定的某号机时被自动搬运。

9）当理论在库数与输入数量有差别时，在入库主动线合流后，物品被送到剔出线。如果理论在库数与输入数量一致时，则正常运行。

10）当一个托盘从货态检测部移出时，下一个托盘就进入接受检测。

11）自动搬运到入库主线的托盘，将自动转到指定的某号机的入库通道传送带上。在同一入库通道传送带上可保存 2 个托盘。在入库站的托盘进入货格完了后，后续的托盘将被自动送到入库站。

12）在入库站设有条码阅读器，能读出托盘侧面的托盘号。这个条码阅读器与堆垛机地面控制盘相连接，读取的托盘号被送到群管理控制盘中，若发生不良读取时，则送出空数据。

13）托盘到达入库站后，等待进入货格。

14）群管理控制盘把从堆垛机地面控制盘送来的托盘号作为入库数据，传输给计算机。

15）计算机根据托盘上制品与原材料的出库顺序查选该货区的空货格，并向群管理控制器发出入库指令。

16）群管理控制盘接到来自物流管理计算机的进入货位的指令后，向堆垛机的控制盘发出托盘入库指令（托盘在入库站待命）。

17）堆垛机把托盘送入指定货位。当托盘进入货位后，把"完了数据"传送到群管理控制盘。

18）群管理控制盘把进入货位完了数据传输给物流管理计算机。

19）物流管理计算机接收到上述进入货位完了数据后，修改在库文件和相应其他文件，自动计入库存文件中。

3. 出库作业

1）收到订单数据。

2）在办公室通过计算机终端整理订单，确定出库计划。按先进先出原则对在库和出库的货位进行查询处理，并打印出库指示一览表和发货明细表。

3）根据订单，编制出库顺序计划，制作出库计划文件，并按机号打印出应取货的货位一览表。发货记录票上记载机号、托盘号、订单号、制品和数量等数据。

4）通过办公室计算机终端，按照出库计划文件，计算机向群管理控制盘发出出库指令。

5）群管理控制盘对堆垛机地面控制盘发出出库指令。

6）堆垛机从指定的货位取出托盘，并搬运到移动台车上。

7）移动台车自动行走，此时出库终端显示订单号和其他有关项目，订单号用大号字体显示出来。

8）叉车驾驶员根据发货记录票和终端显示订单号，把托盘从移动台车上取下，送到指定的发货口；搬运完毕后，将出库记录票附在托盘上。

当叉车的货叉刚离开移动台车时，通过传感器知道移动台车上的托盘被取走，此时，移动台车自动回到入出库站，并在指定位置待命，等待堆垛机搬运来的托盘。

9）发货口待命驾驶员根据发货明细表和发货记录单，按指示数量从托盘上把制品或原材料取出，并装入货车的车厢中。

10）叉车驾驶员把拣货完毕的托盘送到下一个订单拣货的发货口。如果没有后续订单拣货，则把托盘送到指定区域待命入库。

4. 备用运转

如前所述，备用运转是在入库主线的机器发生故障时采用的措施。备用运转的入库设定按正常运转方式操作。但是，入库设定的托盘被送到剔出线上。

1）在传送带控制盘面上，选择备用运转方式。

2）移动台车自动待命。

3）叉车将从剔出线运来的托盘放在移动台车上。

4）当叉车货叉一离开，通过传感器作用，移动台车自动到入出库位置，并由条码识别器读出托盘号。

5）地面控制盘把同一组数据传输给群管理控制盘。

6）群管理控制盘把同一组数据作为入库要求的数据传给物流管理计算机。

7）物流管理计算机根据入库要求数据进行入库设定处理，并按托盘上制品或原材料的出库顺序查询空货位后，向群管理控制盘发出入库指令。

8）入库指令被拒绝或条码阅读器不良时，移动台车将自动返回待命，异常灯亮，并异常报警。此时，叉车把移动台车上的托盘取下，排除异常原因。

9）堆垛机地面控制盘接受到来自群管理控制盘的入库指令后，堆垛机把托盘放入货位中。其余处理，按正常运转进行。

第6章 物流配送中心的区域设施设计

在对物流配送中心各区域的功能、能力以及使用设备设施进行规划设计后,下一步需要做的工作就是各区域的空间设计。由于各区域的作业性质不同,对作业空间的要求标准也不相同。在进行区域的空间设计时,除了考虑所选设备设施的基本使用面积外,还要考虑人员作业空间、物料储存空间和通道面积,同时,又要结合物流配送中心的实际和未来发展,预留扩充空间。

6.1 作业区通道设计

通道是指在物流配送中心厂房内,供人员行走、设备通行和物流作业所使用的道路。通道对于仓库的合理利用、仓库内的空间分割、搬运装卸作业效率以及物流成本都有着极大的影响。通道设计主要包括通道设置与通道宽度计算两项内容,同时还要为正确的物品存取、装卸货设备进出路径、消防安全以及人性化服务提供必要的空间。通道设计的目的就是以保证物流作业效率为前提,使通道的布局更合理,空间更经济。

6.1.1 设计原则

良好的通道设计应该遵循以下几个原则:

1. 流向原则

在厂房通道内,人员与物品的移动方向要形成固定的流通线。

2. 交通互利原则

各类通道不能相互干扰,如电梯是楼层间的主要交通工具,楼层间的电梯位置不能妨碍主要通道的通行。

3. 安全原则

通道应随时保持通畅,遇到紧急情况时,便于人员的撤离和逃生。

4. 空间经济原则

以功能与流量为依据,提高空间利用率,使通道的效益最大化。如设计为单向还是双向通行通道,主要依据就是物流量的大小。对于物品周转量大、收发较频繁的情况,其通道应按双向通行设计,反之,按单向通行设计。

通道有效占地面积的比率越低,仓储效率就越高。一般来说,大厂房在通道设计方面可实现空间经济性。比如,在一个6m宽的小厂房内,至少应有一条1.2~2m的通道,通道面积约占有效占地面积的 25%～30%；而一个 120m 宽的大规模厂房，即使设计两条各宽 3.6m 的通道，通道面积也仅占有效占地面积的 6%，若再加上一些次要通道，通道面积也只占有效占地面积的 10%～12% 左右。

6.1.2 通道种类

物流配送中心的通道类型主要包括以下几种。

（1）主要通道　主要通道也称为中枢通道，沿仓库的长度方向，是连接厂房进出口的通道，道路最宽，允许双向通行。

（2）辅助通道　辅助通道沿仓库的宽度方向，一般与主要通道垂直或平行，是连接主要通道和各作业区的通道。

（3）员工通道　员工通道为员工进出特殊区域的人行道。

（4）电梯通道　电梯通道为出入电梯所需要的通道，不应受其他通道的妨碍，一般距主要通道 3～4.5m。

（5）服务通道　服务通道是为员工提供服务、方便生活的通道。

（6）消防通道　消防通道为公共设施、防火设备或紧急逃生所需要的进出通道。

6.1.3 通道布置

通道布置即为通道位置设计，就一般物流配送中心的作业特性而言，采用中枢通道，即主要通道穿过厂房中央，可能更为适宜。这样既可以有效地利用空间，同时又便于兼顾储存区到进出口的距离最短，行列空间、柱子间隔、服务区与设备的位置设置适宜，电梯、斜道位置以及出入的方便性等。

对于不同的功能区，因作业性质不同，其通道布置也采用不同的比例。

进行通道设计的顺序是：首先设计主要通道和出入厂门的位置，然后设计作业区间的辅助通道，最后设计其他通道。

6.1.4 通道宽度

关于通道宽度，根据不同通道类型和作业要求、人员行走速度、单位时间通行人数、搬运设备及物品尺寸等因素而定。

1. 主要通道

沿仓库纵向贯通，以直线或尽可能少的折线来连接出入口，提供叉车、手推车和人员双向通行，一般宽度为 3.5～6m。

2. 辅助通道

一般沿仓库横向，与主要通道垂直，以叉车通行为主，人员通行为辅。

影响叉车通道宽度的因素有叉车规格尺寸、托盘规格尺寸等。对于不同的叉车生产厂家，所生产叉车的规格、尺寸、型号也略有差异，在设计时，要根据所选厂家的叉车产品，进行具体的实际计算。

这里以最大载荷为 500～3000kg 的叉车为研究对象,来设计叉车通道宽度。设计时,余量尺寸以下列数据为参考。

叉车侧面余量尺寸 C_0：150～300mm。

会车时两车最小间距 C_m：300～500mm。

(1) 直线叉车通道宽度　直线通道宽度取决于叉车宽度、托盘宽度和侧面余量尺寸,分为单行道和双行道两种,单行道如图 6-1 所示。其直线通道宽度 W 的计算公式为

$$W=W_P+2C_0 \quad (6-1)$$

或

$$W=W_B+2C_0 \quad (6-2)$$

式中,W 为直线叉车通道宽度,单位为 mm；W_P 为托盘宽度,单位为 mm；W_B 为叉车宽度,单位为 mm；C_0 为叉车侧面余量尺寸,单位为 mm。

当托盘宽度 W_P 大于叉车宽度 W_B 时,宽度用式(6-1)进行计算；反之,用式(6-2)进行计算。

例 6-1　设托盘宽度 $W_P=1100$mm,起重能力为 1t 的叉车宽度 $W_B=1070$mm,叉车侧面余量尺寸 $C_0=300$mm。试计算直线叉车通道宽度。

解：在本例中,由于 $W_P>W_B$,用式(6-1)计算通道宽度。即通道宽度为

$$W=W_P+2C_0=1100\text{mm}+2\times300\text{mm}=1700\text{mm}。$$

双行道如图 6-2 所示。其直线叉车通道宽度 W 计算公式为

$$W=2W_P+2C_0+C_m \quad (6-3)$$

或

$$W=2W_B+2C_0+C_m \quad (6-4)$$

式中,W 为直线叉车通道宽度,单位为 mm；W_P 为托盘宽度,单位为 mm；W_B 为叉车宽度,单位为 mm；C_0 为叉车侧面余量尺寸,单位为 mm；C_m 为会车时两车最小间距,单位为 mm。

当托盘宽度 W_P 大于叉车宽度 W_B 时,宽度用式(6-3)进行计算；反之,用式(6-4)进行计算。

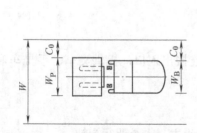

图 6-1　直线叉车单行道宽度计算图

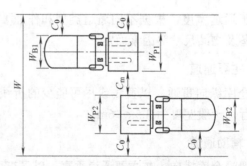

图 6-2　直线叉车双行道宽度计算图

(2) 丁字形叉车通道宽度　丁字形叉车通道宽度计算如图 6-3 所示,由于物流配送中心所选叉车可能有多种规格,在设计通道宽度时,应以在设计通道行驶的最大型号叉车为依据。

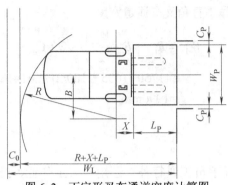

图 6-3 丁字形叉车通道宽度计算图

丁字形叉车通道宽度 W_L 可表示为

$$W_L = R + X + L_P + C_0 \tag{6-5}$$

式中，W_L 为丁字形叉车通道宽度，单位为 mm；R 为叉车最小转弯半径，单位为 mm；X 为旋转中心到托盘的距离，单位为 mm；L_P 为托盘长度，单位为 mm；C_0 为叉车侧面余量尺寸，单位为 mm。

图 6-3 中，W_P 为托盘宽度，C_P 为托盘宽度方向与通道宽度的余量尺寸。

例 6-2 设叉车举重能力为 1t，叉车最小转弯半径 R=1 750mm，旋转中心到托盘距离 X=390mm，托盘长度 L_P=1 100mm，叉车侧面余量 C_0=300mm。试计算丁字形通道宽度。

解： 根据式（6-5）得丁字形叉车通道宽度

$$W_L = R + X + L_P + C_0$$
$$= (1750 + 390 + 1100 + 300)\,\text{mm}$$
$$= 3540\,\text{mm}$$

（3）最小直角叉车通道宽度　最小直角叉车通道宽度计算如图 6-4 所示，当叉车直角转弯时，必须保证足够的直角叉车通道宽度，最小直角叉车通道宽度 W_d 可表示为

$$W_d = R_f - \left(B - \frac{W_p}{2}\right)/\sqrt{2} + C_0 \tag{6-6}$$

式中，W_d 为最小直角叉车通道宽度，单位为 mm；R_f 为叉车最小转弯半径，单位为 mm；B 为旋转中心到车体中心的距离，单位为 mm；W_P 为托盘宽度，单位为 mm；C_0 为叉车侧面余量尺寸，单位为 mm。

图 6-4 中，R_P 为托盘外侧最小转弯半径；L_P 为托盘长度；X 为旋转中心到托盘内侧的距离。

当叉车型号确定后，可按式（6-6）计算最小直角叉车通道宽度。

例 6-3 设叉车举重能力为 1t，托盘宽度 W_P=1100mm，叉车最小旋转半径 R_f=1750mm，旋转中心到车体中心的距离 B=635mm，叉车侧面余量 C_0=300mm。试计算最小直角叉车通道宽度。

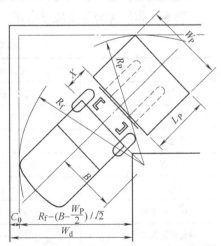

图 6-4 最小直角叉车通道宽度计算图

解：根据式（6-6）得最小直角叉车通道宽度

$$W_d = R_f - \left(B - \frac{W_p}{2}\right)/\sqrt{2} + C_0$$

$$= [1750 - (635 - 1100/2)/1.414 + 300] \text{mm}$$

$$= 1990 \text{mm}$$

取 $W_d = 2000$mm。

3. 人行通道

人行通道除了正常情况下员工通行外，还用于人工作业、维修和紧急逃生等，其宽度主要由人流量来决定。

设人员行走速度为 v（m/min），每分钟通过人数为 n，两人前后最短距离为 d（m），平均每人身宽为 w（m），则行走时每人在通道上所占空间为 dw（m²），因此，通道宽度 W 公式如下

$$W = dw\frac{n}{v}, \tag{6-7}$$

设两人行走时需要的前后最短距离 $d=1.1$m，平均人身宽度 $w=0.75$m，一般人行走速度 $v=50$m/min，每分钟通过 50 人，把这些数据代入式（6-7）有

$$W = dw\frac{n}{v} = 1.1 \times 0.75 \times \frac{50}{50}$$

$$= 0.825\text{m}。$$

一般情况下，人行通道宽度 $W=0.6 \sim 0.9$m；

双向通行时，人行通道宽度 $W=1.2 \sim 1.6$m。

4. 手推车通道

手推车通道宽度为车体宽加上 2 倍的侧面余量尺寸，即

单行道时，$W=0.9 \sim 1.0$m；

双行道时，$W=1.8 \sim 2.0$m。

这种通道宽度足够满足在货架之间用手推车作业的要求。

表 6-1 为厂房通道宽度参考值。

表 6-1 厂房通道宽度参考值

通道（设备）类型	宽度/m	通道（设备）类型	宽度/m
中枢主通道	3.5~6	侧面货叉型叉车	1.7~2
辅助通道	3	堆垛机（直线单行）	1.5~2
人行通道	0.75~1	堆垛机（直角转弯）	2~2.5
小型台车	车宽加 0.5~0.7	堆垛机（直角堆叠）	3.5~4
手动叉车	1.5~2.5	堆垛机（伸臂、跨立、转柱）	2~3
重型平衡叉车	3.5~4		
伸长货叉叉车	2.5~3	堆垛机（转叉窄道）	1.6~2

6.2 进发货平台设计

进发货平台又被称为站台、月台,有时还被称为码头,它是指与仓库相连的线路与仓库的连接点。进货平台是物流配送中心的货物入口,发货平台是物流配送中心的货物出口,总之,是进发货的必经之地。进发货平台的基本功能是装卸货物、货物暂存与车辆停靠,实现线路与节点的衔接转换。设置进发货平台的基本目的是使货物装卸作业高效、有序、省力。进发货平台设施既是物流配送中心运行的基本保证条件,又是库房高效运作不可忽视的场所。

进发货平台设计,即装卸货站台设计,通常包括进货与发货平台的位置关系、平台形式、停车遮挡形式设计以及平台宽度、长度和高度计算等。

6.2.1 位置关系

可根据作业性质、厂房平面布置以及仓库内物流动线来决定平台的位置关系。为使物料顺畅地进出仓库,进货平台与发货平台的相对位置是很重要的。两者位置将直接影响进发货效率。两者的位置关系有以下几种,如图 6-5 所示。

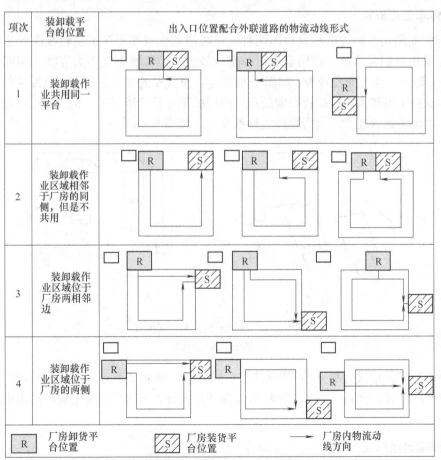

图 6-5 进发货平台位置与动线形式

1. 进发货共用平台

进发货共用平台可提高空间和设备利用率,但管理困难。特别是进发货高峰时间,容易造成进货与发货相互影响的不良效果。这种形式适合于进发货时间错开的仓库。

2. 进发货平台不共用、但相邻

这种设计方案中的进发货空间是分开的,不会使进发货互相影响,虽然空间利用率低,但可以相互借用。这种形式适用于厂房空间较大,进发货容易相互影响的仓库。

3. 进发货平台不共用、不相邻

这是进发货作业完全独立的两个平台,空间完全分开,设备利用率低,这种形式适用于物流规模大、厂房空间也大的仓库。

4. 多个进发货平台

这种形式适用于进发货频繁、种类较多且空间足够的仓库。

6.2.2 平台形式

1. 停车位置形式

停车位置形式有锯齿形和直线形两种。锯齿形的优点在于车辆旋转纵深较小,缺点是没有装卸货作业的自由度,占用仓库内部空间较大,装卸货布置不太容易,相同的平台长度情况下,锯齿形车位布置较少,如图 6-6a 所示。直线形的优点在于占用仓库内部空间小,装卸货作业自由度较大,装卸货布置简单,相同的平台长度情况下,直线形车位布置较多,缺点是车辆旋转纵深较大,且需要较大外部空间,如图 6-6b 所示。

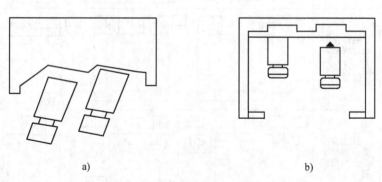

图 6-6 进发货平台停车位置形式
a) 锯齿形 b) 直线形

究竟选用哪种形式的平台,可根据进发货特点和场地情况而定。如果场地没有特殊要求,尽量选取直线形式。而且,从有利于物流作业和进发货安排的角度来考虑,选用直线形式也更好一些。

2. 停车遮挡形式

在设计进发货停车位置时,除考虑效率和空间之外,还应该考虑遮阳挡雨问题,因为许多物品对湿度或阳光直射特别敏感,尤其是设计车辆和平台之间的连接部分时,必须考虑如何防止大风吹入和雨水飘入仓库。此外,还应该避免库内空调的冷暖气外泄和能源损失。停车遮挡有以下 3 种形式。

(1)内围式(见图 6-7a) 把平台围在厂房内、进出车辆可直接入厂装卸货。其优点在于安全、不怕风吹雨打以及冷暖气外泄。

(2)齐平式(见图 6-7b) 平台与仓库侧边齐平,优点是整个平台仍在仓库内,可避免能源浪费。此种形式造价低,目前广泛被采用。

(3)开放式(见图 6-7c) 平台全部突出在厂房之外,平台上的货物完全没有遮掩,仓库内冷暖气容易外泄。

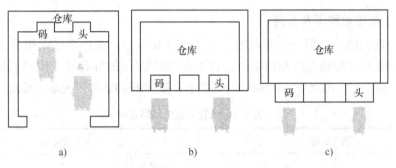

图 6-7 停车平台遮挡形式
a)内围式 b)齐平式 c)开放式

遮阳棚的高度距离停车地面至少为 4m,其长度根据车位的个数来决定,但至少为 5m。另外,遮阳棚屋面要向内有一个倾斜度,以避免雨水跌落到车厢,淋湿物品。

6.2.3 平台尺寸

1. 进发货平台宽度

如前所述,进货时的物品一般要经过拆装、理货与检查验收等工序,才能进入后续作业入库上架。为此,在进发货平台上应留有一定的空间作为暂存理货区。为了保证装卸货的顺利进行,进发货平台还需要有如液压升降平台、固定式登车桥的连接设备相配合,而连接设备又分为两种:

1)活动连接设备,宽度 $s=1\sim2.5m$。
2)固定连接设备,宽度 $s=1.5\sim3.5m$。

为使车辆及人员进出畅通,在暂存区与连接设备之间应有出入通道。若使用人力搬运,通道宽度 $r=2.5\sim4m$。

图 6-8 所示为暂存区、连接设备和出入通道的布置形式及宽度设计图。由此可见,进发货平台宽度 w 应为

$$w=s+r \qquad (6-8)$$

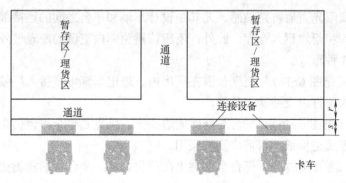

图 6-8 进发货平台宽度设计图

2. 进发货车位数和平台长度

这里以进货为例,介绍一种常用的平台长度计算方法。这种方法适用于进货量、装载单元以及车辆类型都能预先估测的情形。设进货时间每天按 2h 计算(设定值是根据调查分析得到的)。根据物流配送中心的规模,进货车台数 N 和卸货时间见表 6-2。

表 6-2 进货车台数和卸货时间

货态\车吨位	进货车台数			货态\车吨位	卸货时间 /min		
	11t 车	4t 车	2t 车		11t 车	4t 车	2t 车
托盘进货	N_1	N_2	—	托盘进货	20	10	—
散装进货	N_3	N_4	N_5	散装进货	60	30	20

设进货峰值系数为 1.5,要求在 2h 内必须将进货车卸货完毕,设所需车位数为 n,则

$$n = \frac{(20N_1 + 10N_2 + 60N_3 + 30N_4 + 20N_5) \times 1.5}{60 \times 2} \quad (6-9)$$

若每个装卸车位宽度为 4m,进货平台共有 n 个车位,如图 6-9 所示。

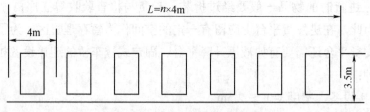

图 6-9 进货平台长度设计图

则进货平台长度为

$$L = n \times 4\text{m}$$

设进货大厅宽度为 3.5m,则进货平台总面积为

$$A = L \times 3.5\text{m}^2$$

例 6-4 根据物流中心的规模,预计每天进货时间为 2h,进货车台数和卸货时间为:

11t 车，托盘进货，进货 10 车，每车卸货时间 30min；11t 车，散装进货，进货 4 车，每车卸货时间 50min；4t 车，托盘进货，进货 15 车，每车卸货时间 20min；4t 车，散装进货，进货 5 车，每车卸货时间 30min；设进货峰值系数为 1.5，每个车位宽度为 4m。试计算进货平台的长度。

解：由式（6-9）知，进货所需车位数

$$n = \frac{(30 \times 10 + 50 \times 4 + 20 \times 15 + 30 \times 5) \times 1.5}{60 \times 2}$$
$$= 11.9$$

取整为 n=12 个车位。
进货平台长度

$$L = 12 \times 4\text{m} = 48\text{m}。$$

3. 进发货平台高度

进发货平台按高度可分为高月台和低月台两种。高月台的优点是利于手工装卸作业，此外，由于月台高出地面，泥土和雨水不易进入月台；其缺点是造价稍高。低月台的优点在于可以在后面与侧面进行装卸作业，对大重量物品的装卸作业较为方便；其缺点是作业动线交错，人力装卸作业比较困难，泥土和雨水容易浸入月台。

选择高月台还是低月台，主要取决于物流配送中心的环境、进发货的空间、运输车辆的种类和装卸作业的方法。一般建议选择高月台。

进货口与发货口的常用运输车辆的吨位一般是不相同的。由于进货具有时间间隔长、进货量大等特点，运输车辆吨位一般较大，可能是 11t 货车或是箱式货车、拖车。反之，由于配送具有多批次、小量化的特点，发货口运输车辆吨位较小，大部分是 3.5t 车及 7t 货车。

高月台高度主要取决于运输车辆的车厢高度。

对于不同的车型，运输车辆车厢高度是不一样的，即使是同种车型，其生产厂家不同，车厢高度也有所区别。

（1）车型基本不变的情况　根据实际需要，物流配送中心如果只选定使用频率较高的几个厂家的几种车型来决定月台高度时，可由主车型车辆基本参数中查出其车厢高度，但此高度为空载时的高度，承载时，大型车辆车厢高度将下降 100～200mm。

例如，某物流配送中心进货主要用 ×× 汽车制造公司生产的 11t 运输车，其车厢高度为 1380mm，满载时车厢下降 100～200mm，为安全起见，取下降值为 100mm，则月台高度为

$$H = (1380-100)\text{mm} = 1280\text{mm}$$

（2）车型变化较大的情况　车型变化较大时，其车厢高度变化范围也相应较大。为适应各种车厢高度车辆装卸货的需要，就必须通过液压升降平台来调整高度。

按照实际经验，月台高度 H 为最大车厢高度与最小车厢高度的平均值。液压升降平台踏板的倾斜角根据叉车的性能略有差异。通常按倾斜角不超过 15° 来设计液压升降平台踏板长度。

月台高度为

$$H = (H_1 + H_2)/2$$

升降平台长度为

$$A=[(H_2-H_1)/2]/\sin\theta \qquad (6-10)$$

式中，H_1 为满载时车厢最低高度，单位为 mm；H_2 为空载时车厢最高高度，单位为 mm；θ 为液压升降平台倾斜角，单位为 mm。

例 6-5 某物流配送中心发货口所用车辆为 6t 以下全部车型，由车辆参数知，车厢最低高度为 660mm，车厢最高高度为 1215mm，在满载条件下，车厢将下降 100mm，倾斜角 $\theta=13°$，试计算月台高度和液压升降平台踏板长度。

解：满载时车厢最低高度 H_1=（660−100）mm=560mm

空载时车厢最高高度 H_2=1215mm

因此，根据式（6-10）得月台高度

$$H=(560+1215)\text{mm}/2=887.5\text{mm}$$

取 H=900mm。

液压升降平台踏板长度 $A=[(H_2-H_1)/2]/\sin\theta$

$$=[(1\,215-560)/2]\text{mm}/\sin13°$$

$$=1455.8\text{mm}$$

取 A=1500mm。

6.3 仓储区作业空间设计

仓储区与配送作业区是物流配送中心的主要功能区，货物的进货理货、检查验收、入库储存、移仓盘点、下架出库等作业均在仓储区进行，而拣选分拣、流通加工、集货发货等作业在配送区域或仓储区进行。仓储区规划是指在进行仓储活动之前，对于仓储模式、仓储设施、储存空间、信息管理系统等进行决策及设计，本章主要研究仓储配送空间设计。通常在高架立体仓库较少被采用的情况下，仓储区和配送作业区一般为总占地面积的 30%～40%。

6.3.1 托盘平置堆放

大量发货时，将托盘放在地板上平置堆放为宜。此时应考虑托盘数量、尺寸和通道。设托盘尺寸为 $p×p$，通过货品尺寸、托盘尺寸与码垛方式，计算出每个托盘平均可堆放 N 箱货品。若平均存货量为 Q 箱，则托盘占地面积 D 为

$$D=\frac{Q}{N}p^2 \qquad (6-11)$$

在计算实际仓储所需空间时，还应考虑到高层叉车存取作业所需空间。此外，中枢型通道约占全部面积的 30%～35%。为此，实际仓储所需空间 A 计算如下

$$A=\frac{D}{(1-35\%)}=1.5D \qquad (6-12)$$

图 6-10 所示为托盘平置堆放储区面积计算举例。

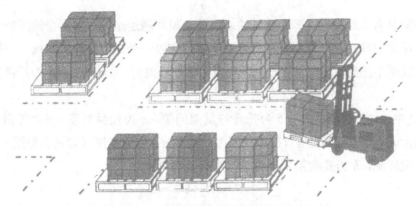

图 6-10 托盘平置堆放储区面积计算举例

6.3.2 料框就地堆放

设料框尺寸为 $p×p$，由货品尺寸和料框尺寸算出每个托盘平均可堆放 N 箱货品，料框在仓库中可堆放 L 层，平均存货量为 Q 箱，则料框占地面积 D 为

$$D = \frac{Q}{LN} p^2 \qquad (6-13)$$

当计算实际仓储所需空间时，还要考虑到高层叉车存取作业所需空间，采用一般的中枢型通道，则通道约占全部面积的 35%～40%，所以实际仓储所需面积 A 为

$$A = \frac{D}{1-40\%} = 1.67D \qquad (6-14)$$

图 6-11 所示为料框就地堆放储区面积计算举例。

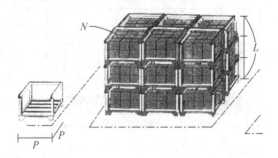

图 6-11 料框就地堆放储区面积计算举例

6.3.3 托盘货架储存

在使用托盘货架储存物品时，计算仓储占地面积，除了考虑物品数量、托盘尺寸、货位形式和层数之外，还要考虑相应通道空间。设货架为 L 层，每个托盘可堆放 N 箱货物，平均存货量为 Q 箱，则存货需要的占地托盘数 P 为

$$P=\frac{Q}{LN} \tag{6-15}$$

由于货架具有区块特性，即每个区块由两排货架和通道组成。实际仓储区空间包括存取通道和仓库区块空间。在计算货架的货位空间时，应以一个货位为计算基础。一般一个货位可存放一个或两个托盘，现在以存放两个托盘为例加以说明。图 6-12 所示为托盘货位空间计算举例。

图 6-12 中，a 为货架柱宽，b 为托盘与货架间隙，c 为托盘宽度，d 为托盘间隙，e 为托盘梁架高度，f 为托盘堆放与货架横梁间隙，g 为托盘堆放高度（含托盘厚度），i 为托盘堆放前后深度间隙，h 为托盘架中梁柱宽，则货架单位宽度

$$P_1=c+2i+h/2$$

货架单位长度

$$P_2=a+2b+2c+d$$

设区块货位列数为 Z，叉车直角存取通道宽 W_1，储区区块侧向通道 W_2，如图 6-13 所示，则每一区块占地面积 A 为

$$A=(2P_1+W_1)\times(ZP_2+W_2) \tag{6-16}$$

仓储区的区块数 B 为

$$B=\frac{P}{2\times 2Z} \tag{6-17}$$

当求得仓储区区块数 B 和每区块面积 A 之后，则可求出仓储区托盘货架占地面积 S，每个区块内货格所占面积为 $2ZP_1P_2$。

$$S=AB \tag{6-18}$$

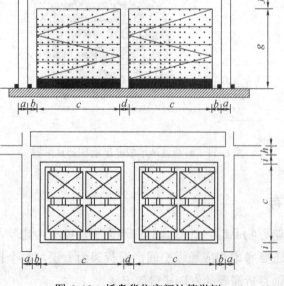

图 6-12 托盘货位空间计算举例

例 6-6 在图 6-13 所示托盘货架中,设区块货位列数 Z=10 排,货架单位宽度 P_1=1.5m,货架单位长度 P_2=3m,叉车直角存取通道宽 W_1=3m,区块侧向通道 W_2=3m,则区块面积
$$A=(10\times3+3)\times(2\times1.5+3)=198m^2$$
并且可计算出通道面积
$$(Z\times P_2+W_2)\times W_1+2P_1W_2=(10\times3+3)\times3+2\times1.5\times3=108m^2$$
约为储存区块面积的 55%。为此,为了增加空间利用率,在可能条件下,尽量增加储存高度。

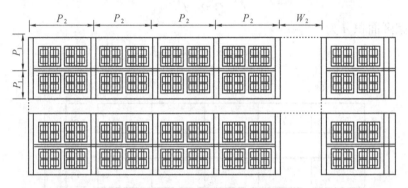

图 6-13 托盘货架储存面积计算举例

6.3.4 轻型货架储存

对于尺寸不大的小批量、多品种货物采用轻型货架储存,以箱为储存单位。在计算占地面积时应考虑货品尺寸、数量、单位货位储存箱数及层数等因素。设货架为 L 层,每个货位面积为 $a\times b$,每货位堆放 M 箱,平均存货量 Q 箱,则存货占地面积 D 为

$$D=\frac{Q}{LM}ab \tag{6-19}$$

6.3.5 流利货架储存

1. 托盘

设每个货位可放两个托盘,必要的尺寸如图 6-14 所示,货位长度为 1.5m,n 列、2 排、3 层,总托盘数 N 为

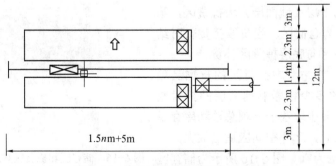

图 6-14 托盘流利货架区面积计算图

$$N = n \times 2 \times 3 \times 2$$

流利货架区占地面积

$$A = 12 \times (1.5n+5) \text{m}^2$$

2. 箱

图 6-15 所示为箱式流利货架区面积计算，设有 2 排、n 列、H 层，货位宽度为 1.5m，则总货位数 Q 为

$$Q = 2nH$$

流利货架区面积 A 为

$$A = 9.5 \times (1.5n+2) \text{m}^2$$

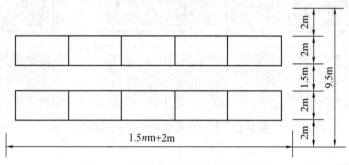

图 6-15 箱式流利货架区面积计算图

6.4 配送区作业形式设计

配送区包括拣货分拣区、集货发货区和流通加工区。拣货作业是物流配送中心内最费时的工作。如能合理设计拣货方式，必将提高整个物流配送中心的效率，这也是拣货区空间设计的关键所在。常见的拣货方式介绍如下。

6.4.1 储存与拣货区共用托盘货架的拣货方式

体积大、发货量也大的物品适合这种模式。一般是托盘货架第 1 层（地面层）为拣货区，第 2 层和第 2 层以上为仓储区。当阶段拣货暂时结束，可由上层库存区向底层拣货区补货。

空间计算时，首先考虑拣货区的货物品项数，因为品项数的多少将影响地面层的托盘数目。实际占地面积多少取决于品项总数和库存量所需的托盘数。为此，库存空间应适当放大，一般放大 1.1～1.3 倍为宜。图 6-16 所示为储存区和拣货区共用托盘货架计算图。

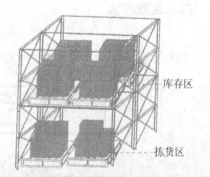

图 6-16 储存区和拣货区共用托盘货架计算图

由于实际库存以托盘为单位,所以,不足一个托盘的品项仍按一个托盘来计算。设平均库存量为 Q 箱,平均每托盘堆放货品箱数为 N,堆放层数为 L,库存空间放大倍数为 1.3,则存货区每层托盘数 P 为

$$P = 1.3 \times \frac{Q}{N(L-1)} \tag{6-20}$$

设拣货品项数为 I,则拣货区所需托盘数为 $\max(I, P)$。

6.4.2 储存与拣货区共用箱、单品的拣货方式

1. 流利货架拣货方式

流利货架拣货方式适用于进发货量大、同品种、短时间存取、体积不大或外形不规则货品的拣货工作。因为进货、保管、拣货、发货都是单向物流动线,可配合进出库的输送机作业。让流利货架来实现储存和拣货的动管功能,可以达到先入先出的管理效果。在进货区把货品直接由货车卸到入库输送机上,入库输送机自动把货品送到储存和拣货区,这种方式的拣货效率较高。拣选后的货物立即被放置于出库输送机上,自动把货品送到发货区。

拣货单位可分为箱拣货和单品拣货两种形式,拣货方式可配合加贴条码标签作业,进行输送带的分拣作业,单品拣货还可进行拆箱、刷标志、拴标签等流通加工作业,并可利用储运箱为拣货客户的装载单位进行集货,再通过输送带分送给发货区。

流利货架的优点在于,仅在拣货区通路上行走便可方便拣货,使用出库输送机可提高效率,出入库输送机分开可同时进行进出库作业。图 6-17 所示为单列流利货架拣货方式示意图。

对于规模较大的物流配送中心可采用多列流利货架进行平行作业,然后,再用合流输送机将各线拣选货物集中。如图 6-18 所示为多列流利货架拣货方式示意图。

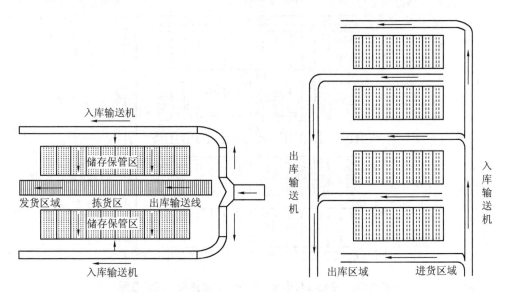

图 6-17 单列流利货架拣货方式示意图　　图 6-18 多列流利货架拣货方式示意图

2. 一般货架拣货方式

单面开放式货架进行拣货作业,入库和出库是在同一侧。因此,可共用一条入库输送

机来进行补货和拣货作业。虽然节省空间,但是要注意入库和出库时间必须错开,以免造成作业混乱。如图 6-19 所示为单面开放式货架的拣货方式示意图。

图 6-19　单面开放式货架的拣货方式示意图

3. 积层式货架拣货方式

采取积层式货架拣货方式拣货,作业时,拣选高度不宜超过 1.8m,否则操作困难。如利用有限空间进行大量拣选作业,可用积层式货架拣货。下层为大型重货架,为箱拣取;上层为小型轻物品,用于单品拣取。这样可充分利用仓储空间。

6.4.3　储存与拣货区分开的拣货方式

1. 零星拣货

这种方式的特点是储存区与拣货区不在同一货架,要通过补货作业把货品由库存区送到拣货区。此种方式适合于进发货量中等、储存周期较长的情况,图 6-20 所示为储存区和拣货区分开的零星拣货方式示意图。

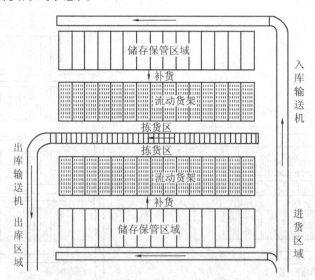

图 6-20　存储区与拣货区分开的零星拣货方式示意图

2. 无动力拣货

如果作业是多品种小批量的单品发货方式,则可在拣货区的出库输送机两侧增设无动力拣货输送机,如图 6-21 所示。这种方式的优点是拣货员拣取货物是利用输送机,一边推着空储运箱一边按拣货单依箭头方向在流动货架前边走边拣货。拣选完毕便把储运箱移到动力输送机上。这种方式工作方便、效率较高。

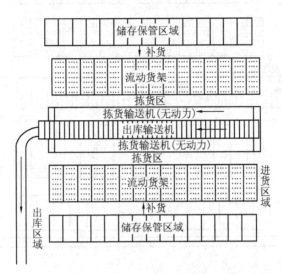

图 6-21 有动力/无动力输送机的拣货方式示意图

3. 分段拣货补货

当拣货区内拣货品项过多时,使得流利货架的拣货路线很长,则可考虑接力棒式的分段拣货方式。如果订单品项分布在同一分区,则可跳过其他分区,缩短拣货行走距离、避免绕行整个拣货区。图 6-22 所示为分段拣货补货方式示意图。

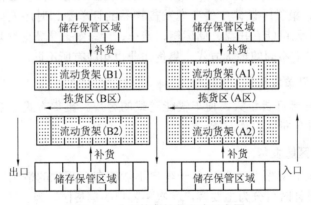

图 6-22 分段拣货补货方式示意图

6.4.4 U 形多品种小批量拣货补货方式

为了减少人员、提高效率,多品种小批量拣货补货需拣货人员兼顾输送机两侧货架的拣选作业,为此可采用 U 形拣货路径和输送机方式设计。图 6-23 所示为 U 形多品种小批量拣货补货方式示意图。

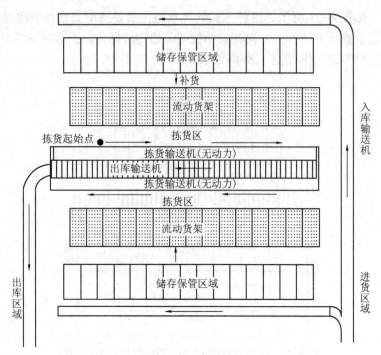

图 6-23 U 形多品种小批量拣货补货方式示意图

6.4.5 集货区设计

经过拣选分拣作业的物品,就被搬运到集货区,也就是发货暂存区。由于拣货方式和装载容器不同,集货区要有待发物品的暂存和发货准备空间,以便进行货物的清点、检查和准备装车等作业。集货区设计主要考虑发货物品的订单数、时序安排、车次、区域、路线等因素,其发货单元可能有托盘、储运箱、笼车、台车等。集货区区域划分以单排为主、按列排队为原则。对于不同的拣货方式,集货作业也相应有所不同。

1. 订单拣取,订单发货

这种集货主要适合订货量大、使车辆能满载的客户。集货方式以单一订单客户为货区单位,单排按列设计集货区以待发货。

2. 订单拣取,区域发货

这种集货主要适合订货量中等、单一客户不能使车辆满载的情况。集货方式以发往地区为货区单位,在设计时可分为主要客户和次要客户的集货区。为了区分不同客户的物品,可能要进行装拼、组合或贴标、注记等工作。这样有利于装车送货员识别不同客户的物品,这种集货方式要求有较大的集货空间。

3. 批次拣取,区域发货

这是多张订单批量拣取的集货方式。这种方式在拣取后需要进行分拣作业。为此需要有分拣输送设备或者人工分拣的作业空间。

集货区货位设计,一般以发往地区为货区单位进行堆放,主要客户与次要客户区别,同时考虑发货装载顺序和动线畅通性，在空间条件允许的情况下以单排为宜。否则，可能造成装车时在集货区查找货物比较困难，影响搬运工作，降低装载作业效率。

4. 批次拣取，车次发货

这种集货适合于订货量小、必须配载装车的情况。在批次拣取后，也需要进行分拣作业。

由于单一客户的订货量小，一般以行车路线进行配载装车。集货区货位设计也以此为货区单位进行堆放，主要客户与次要客户相区别，按客户集中程度，远距离靠前，近距离靠后，在空间条件允许的情况下以单排为宜。

另外，在规划集货区时，还要考虑每天拣货和出车工作时序安排。例如，有的物品要求夜间发货，拣货时段则在白天上班时间完成，夜间发货物品则在下班前集货完毕。在不同发车时序要求下，需要集货人员按照发车次序进行集货，以便车辆到达物流配送中心立即可以进行货物清点和装载作业，减少车辆等待时间。

对于规模较小的物流配送中心，也可以把发货暂存区放在发货平台。但是发货平台的空间常作为装载工作之用。如果拣出的货物需要等待较长时间才能装车，则有必要把发货平台和发货暂存区分开。

6.5 区域平面布置的面积计算

6.5.1 自动化立体仓库

如图 6-24 所示，设托盘尺寸为 1100mm×1100mm，货架有 N 排、n 列、H 层，则总货位

$$Q=NnH$$

立体仓库的面积

$$A=(10+1.35n)\times 3.75\times 0.5N \text{ m}^2$$

上式中，1.35m 为一个货位的宽度；3.75m 为两排货位与一个巷道宽度之和。

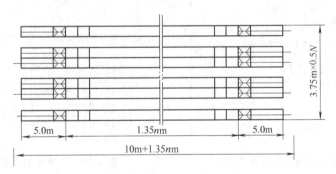

图 6-24 自动化立体仓库面积计算图

6.5.2 作业区

1. 分拣区

分拣输送机如图 6-25 所示，设分拣道口数为 N（每道口 2m 宽），则分拣必要面积 A

为

$$A=(2N+2)\times(6\sim 10)\text{m}^2$$

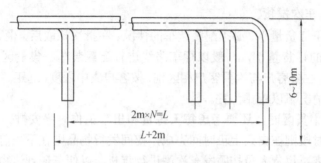

图 6-25 分拣输送机示意图

若每日分拣箱数为 n 个，分拣时间为 7h，峰值系数为 1.2，则单位时间分拣数为 $1.2n/7$。

2. 流通加工区

流通加工区每人作业面积如图 6-26 所示，设作业人员为 N 人。则流通加工区必要面积 A 为

$$A=3.5\times 3\times N\text{m}^2$$

3. 升降机前暂存区

升降机前暂存区面积计算如图 6-27 所示，可通过升降机底面积、搭载台车或托盘数计算暂存区面积。若为图 6-27 所示尺寸，则升降机前暂存区必要面积 A 为

$$A=11\times 10\text{m}^2=110\text{m}^2$$

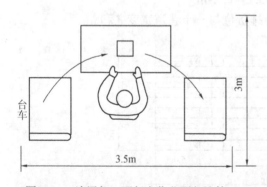

图 6-26 流通加工区每人作业面积计算

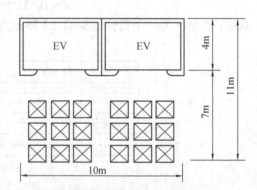

图 6-27 升降机前暂存区面积计算

4. 集货区

集货区如图 6-28 所示，设发货方面数为 n_1，一个方面宽度为 1.2m，面积利用率为 0.7，若为如图 6-28 所示尺寸，则集货区必要面积 A 为

$$A=[12\times(1.2n_1+3)/0.7]\text{m}^2$$

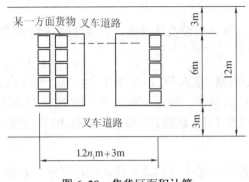

图 6-28 集货区面积计算

6.6 行政办公区与厂区设施设计

6.6.1 行政办公区面积设计

行政办公区的面积设计主要是指非生产部门的工作场所面积计算,如办公室、会议室与档案室等。国家有关部门规定,工业项目所需行政办公及生活服务设施用地面积不得超过工业项目总用地面积的 7%。

1. 办公室

办公室分为一般办公室和现场办公室两种。其面积大小决定于人数和内部设备。一般设计原则如下:办公室通道约为 0.9m,每人办公面积约为 $4.5 \sim 7m^2$,可用隔断进行隔离,两桌间距离约为 0.8m。桌子与档案设备通道约为 $1 \sim 1.5m$,现场管理人员办公室面积约为 $6 \sim 18m^2$,主管领导办公室面积约为 $14 \sim 28m^2$,单位领导办公室面积约为 $28 \sim 38m^2$。

2. 档案室

档案室是保管文件的重要设施,除档案架或档案拉柜空间之外,应留通道和档案存取空间。为方便抽屉拉出应留 $1.2 \sim 1.5m$ 的通道。

3. 网络控制与服务器室

中规模的控制机房约 $80m^2$。

4. 接待室

接待室在 $28 \sim 38m^2$ 之间为宜。

5. 会议室

会议室的会议桌可采用长方形、U 形或 H 形或环行排列。有办公桌的会议室,按 $15 \sim 20$ 人设计,约 $80 \sim 90m^2$;无办公桌的会议室,按 50 人设计,约 $90 \sim 100m^2$。

6. 休息室

休息室面积根据员工人数和作息时间而定。物流配送中心不允许吸烟,为此可在特定地方设立吸烟室。

7. 驾驶员休息室

在出入库作业区附近可设立驾驶员休息室，以便驾驶员装卸或等待表单。

8. 洗手间

一般情况，男厕大便器10人以下设置1个，10～24人2个，25～49人3个，50～74人4个，75～100人5个，超过100人时，每30人增加1个；小便器每30人设置1个。女厕大便器每10人设置1个。洗面盆、整妆镜男每30人设置1套，女每15人设置1套。

9. 衣帽间

衣帽间供员工更换衣服和保管个人物品之用，在库存区外设立衣帽间，每人1个格位，并配有格锁。

10. 食堂

除餐厅外，食堂还应另设生活用品门店，为员工提供生活服务。餐厅按高峰期人数考虑，每人约 $0.8～1.5m^2$。厨房面积约为餐厅面积的 22%～35%。

6.6.2 厂区设计

厂区包括道路、停车场、门卫室、景观绿化区域等。

1. 大门和门卫室

厂区大门要结合外连道路形式进行设计，尽可能采用单向行驶、分门出入的原则。如果出入口共用一个大门，警卫室应设置在大门一侧，同时对出入车辆进行管理。如果出入口相邻并位于厂区同侧，出入道路较大，可把出入动线分开，将警卫室设于出入口中间，分别进行出入车辆管理。如果出入口位于厂区同侧而不相邻，可分别设立警卫室，严格执行一边进一边出的出入管理制度，这种情况适用于进发货时段有重合，进出车辆频繁的情况。

2. 厂区道路

厂区道路尺寸取决于主要运输车辆的规格尺寸。物流配送中心的运输车辆包括普通货车、双轮拖车和重型拖车。一般的物流运输工具为12t普通拖车。随着物流业的迅速发展，运输业货物趋向大型化和合理化，为此，双轮拖车的数量将日益增多。根据发展需要，通常按照双轮拖车的规格尺寸设计相应的厂区道路。厂区道路占地面积一般占总面积的12%～15%。

决定双轮拖车尺寸的前提是车辆能否在高速公路上行驶。按照公路安全法，高速公路允许拖车规格为宽度2.5m、高度4.2m，每轴承载不得超过10t。如果超过此限，则要在有关部门办理特殊车辆通行证，方可通行。

（1）道路宽度 道路宽度 W 是在行车宽度2.5m的基础上增加一定的余量，一般道路宽度 W 的经验参考值如下：

单行道时，$W=3.5～4m$；

双行道时，$W=6.5～7m$。

小型货车的道路宽度推荐为

单行道时，$W=3.7m$；

双行道时，$W=5.9m$。

大型货车的道路宽度推荐为

单行道时，W=4.0m；

双行道时，W=6.5m。

此外，若有人行道时，应增加人行道宽度2m。

（2）转弯尺寸　为了减少道路用地与投资，在转弯处，道路宽度应与直行时相同。为使对面来车容易通行，必须通过切角或弧线来增加转弯道路宽度，保证对面来车的行车宽度不小于2.5m，转弯半径不小于15m。

6.6.3 停车场设计

物流配送中心停车场的停车种类主要是进货车辆、来宾车辆和员工用车。停车场设计首先要确定停车容量，即停车类型和停车台数。确定停车容量一般考虑因素包括企业人数、经常客户人数、有无公交车站、停车场与车站的距离、乘自备车的人数、公司有无接送员工的专车等。根据物流配送中心的现实和发展状况，停车容量通过调查和预测的方法结合物流配送中心的作业量获得。

1. 停车场面积

常规停车场面积一般参考城市交通规划中有关停车场规划方法进行计算。但由于物流配送中心停车场停放车辆结构复杂，不宜采用城市交通规划中有关停车场规划方法计算面积，可采用以下方法。

设 S 为单车投影面积，单位为 m^2；k 为单位车辆系数，取 2～3；N 为停车容量。则停车场面积

$$T=kNS \tag{6-21}$$

式中，单车投影面积 S 根据选取主要车型的投影面积来确定。

2. 停车位尺寸

设停车位宽度为 W，车辆宽度为 W_t，车辆停车间距为 C_t，则

$$W=W_t+C_t$$

停车间距 C_t 的尺寸根据车辆的种类和规格不同而不同，一般根据车门的开启范围取值。大型车辆 C_t=1.5m；中型车辆 C_t=1.3～1.5m；小型车辆 C_t=0.7～1.3m。

例6-7 车辆宽度 W_t 为 2.5m 的大型拖车，其停车宽度为

$$W=(2.5+1.5)m=4.0m$$

车辆宽度 W_t 为 1.8m 的小型轿车，其停车宽度为

$$W=(1.8+0.7)m=2.5m$$

停车位长度在车体长度的基础上，可加适当余量。例如，车体长度为 5.2m 的小型车，其停车位长度一般取 6m。

3. 停车位设计

物流配送中心机动车停车场内的停车方式应以占地面积小、疏散方便、保证安全为原则。停车方式包括垂直式与斜列式两种，斜列式又分为 60°和 45°两种；不同角度下的车辆进

出所需车道宽度是不一样的。表 6-3 为停车位长度为 6m 的小型车辆停车角度与通道宽度对照表。

表 6-3 停车场停车角度与通道宽度对照表 （单位：m）

停车角度 宽度 列数	90°	60°	45°
1 列	11.0	9.9	9.6
2 列	17.0	16.3	14.7
3 列	28.0	26.2	24.3
4 列	34.0	32.6	29.4

表 6-3 中，90°停车长度为 6m，通道宽度为 5m；60°停车长度为 6.4m，通道宽度为 3.5m；45°停车长度为 5.1m，通道宽度为 4.5m。

通常多采用 90°和 60°的车位形式。

（1）60°停车位设计　60°停车位的优点是车辆进出方便、车道宽度较小；缺点是车位深度较深，同一列可停车数较少。表 6-4 所示为 60°不同车辆尺寸设计的车位对照表。图 6-29 所示为 2.74m 宽的 60°车位设计图。

表 6-4 停车场不同车辆尺寸的 60°车位对照表

尺寸	长度/m				
静止宽度 A	2.44	2.59	2.74	2.90	3.05
静止长度 B	5.79	5.79	5.79	5.79	5.79
停车位长度 C	2.82	3.00	3.18	3.35	3.51
静止深度 D	6.22	6.32	6.40	6.48	6.55
车道宽度 E	5.79	5.64	5.49	5.49	5.49

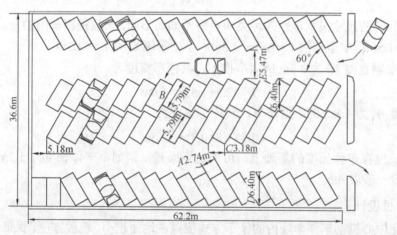

图 6-29　2.74m 宽的 60°车位设计图

第6章 物流配送中心的区域设施设计

（2）90°停车位设计 与60°停车位设计相比，90°停车场设计车辆进出较困难，要求车宽度较大，车位深度和车长相同，但同一列可停车数较多。表6-5所示为90°停车场不同车辆尺寸的车位对照表。图6-30所示为2.74m宽的90°车位设计图。

按90°设计2280m²（60m×38m）的停车场，可停82部车辆（5.79m×2.74m/车位）。若按60°设计2276m²（62.5m×36.6m）的停车场，可停78部车辆。由此可知，在面积接近的条件下，60°形式的车位布置比90°形式的车位布置略小。然而在实际设计车位时，还应考虑车辆尺寸和可用空间的长宽比例，做到充分利用有限空间。

表6-5 停车场不同车辆尺寸的90°车位对照表

尺寸	长度/m				
静止宽度 A	2.44	2.59	2.74	2.90	3.05
静止长度 B	5.79	5.79	5.79	5.79	5.79
车道宽度 E	7.92	7.62	7.31	7.31	7.31

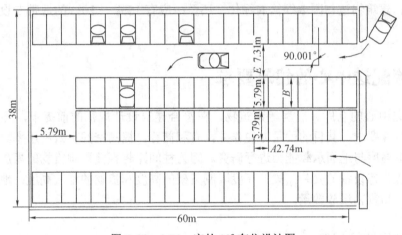

图6-30 2.74m宽的90°车位设计图

4. 运输车辆回车空间

在设计停车场时，必须对运输车辆回车空间进行分析。回车空间宽度L主要取决于车辆本身的长度L_1和倒车所需的路宽L_2。车辆倒车路宽与车辆停车位宽度有关，停车位宽度越宽，倒车路宽就越小。通常取车辆倒车路宽为车辆本身长度，即$L_1=L_2$，回车空间宽度等于车辆本身长度的两倍再加上余量C。

$$L=2L_1+C \tag{6-22}$$

式中，余量一般要能通过一个车辆，货车余量C取3m。

5t车辆直角停放所需车辆回车空间宽度如图6-31所示。由于车辆本身长度$L_1=8m$，因此，5t车辆直角停放所需车辆回车宽度为

$$L=2L_1+C=(2\times 8+3)m=19m$$

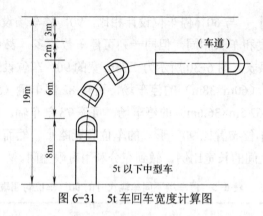

图 6-31 5t 车回车宽度计算图

同理,可计算出其他类型的车辆回车宽度,如2t车:13m;4t车:16m;11t车:23m;21t车:27m;厢式车:33m。

5. 专用绿化

根据国家规定,厂区内绿化覆盖面积要达到总占地面积的30%,考虑到利用道路两旁、停车场周围、建筑物边与围墙绿篱的绿化,还至少应有15%～20%的地带专设为绿化草坪与景观。

6.7 物流配送中心的建筑要求

物流配送中心的仓库、厂房等建筑物,在符合建筑设计规范的前提下,还应满足物流仓储配送的特殊要求,其目的就是方便作业,有利储存,提高空间有效利用率。这里主要就柱间距、梁下高度与地面承载能力进行研究。因为柱间距将直接影响货物的摆放、搬运车辆的移动与输送分拣设备的安装;梁下高度限制货架的高度和货物的堆放高度;地面承载能力决定设备布置和货物堆放数量。

6.7.1 建筑物的柱间距

柱间距的选择是否合理,对物流配送中心的成本、效益和运转费用都有重要影响。对一般建筑物而言,柱间距主要是根据建筑物层数、层高、地面承载能力和其他条件来计算。然而,对建筑成本有利的柱间距,对物流配送中心的存储设备不一定是最佳跨度。在最经济的条件下,合理确定最佳柱间距,可以显著地提高物流配送中心的保管效率和作业效率。

影响物流配送中心建筑物柱间距的因素有运输车辆种类、规格型号、入库台数、托盘尺寸、架柱对应关系等。

1. 根据运输车辆规格确定柱间距

在仓库的进出口,一般要求运输车辆停靠在进发货平台,以便装卸货,但有时还要求车辆驶入建筑物内。此时,就要根据车辆的规格尺寸来计算柱间距。

图6-32所示为运输车辆驶入或停靠建筑物的柱间距计算图,设车辆宽度为W_t,车辆间距离为C_t,侧面余量为C_0,车辆台数为N_t,则柱间距

$$W_i = W_t N_t + C_t(N_t - 1) + 2C_0 \qquad (6-23)$$

若车辆宽度 $W_t = 2470\text{mm}$,车辆台数 $N_t = 2$,车辆间距离 $C_t = 1000\text{mm}$,车辆与柱间的余量 $C_0 = 750\text{mm}$,则柱间距

$$W_i = [2470 \times 2 + 1000 \times (2-1) + 2 \times 750]\text{mm}$$
$$= 7440\text{mm}$$

2. 根据托盘宽度确定柱间距

在以托盘为存储单元的保管区,为提高货物的保管利用率,通常按照托盘尺寸来决定柱间距。图 6-33 所示为根据托盘宽度确定柱间距的计算图。设托盘宽度为 W_p,托盘列数为 N_p,托盘间隔为 C_p,侧面余量为 C_0,则柱间内侧尺寸为

$$W_i = W_p N_p + C_p(N_p - 1) + 2C_0 \qquad (6-24)$$

若托盘宽度 $W_p = 1000\text{mm}$,托盘数 $N_p = 7$,托盘间隔 $C_p = 50\text{mm}$,侧面余量 $C_0 = 50\text{mm}$,则柱间距为

$$W_i = [1000 \times 7 + 50 \times (7-1) + 2 \times 50]\text{mm}$$
$$= 7400\text{mm}$$

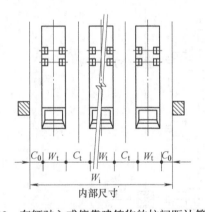

图 6-32 车辆驶入或停靠建筑物的柱间距计算图

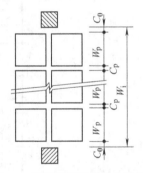

图 6-33 按照托盘宽度确定柱间距的计算图

3. 根据托盘长度确定柱间距

图 6-34 所示为根据托盘长度确定柱间距的计算图,设托盘长度为 L_p,托盘货架列数为 N,两列背靠背托盘货架间隙为 C_r,通道宽度为 W_1,则柱间距为

$$W_i = (W_1 + 2L_p + C_r) \times N/2 \qquad (6-25)$$

若托盘长度 $L_p = 1000\text{mm}$,通道宽度 $W_1 = 2500\text{mm}$,托盘货架间隙 $C_r = 50\text{mm}$,托盘货位列数 $N = 4$,则柱间距为

$$W_i = [(2500 + 2 \times 1000 + 50) \times 4/2]\text{mm}$$
$$= 9100\text{mm}$$

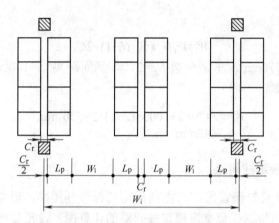

图 6-34 根据托盘长度确定柱间距的计算图

4. 按柱与货架关系决定柱间距

图 6-35 所示为根据货架与立柱间的关系确定柱间距的计算图。根据实际需要,当立柱位置在正对立体仓库的进出库工作台的正面方向时,为了使进出库的电动台车和输送机正常工作,立柱必须设计在堆垛机运动方向的延长线上。在这种情况下,柱间距就要根据货架深度尺寸和堆垛机通道宽度进行计算。

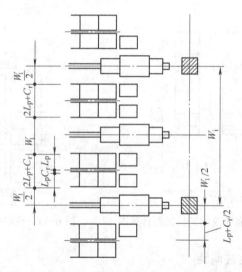

图 6-35 根据货架与立柱间的关系确定柱间距的计算图

设托盘长度为 L_p,托盘货架列数为 N,两列背靠背托盘货架间隙为 C_r,通道宽度为 W_1,则柱间距

$$W_i=(W_1+2L_p+C_r)\times N/2 \qquad (6\text{-}26)$$

若托盘长度 L_p=1200mm,堆垛机通道宽度 W_1=1300mm,托盘货架间隙 C_r=100mm,托盘货位列数 N=4,则柱间距

$$W_i=[(1\,300+2\times1200+100)\times4/2]\text{mm}$$
$$=7600\text{mm}$$

表 6-6 所示为常用基本存储设备与柱跨度的关系示意图。

表 6-6 常用基本储存设备与柱跨度的关系

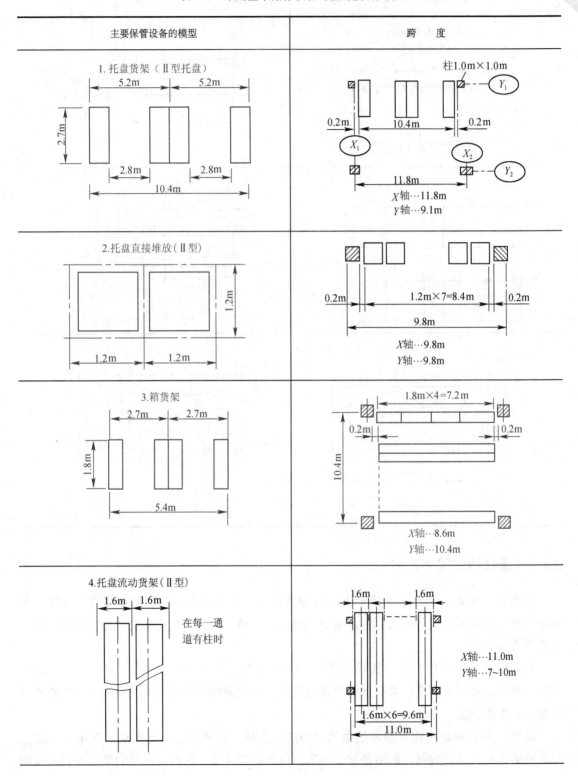

（续）

主要保管设备的模型	跨度
5.货车车位(4t车)（使用车库时） 3.2m 3.2m	3.2m 3.2m 3.2m 9.6m X轴…9.6m Y轴…7~10m
6.垂直回转货架 1.650m 1.500m 1.650m 2.400m 4.800m	50m 50m 4.800m 4.800m 9.200~9.600m 8.820m(9.000m) X轴…9.0m Y轴…9.2~9.6m
7.水平回转货架 2.000m 17.000m	50m 2.000m 2.000m 2.000m 2.000m 9.000~9.050m 17.000~18.000m X轴~ Y轴…9.0m

6.7.2 建筑物的梁下高度

从理论上来说，储存场所的梁下高度越高越好。但实际上，由于受货物堆积高度、叉车提升高度与货架高度等因素制约，梁下高度往往太高，不但不会增加有效保管效率，而且使建设成本大为提高。

物流配送中心内影响建筑物梁下高度的因素主要有保管物品的货态、保管形式、堆积高度、堆高设备提升高度、储存保管设备高度等。通常要综合考虑各种制约因素，才能决定货物最大堆积高度。

此外，为了满足在建筑物内的电气、消防、通风、空调和安全等要求，在梁下还必须安装桥架母线、监控线路、消防器材、通风空调导管等设备。因此，在货物最大堆积高度和梁下边缘之间，还要有一定的间隙尺寸，用以布置这些设备。一般地，梁下间隙尺寸 a 取 500～600mm。

设物品最大堆积高度为 H_l，梁下间隙尺寸为 a，则梁下高度为

$$H_e = H_l + a \tag{6-27}$$

1. 平托盘堆积

平托盘堆积时，一般选叉车作为作业设备，物品最大堆积高度 H_l 计算图如图 6-36 所示，当物品最大堆积高度 H_l 低于叉车货叉最大升程 F_h 加上一个装载单元高度 H_a 之和，即 $H_l < F_h + H_a$ 时，计算梁下高度以货叉最大升程 F_h 为计算依据。在这种情况下，梁下高度为

$$H_e = F_h + H_a + a \tag{6-28}$$

当物品最大堆积高度 H_l 高于叉车货叉最大升程 F_h 加上一个装载单元高度 H_a 之和，即 $H_l > F_h + H_a$ 时，计算梁下高度以物品最大堆积高度 H_l 为计算依据。此时，梁下高度为

$$H_e = H_a n + F_g + a \tag{6-29}$$

式中，H_a 为装载单元高度；n 为堆积层数；F_g 为货叉提升高度。

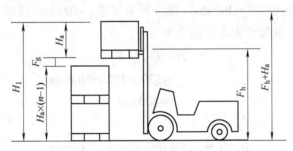

图 6-36 平托盘堆积最大堆积高度计算图

例 6-8 设装载单元高度 H_a=1300mm，堆积层数 n=3，货叉最大升程 F_h=2800mm，货叉提升高度 F_g=300mm，梁下间隙尺寸 a=500mm。试计算梁下高度。

物品最大堆积高度

$$H_l = H_a n + F_g$$
$$= (1300 \times 3 + 300)\text{mm}$$
$$= 4200\text{mm}$$

而

$$F_h + H_a$$
$$= (2800 + 1300)\text{mm}$$
$$= 4100\text{mm}$$

因为 $H_l > F_h + H_a$

所以梁下高度

$$H_e = H_l + a = (4200 + 500)\text{mm} = 4700\text{mm}$$

2. 叉车存取货架

利用叉车在货架上进行存取作业时，其物品最大堆积高度计算如图 6-37 所示。

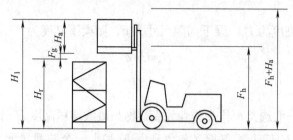

图 6-37 叉车存取货架最大堆积高度计算图

由于将物品放置在货架上,因此,物品最大堆积高度 H_l 取决于货架高度。设装载单元高度为 H_a,货叉提升高度为 F_g,货架高度为 H_r,则物品最大堆积高度

$$H_l=H_r+H_a+F_g \qquad (6-30)$$

应该注意,在此种情况下,叉车货叉工作时的最大高度 F_h+H_a 将高于物品最大堆积高度 H_l,这一点,应该在梁下间隙尺寸中考虑。

例 6-9 设货架高度 H_r=3200mm,装载单元高度 H_a=1300mm,货叉最大升程 F_h=2800mm,货叉提升高度 F_g=300mm,梁下间隙尺寸 a=500mm。试计算梁下高度。

由式(6-30)知,货架最大堆积高度为

$$\begin{aligned}H_l&=H_r+H_a+F_g\\&=(3200+1300+300)\text{mm}\\&=4800\text{mm}\end{aligned}$$

而梁下高度为

$$H_e=H_l+a=(4800+500)\text{mm}=5300\text{mm}$$

3. 普通货架

利用普通货架存取物品时,主要是人工作业,且一般只有两层货架。因此,第 2 层高度要符合人机工程学原理,考虑人力作业高度,便于人员操作。如图 6-38 所示。

设每层货架高度为 H_r,隔板间隙尺寸为 H_f,则最上层货架高度

$$H_l=2H_r+H_f \qquad (6-31)$$

例 6-10 设每层货架高度 H_r=1400mm,隔板间隙尺寸 H_f=200mm,梁下间隙尺寸 a=600mm,试计算梁下高度。

由式(6-31)知,最上层货架高度

$$\begin{aligned}H_l&=2H_r+H_f\\&=(2\times1400+200)\text{mm}\\&=3000\text{mm}\end{aligned}$$

而梁下高度

$$H_e=H_l+a=(3000+600)\text{mm}=3600\text{mm}$$

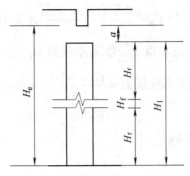

图 6-38 普通货架梁下高度计算

6.7.3 地面载荷

作用在物流配送中心建筑物内地面上的垂直载荷有固定载荷和装载载荷两种。所谓固定载荷,是指长期不变的载荷,如建筑物自身重力、已安装到位的设备设施的自重等。所谓装载载荷,是指随时间在空间上可以移动的载荷,如所有货物、搬运工具和各种车辆等。

物流配送中心建筑物的载荷计算,主要包括地面承载能力、结构(如梁、柱、承重墙等)基础与地震动载等方面的强度刚度计算。由于结构基础和地震动载的计算涉及固体力学、结构力学、建筑结构学和振动力学等学科的专业理论,这里将不作介绍。本书只是对地面承载的基本问题进行简要介绍。

一般来说,地面载荷是指地面构造设计用的装载载荷,包括放置在地面上的货架、物品、各种搬运工具和车辆等。

建筑规范规定的建筑物所能承受的装载载荷为法定载荷。建筑物用途不同,其法定地面载荷也不同。一般而言,办公场所为 300kg/m²,服饰物品仓库为 300~500kg/m²,杂货物品仓库为 500~1000kg/m²,饮料物品仓库为 2000kg/m²。营业性仓库的物品是变化的,根据经验,要求地面能承受 400kg/m² 以上的载荷。

1. 托盘堆积

托盘堆积是指装载后的托盘直接放置在地面上,并多层堆积的储存方式。设托盘长度为 L_p,宽度为 W_p,托盘堆积层数为 N,每个托盘重量(包括托盘和物品)为 p,则托盘堆积的地面载荷为

$$P_1 = \frac{pN}{W_p L_p} \tag{6-32}$$

2. 搬运设备

堆垛机、叉车和无人台车是物流配送中心内的重要搬运工具,为使其顺利行车,要求地面精度在 2000mm 范围内误差不超过 ±20mm,此外,还要求地面有足够的承受搬运设备载荷的能力,即承受车轮的压力。

$$叉车轮压\ P_\text{w} = \frac{叉车自重 + 载荷}{4} \times 安全系数$$

一般叉车自重 1.8～2.5t，这里取 2t，物品重量为 1t，安全系数取 1.4，则

$$叉车轮压\ P_\text{w} = \frac{(2+1)\times 10^3}{4} \times 1.4\text{kg}$$
$$= 1050\text{kg}$$

一般取轮压为 1000～1200kg。

3. 堆垛机

设堆垛机自重 $P_1 = 3000\text{kg}$，最大货物重 $P_{1\max} = 1000\text{kg}$，在存取货物时，极端情况时只有两个车轮受力，若安全系数取 1.2，则每个车轮所受垂直载荷为

$$P_\text{v} = [(P_1 + P_{1\max}) \times 1.2/2]\text{kg} = 2400\text{kg}$$

4. 运输车辆

这种情况下，地面装载载荷决定于车辆的总重量，设车辆自重为 P_w，车辆最大装载重量为 P_f，安全系数取 1.2，按 4 个车轮承重计算，则运输车辆每个车轮所受垂直载荷为

$$P_\text{v} = (P_\text{w} + P_\text{f}) \times 1.2/4$$

普通运输车辆总重量通常为 25t。

5. 载荷不定的情况

在规划设计阶段，由于保管空间、作业空间和通道均不能明确分开，所以载荷无法确定。在这种情况下，一般采用平均载荷来设计地面承载能力。根据经验，对于叉车通道，取 1000～1500kg/m²；对于非叉车通道，取 500～1000kg/m²。

6.8 周边设施设计

物流配送中心周边设施的设计与选择，首先要满足物流系统设备正常运转、管理有序运作和人员安全操作的需要；二是要体现企业文化、标志和形象设计；三是要满足员工必要的生活和休闲需要；四是要符合国家的相关规范和国际惯例。一个现代化的物流配送中心，不仅要保证物流流程、作业操作和机构运转的有序顺畅，还要着力打造具有个性、简捷明快、整洁清爽、鲜亮柔和、环境友好的企业形象和文化。

6.8.1 工作安全设施

在物流作业中，由于不当操作或忽视安全规程造成人员受伤、货物损坏的情况时有发生，如货物跌落、搬运工具的碰撞、机械设备人为故障、人身安全事故等。为确保人员安全和物流顺畅，企业不仅要经常性地对员工进行职业操作规范培训和安全教育，同时，还应加强安全作业标识提醒、警示灯警示及设备防撞标志的规划设计和现场标记。

在物流作业区规划设计和设备设施选用中，凡是涉及安全问题，一定要刚性控制，严格按照国家规范和设备操作要求，进行设计布局和施工，千万不可放宽要求，弹性掌握。须知，节约成本的首要前提是安全生产，事故所需的补偿资金既是巨额的，又是无法预测和掌控的。

在工作场所，要固定张贴适当的安全操作规程、安全责任制度和突发事件处理等文字图片。在人员集中处，要布置一些体现企业文化和人性化安全提醒的标识。在可能发生碰撞的地方，要张贴醒目的防撞标识。

配合工业安全规程，采用国际惯例，符合文化习惯，用颜色标识出不同性质的设施。例如，厂房内动态性的车辆，移动机具应采用黄色标识，以提醒人们注意安全。消防设施应采用红色标识，路线指示采用绿色标识。

6.8.2 消防设施

消防工作对任何一个企业都是非常重要的。物流配送中心按照公安消防要求和建筑规范，必须设置足够的消防设施。消防设施一般分为防火和灭火两个方面，防火是以预防火灾为目的的设施，灭火则是以消灭或控制已发生的火灾为目的的设施。消防工作以预防为主，灭火为辅为原则，防火应作为消防的首要工作来抓。对于物流配送中心，在仓储过程中，常见的火灾隐患一般发生在货物储存、装卸搬运机械、火源管理和电气设备等方面。消防设施的种类和功能有很多，可分为两类。一类为报警装置，现阶段常用的是火灾自动报警系统、烟感报警器，这是一种通过感应烟雾、光辐射或高温，发出声光报警、切断电源、指示火灾部位、进行卷帘隔绝、启动喷淋系统的联动装置。第二类为灭火器材，如消防栓、消防箱、各种灭火器、自动洒水系统、自动二氧化碳灭火系统等。

6.8.3 仓库门窗设计和温湿度调节

物流配送中心仓库门有电动卷门、气动卷门和手动卷门等几种。手动卷门价格低廉但操作费力，设计仓库大门应考虑进出物品货态和保管形式，可采用电动门或气动门。对于冷藏或冷冻物品，则出入门应和外界隔绝并易于车辆装卸工作。设置窗户的目的是通风换气、采光和紧急情况下的逃生。窗户按材质分为铝合金窗、钢窗和塑钢窗等。

仓库内温湿度调节的目的在于保持仓库内与室外空气的循环流通。以调节温度、湿度、氧气和二氧化碳含量，从而确保员工有良好的作业环境。在规划设计物流配送中心时，根据厂房高度，人员和车辆动线以及面积等因素来决定通风换气的方法。通常，对于物流配送中心的仓库储区，因空间和面积较大，多采用天窗自然通风和门窗自然换气较为经济。若厂房高度不高，面积不大或处于工业区空气不佳地段时，多采用人工方法为宜。采用人工方法一般是用抽气装置进行强制通风，使管道内空气由下向上流动，确保室内空气流通。对于面积和高度更小的办公场所和有特殊温湿度要求的设备，如网络服务器，就要采用空调制冷或制热。

6.8.4 墙壁与采光设计

物流配送中心的墙壁种类很多，按材料的不同可分为彩钢板、临建墙、库体板和砖墙等几种。彩钢板和临建墙的价格便宜，但隔热防尘效果不好，库体板和砖墙的价格高，但隔热防尘效果好。关于四周墙壁色彩，一般采用比较明快的浅色调，浅色对光的反射率较高，相应照明的照度可略低一些。

现代化物流配送中心要特别关注采光与照明，尤其是拣货作业和品检工作。科学设计采光，合理利用自然光源，既经济又有利于健康。仓库的自然采光方法有屋顶采光和门窗采光两种。利用屋顶采光时，要注意尽量把采光板设置在通道的上方，但应注意避免阳光直射厂房而使温度增加过高。

物流配送中心的照明光度按照区域的不同有不同的要求。在工作场所，一般应光线充足，明快光亮。在休息与会客场所，光线宜柔和一些。物流配送中心各场所光照度应至少保证表6-7所示的要求。

表 6-7　作业项目与光照度对照

作业项目	光照度 /lx	作业项目	光照度 /lx
物流仓储作业		办公作业	
加工检验	200～300	资料管理（会计、打字）	300
一般进料检验	200～400	一般办公室	200～300
包装及装箱	300	档案室、走廊及楼梯	200
保管区	100～200	会议室及休息室	300
进发货暂存区	100～200	盥洗室	100

6.9　公用配套设施规划

一般来讲，物流配送中心的配套设施包括给排水设施、电力设施、供热与燃气设施、照明、消防等室外安装项目。对这些设施进行规划设计时，除了考虑物流配送中心的实际需要外，还要与物流配送中心所在地的市政工程规划相一致。

6.9.1　给水与排水设施

1. 给水设施

给水设施负责对物流配送中心生产、生活、消防等所需用水进行供给，包括原水的收集、处理以及成品水的输配等各项工程设施。物流配送中心给水设施的规划，应根据物流配送中心的用水需求和给水工程设计规范，优先考虑城市供水系统。如果物流配送中心所处位置没有城市供水管道，就只能采用自备水源。这时要对给水水源的位置、水量、水质及给水工程设施建设的技术经济指标进行综合评价，并对不同水源方案进行比较，做出选择。物流配送中心输配管线在道路中的埋设位置，应符合《城市工程管线综合规划规范》（GB 50289—2016）的规定。

2. 排水设施

排水设施负责收集、输送、处理和排放物流配送中心的污水（生活污水、生产废水）和雨水。污水和雨水的收集、输送、处理和排放等工程设施以自流方式设计、用不同管渠收集与输送，同时为使污水排入某一水体后达到中水水质要求，还要对其进行净化处理。排水管道规划设计时，应严格遵守《给水排水管道工程施工及验收规范》（GB 50268—2008），尤其对管道的位置及高程设计，需要经过水力计算，并考虑与其他专业管道平行或交叉要求等因素后来确定。排水管道的管材及其附材，应符合国家现行的有关产品标准的规定，具体施工时应遵守国家和地方有关安全、劳动保护、防火、防爆、环境和文物保护等方面的规定。然后，根据物流配送中心各区域分项设备所需用水及排水情况，绘制供排水配置图，并标明水压、管径、流量和水质等参数。

6.9.2 电力设施

为实现物流配送中心的各项功能，保证物流作业正常进行（如冷库储存、机电设备的运行等），避免或减少不必要的损失，供电系统的设计显得尤为重要。电力设施由供电电源、输配电网等组成，应遵循《城市电力规划规范》（GB 50293—2014）和《供配电系统设计规范》（GB 50052—2009）进行规划、设计和施工。在物流配送中心规划过程中，要求物流配送中心的电力设施应符合所在城市和地区的电力系统规划，应充分考虑电力设施运行噪声、电磁干扰对周围环境的干扰和影响。

为物流配送中心新建或改建的供电设施，如开闭所、变电站和配电间的建设标准、结构选型，应与城市现代化整体水平相适应；供电设施的规划选址、路径选择，应充分考虑城市人口密集、建筑物密度高、电能质量和供电安全可靠性高的特点与要求。新建的供电设施，应根据其所处地段的地形、地貌条件和环境要求，选择与周围环境、景观相协调的结构形式与建筑外形。

根据物流配送中心各区域分项设备所需电力和控制线路，绘制电力配置图，并标明电压、频率、相位与用电量。根据各区域的作业类型和人员分布，绘制各区域的照明图。根据各区域设备发热量、作业类型、物流动线与人员分布，绘制各区域的空调配置图。

6.9.3 供热与燃气设施

1. 供热设施

供热是利用集中热源，通过供热设施向热能用户供应生产或生活用热能。其设施包括集中热源、供热管网设施和热能用户使用设施。供热设施有城市集中供热和自备锅炉供热。当具备集中供热条件时，必须采用城市集中供热，并纳入城市供热系统。供热设施在规划时应符合《城镇供热系统运行维护技术规程》（CJJ 88—2014），同时还应符合国家有关强制性标准的规定。

2. 燃气设施

物流配送中心在燃气供应源选择时，应考虑以下原则。

1）必须根据国家有关政策，结合本地区燃料资源情况，通过技术经济比较来确定气源选择方案。

2）应充分利用外部气源，当选择自建气源时，必须落实原料供应和产品销售等问题。

3）根据气源规模、制气方式、负荷分布等情况，在可能的条件下，力争安排两个以上的气源。

物流配送中心在燃气输配设施设计时，应考虑以下原则。

1）燃气干线管路位置应尽量靠近大型客户。

2）一般避开主要交通干道和繁华街道，以免给施工和运行管理带来困难。

3）管线不允许敷设在建筑物下面，不准与其他管线上下重叠。

供气单位应根据物流配送中心的客户需求，适时进行调节，以满足物流配送中心的需要。物流配送中心应按供气单位的运行方案、调节方案、事故处理方案、停运方案及管辖范围，进行管理和局部调节。未经燃气供应站及公安消防部门同意，未由这些相关部门进行施工监督和验收，物流配送中心不得私接供气管道、私自扩大供气负荷和擅自启用未经批准的燃气输配设施。

除此之外，根据各区域的设备配置、设备特性、安全要求、作业类型、物流动线和人员分布等情况，制定各区消防设施种类、数量和配置点，并绘制消防设施配置图。根据所建物流配送中心的特点，可能还需要绘制整理的有通风换气设施配置图、冷藏冷冻设施配置图和电信设施配置图等资料。

物流配送中心的非物流工作，如清洁、维修、参观等，也需要逐一进行设计，并绘制间接活动及物料流线图、维修保养路线图、厂房清洁路线图和参观路线图等。最后完成物流配送中心设施与厂房布置规划图。图6-39所示为物流配送中心作业区详细布置规划图例。

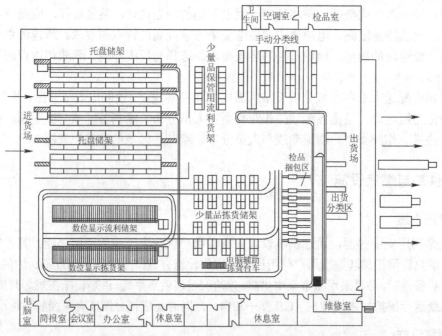

图6-39 物流配送中心作业区详细布置规划图例

6.10 日本TOYSRUS（株）物流案例：神户物流中心

随着家乐福等大型外资流通企业相继进入日本市场，在日本流通领域掀起了重重巨浪，使日本的流通企业陷入不安和期待之中，时时考虑如何应对欧美厂家直销的商业模式，怎样迎接新的挑战。

面对这种新局面，1989年进入日本市场的TOYSRUS株式会社，因较早地在日本市场打下了牢固的基础，确立了自己的品牌形象，所以完全顶住了"黑船来袭"。该株式会社已开设120家店，拥有15%以上的玩具零售市场，并已经在日本占有绝对优势。该物流中心的资本金60亿3395万日元；业务范围为玩具、育儿用品、儿童服装、文具、学生用品、体育用品等儿童用品的流通及零售，年销售额1546亿日元。

2001年3月，该株式会社继在日本东部千叶县建立了市川物流中心后，又在日本西部神户设立了第二个物流据点，即神户物流中心。该物流中心由大型自动化立体仓库和数字分拣系统构成了全新的物流体系，体现了TOYSRUS企业集团一贯的物流理念，实现了低成本物流运作。这让我们看到，在不显眼的玩具零售业也有如此成功的物流案例。

6.10.1 三大运营指导方针

1. 每日低成本运作

与重视现货特卖和促销活动的日本传统商业做法不同，该企业集团强调一年365天都向顾客提供低价格的商品，其主要做法是大批量的工厂直接采购（在美国属于普通模式）和通过物流合理化确保最低的物流成本。目前厂家直销比例已约达80%。

2. 丰富的商品种类

供应对象以0～15岁的儿童为主，凡是这个年龄段的儿童用品，从玩具、游戏类到儿童用家具、体育用品、杂货、食品、衣服、服饰品一应俱全，品种超过18000种。

3. 充足的库存

大量采购，充足的库存，完善的在库管理，保证满足顾客需要。要达到这种程度，必须有一套合理的物流结构。

6.10.2 追求物流的合理化和低成本化

1998年之前，日本TOYSRUS（株）一直利用社会上的营业仓库存储商品，1998年建设了市川物流中心，2001年建设了神户物流中心。在这阶段里，TOYSRUS企业集团在世界27个国家展开了国际化营销，确立了标准的物流体系，并努力使这种国际商业模式和物流手段适合日本市场和物流环境。

比如，美国的做法是以物流中心为核心来设立分店，而日本的习惯是先设支店。在建设物流中心方面，美国一般是建占地面积较大的平房建筑，使用叉车作业，货架是固定的。美国人认为没必要建高标准的高层立体化自动仓库，对日本的做法不理解。后来，日本TOYSRUS株式会社对此进行了说明，认为由于日本工资高，人工成本大，土地价格昂贵，所以在激烈的竞争环境和苛刻的市场需求中，高层立体库在日本仍然具有发展潜力。说服了美国TOYSRUS公司后，开始建设市川、神户两个物流中心。

两个物流中心的业务流程如下：把从海内外供应商采购来的商品集中在市川、神户两个物流中心,再从这两个物流中心直接向各个店铺配送。这样便消除了多渠道批发环节,实现了最简化的流通模式。同时,打破了日本固有的高频度、小批量配送的常规,只采用10t载货车进行一次性大批量的配送方式,不仅使通常最费时、最费成本的拣选作业、流通加工和检验等作业量最小化,而且又巧妙地吸收了美国模式的长处。可以讲,"如果一个店铺商品的需要量达不到一货车(10t)的话,就不配送"这种装载效率优先和低成本追求型的运营方针,与日本式的JIT(及时)配送系统理念是相违背的。但为什么能获得成功呢?这是因为该公司本部对全国的店铺和物流中心的库存现状进行集中管理。不仅掌握每天的销售情况和工厂的订货数量,并对销售渠道进行分析,还制订最有效的店铺供货计划,使本企业的物流中心配送与社会配送网络协调运作,从而保证了供货系统的通畅。

日本式的店铺配送是在店铺有库存保管余地的情况下,进行活塞运动式的高频度配送,否则就立即缺货。与这种模式相反,日本TOYSRUS(株)的配送频度,正如神户物流中心的负责人岸俊幸先生所说:一般每周送货二三次,繁忙季节大体为每天一车(10t)。虽然最近根据销售规模调整为一车货送两个店,但今后仍然会维持一车货(10t)送一个店。

这就是说,各店铺的顾客多、销售量大时,频繁送货是合理的,如果情况相反则划不来。如此说来,只有商业模式与公司的物流体系协调一致,整合运作,才能做到批量配送和低成本物流。

还有一点不容忽视,即物流中心的现场作业,以"每个人每小时处理的货箱数量"为世界通用指标进行生产效率管理。入库、分拣、装卸、保管、退货等各个作业部门必须每周报告一次统计结果。据神户物流中心负责人岸俊幸讲,日本TOYSRUS(株)2001年设定的生产效率指标是40箱/h,而神户物流中心对10个物流作业环节进行了改进,每小时规定的作业量是41箱/h。

6.10.3 神户物流中心概要

1. 基本数据

占地面积:35703m^2。

从业人员:正式职员7人。

作业工人:叉车驾驶员6人,其他作业人员50人。

作业时间:周一~周五(9:00~18:00)。

入库口:21个。

出库口:56个。

送货店铺:47个(最多时60个)。

处理能力:每天2万~3万个货箱(最多时5万个),每年480万个货箱。

2. 设备概要

托盘自动仓库:宽56.5m×长87.5m×高31m。

使用堆垛机:10台,合计18600个货格。

搬运台车:13台。

滑槽式分拣机:57个滑槽。

单品分拣机：75 个滑槽。

数字分拣系统：显示器 70 个。

平房仓库：货格 1833 个。

该物流中心 80% 是纸箱货物，70% 的货物运至物流中心后立即进行分拣，然后直接运出物流中心，不在这里进行入库保管。由于单件货物的出库数量增加了 140%，所以 2001 年 11 月专门引进了数字分拣系统。

6.10.4 入库和出库作业流程

1. 利用驱动式伸缩带输送机进行货物的传送

公司本部从生产厂和供货商那里采购的商品送到物流中心后，由于其中 70% 是只分拣不库存的货物，所以，在这里主要利用驱动式伸缩带输送机，将货物直接从货车卸货台传送给分拣机分拣后，不在物流中心存放便运给店铺。

2. 贴出库标签

条码标签是根据公司本部的进货信息制作的，里面储存的是商品信息和送货店铺等信息，所以，标签贴上去后分拣机便按照标签信息进行出库分拣作业。

3. 垂直提升传送机械

垂直提升传送机一共有 4 组，第 1 组是用来将货物垂直传送至 2 层的分拣线或仓库，第 2、第 3、第 4 组动力带式传送机（坡式）将货物传送至 2 层中部，在那里 3 条传送带货物合流后，由自动分拣机进行分拣，然后作为非库存保管货物被运走。

4. 库存保管货物的入库作业

一些尚没有决定送给哪个店铺的货物要暂时放入自动仓库内保管，先将货物堆码在专用托盘上，然后每个托盘上再贴上一个入库标签，核对后做个标记。可利用无线手持终端读取数据。该物流中心使用 50 个无线手持终端，均为美国产品。

5. 托盘货物入库作业

入货手续完结后的托盘货物，用叉车搬运至入库口后，再进入自动仓库。这里使用的超长叉叉车一次可搬运两个托盘。

6. 轨道式电动台车

向自动仓库内搬运托盘货物的机械是日本石川岛播磨（株）生产制造的轨道式电动台车。13 台电动台车每小时最大的出入库作业能力为 300 个托盘。

7. 托盘自动仓库

这里使用的是石川岛播磨（株）制造的托盘自动仓库，高 31m，18600 个货格，10 台巷道堆垛机。仓库宽 56.5m，长 87.5m，总使用面积为 30000m^2，是神户地区最大的自动化立体仓库。货格高度有 1650mm 和 1300mm 两种，10 个巷道中，有两个巷道的货格每货格可容纳两个托盘。巷道堆垛机每小时平均出入库能力为 40 个托盘。

6.10.5 纸箱及内装箱货物出库

1. 库内保管纸箱货物的发货

仓库内保管的托盘货物，当接到出库指令后，便从自动仓库转至转换作业平台（1层4个，2层2个）。在这里，作业人员根据显示器显示的指令，将货箱从托盘搬到传送带上，剩下的纸箱个数经过确认后，需按一下作业终了按钮。

2. 自动标签

在这里输出储存有商品信息和发货店铺信息的条码标签，同时贴在包装箱上。每个作业平台只需一名作业人员。

3. 大件物品的保管与出库

分拣机上无法放置的大件物品和特殊形状的物品，保管在2层固定货架上。出入库作业使用叉车，叉车可水平回转180°。

4. 小件物品的自动分拣

以内装箱（纸箱内装有小包装）为单位的货物和零散包装货物，利用倾斜滑槽式分拣机按照不同的店铺自动分拣，每一种商品只要读取一次条码即可完成分拣作业。投入口共有3个，滑槽75个。经过分拣的商品重新装入纸箱内，按店名贴上标签后放到滑槽下方的带式传输机上，传送给纸箱分拣机。

5. 数字分拣系统

以纸箱为主体的物流分拣作业格局是该物流中心的基本框架结构，不过最近由于单件商品的分拣作业量增加，故新引进了一套数字分拣系统（Digital Assorting System，DAS）。该分拣系统有显示器70个（市川物流中心也设置一套）。分拣物品的条码一被扫描，表示商品去向的显示器即点亮，作业人员便开始按显示器的指示作业。与小件物品的自动分拣一样，由于分拣和发货的指示均是本部发出的，所以不会出现货物遗漏和剩余。这也是该物流中心的特色。

6. 条码读取器和计测器

无论是只在物流中心分拣、不进行库存保管的商品，还是从自动仓库中出库的纸箱分拣商品，以及由DAS分拣的商品，最后都要集中经过同一条发货传送带。商品在进入分拣机之前，先由条码读取机识别送货店铺名称等信息，然后再通过拱门上装置的计测器，由超声波传感器自动测量纸箱商品的体积，每满10t为一货车。

7. 纸箱滑槽

物流中心的分拣机是由57个滑槽（将来仍有增加的余地）组成的滑瓦式分类装置，速度可3档转换，分拣能力为800箱/h。

8. 分拣暂存

分拣的纸箱货物放在旁边的托盘上后，按顺序出库。

9. 纸箱条码的校对

对已经分拣的纸箱（商品）上的条码标签用手持终端进行检查核对，看一看托盘上的条码是否与纸箱条码标签一致。一致时做红色标记。此时只要与进入分拣机时的扫描数据一对照，即可知道该托盘上堆码的商品种类。

6.10.6 发货

1. 发货作业区

发货作业区专门用于 10t 货车装货（4t 货车装货也可以）作业，共有 56 个装货口，全部安有防火防盗的卷帘门。

2. 货车装货

分拣并检验完了的托盘商品（堆码在托盘上的纸箱），由货车驾驶员用手拖车运进货车箱内堆码，作业时间约 2h。

3. 货车和托盘条码数据储存

堆码好货物后，用无线手持终端读取货车 ID 条码（贴在货车后门背后）和托盘条码。这样，货车里装的何种货物不用检验就一清二楚。货车门关好之后，在门栓处封印，扫描一遍条码。至此，发货准备工作全部结束。

4. 货车送货

送货货车装货完毕后，按距离远近顺序出发，第二天上午 10 点左右到达各店铺。只要货车后门栓上的封印不启封，就表示此货车货物没有差错，店铺也不再进行商品检查，同时也说明库存差错为零。这样做不仅保证了物流作业的质量，也大大简化了作业环节。

上述物流系统的运用，使日本 TOYSRUS 株式会社神户物流中心实现了在不加班情况下的稳定化作业和所期待的低成本物流。

第 7 章 物流信息系统规划

物流配送中心的有效运行，依赖于对物流信息的动态实时收集、传输、处理和输出，物流配送中心各项功能的精准实现，其关键在于物流信息系统的协调指挥。在物流配送中心内部，物流信息系统起着指挥调度生产、控制物流流程、协调作业机能的作用；在商品流通领域，物流信息系统承担着掌握市场动态、反应客户需求、协调合作伙伴、提供实时服务的任务。因此，物流信息系统是物流配送中心的灵魂，物流信息系统的正确构建是物流配送中心能否发挥作用的关键。信息化作为现代物流的一个基本特征，已成为物流配送中心提高物流服务水平，获取竞争优势的重要手段之一。按照软件先行、硬件适度的设计原则，建设先进、适用的物流信息系统，无论是对于提高物流配送中心的日常运作效率，还是提升物流配送中心的服务能力与核心竞争力都具有十分重要的意义。

7.1 概述

7.1.1 物流信息系统

物流信息（Logistics Information）是反映物流各种活动的知识、资料、图像、数据与文件的总称。物流信息系统（Logistics Information System，LIS）作为计算机管理系统在物流领域的应用，是由人员、计算机硬件、软件、网络通信设备及其他办公设备组成的人机交互系统。所谓物流信息系统，实际上是物流管理软件和信息网络结合的产物，它与物流作业系统一样都是物流系统的子系统，其主要功能是进行物流信息的收集、存储、传输、加工整理、维护和输出，为物流管理者及其他组织管理人员提供战略、战术及运作决策的支持，以提高企业组织的战略竞争优势，增强物流运作的效率与效益。从广义上讲，物流信息系统应是包括物流供应链各个领域、将供应链上下游连接起来的纵横交错的立体的动态互动的系统。从狭义上讲，物流信息系统只是某一企业用于管理物流的系统。物流信息系统主要实现对物流信息的收集、处理、发布及交易，并在此过程中不断进行物流资源的整合和物流信息的反馈。一个先进的物流信息系统应具有以下特征。

（1）开放性　物流信息系统不但要与企业内部其他系统相连接，以实现企业内部数据的整合和信息的流通，还应与企业外部供应链的各个环节进行数据交换，实现各节点的不间断连接。

（2）信息量大　物流配送中心的信息随着物流和商流活动的展开而大量生成，尤其现代物流越来越趋向于多品种、小批量、多批次、短周期的配送，使进货、库存、发货和运输等物流活动的信息量与日俱增。

(3)可扩展性　物流信息系统应能随着物流配送中心的发展而拓展。在信息系统设计时，应充分考虑未来的业务需求，以便能在原有基础上进行扩展。

(4)安全性　随着系统应用的增加，特别是网上支付的实现、电子单证的使用，安全性已成为物流信息系统亟待解决的首要问题。

物流信息系统可以实现物流配送中心作业的精细化管理，可以对物品存储和发货等进行动态安排，亦可以对仓储作业的全过程进行电子化操作。物流信息系统需采用实时处理系统，规范人员操作，全过程控制物流配送中心作业的各个环节，这对改善物流配送中心服务质量，增强物流配送中心在市场竞争中的主动性具有非常重要的意义，具体来说，其作用主要有以下几点。

1）有利于实现物流配送中心作业信息的透明化，使物流配送中心可以及时准确地掌握库内货物的存放状态，可以及时调配仓储资源，提高仓库利用率。

2）有利于保证物流配送中心与客户间的即时互动，便于管理更新。利用系统强大的查询和报表输出功能，能很快地为客户提供货物在库"进、出、存"的实时情况及报表统计，确保市场信息的及时性和准确性。

3）有利于提高物流配送中心仓储的服务水平和工作效率，特别是拣货作业的效率，以相对较小的资金投入，实现仓储管理的优化，合理调配仓储资源，提高库房和工具的使用率，减少了大量票据的传送，规范了工作流程，堵塞了管理漏洞。信息系统的运用使物流配送中心仓储管理更轻松，同时能达到减员增效的目的，有利于降低仓储成本。

7.1.2　需求分析

1. 运作模式

物流配送中心作为供应商和销售商之间的纽带，在产销纵向整合方面具有缩短上、下游产业流通过程、减少产销差距的中介功能，还可以对处于水平关系的同行业及不同行业间的交流提供整合支持，最大限度地降低成本。物流配送中心这些功能的实现，其核心是信息系统的建立，物流信息系统的运作模式如图7-1所示。

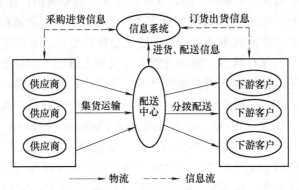

图7-1　物流信息系统的运作模式

物流信息系统是管理信息系统的一种特例。管理信息系统能实测企业各种运行情况；利用过去的数据预测未来；从企业全局出发辅助企业进行决策；利用信息控制企业的行为；帮助企业实现其规划目标。

2. 功能需求

物流信息系统包括作业管理系统和业务支持与分析系统两大部分，作业管理系统包括采购处理系统、订单处理系统、仓储管理信息系统和运输配送信息系统等子系统；业务支持与分析系统包括客户关系管理系统、内部事务管理系统、财务管理系统和绩效评价分析系统等子系统。物流信息系统总体结构如图 7-2 所示。

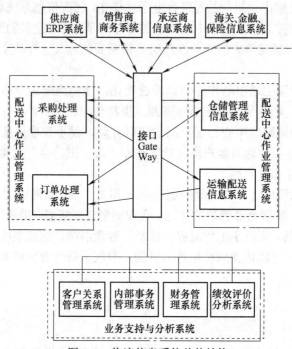

图 7-2　物流信息系统总体结构

各子系统的功能需求分析如下。

（1）采购处理系统　包括向供应商查询交易条件，根据仓储管理信息系统所提供的库存数量及较经济的库存策略提出采购单，同时在仓储管理信息系统提供库存预警时提出采购单。

（2）订单处理系统　包括客户询价答复，客户订单接收，退货资料处理，订货方式与订货结账截止日数据管理，商品需求统计预测，以及报价历史资料管理等内容。还要通过仓储管理信息系统查询当天的库存状态、装卸货能力与包装流通加工负荷等信息，通过运输配送信息系统查询配送负荷，答复客户能否依客户要求交货。在特定时段，订单处理系统还需统计该时段的订货数量，并以此确定调配货物方式、安排出库作业品项及数量。

（3）仓储管理信息系统（Warehouse Management System，WMS）　WMS 是用来管理出入库事务、库存状态与相关设备的软件实施工具，是仓储管理的灵魂。WMS 的构建质量及与其他物流系统网络接口的交流时效，是仓储管理作业能否发挥良好作用的关键。

（4）运输配送信息系统　包括配送线路安排、商品装车顺序、商品配送途中的跟踪控制，以及配送途中意外情况处理等管理。

（5）客户关系管理系统　包括供应商以及下游客户的资料管理以及交易商品、次数与金额等交易信息。

（6）内部事务处理系统　包括工具设备损坏及维修、燃料耗材使用量分析、工具成本分析、作业人力的效率分析等内容。

（7）财务管理系统　通过连接运输配送信息系统，获取运送到达的货物资料，并输出应收款账单，作为物流配送中心的收款凭证；通过连接仓储管理信息系统，获取货物入库资料，并输出应付款账单，作为物流配送中心的付款凭证。财务管理系统还输出各项财务报表，以供营运政策制定及营运管理参考。

（8）绩效评价分析系统　帮助上层管理者通过各种考核评估来完成物流配送中心的效率管理，并制定良好的营运决策及方针。绩效评价分析系统分析的依据是由物流配送中心其他信息系统提供的信息与报表，如出货销售统计资料、客户反映报告、配送商品次数及时段报告、配送商品失误率、仓库缺货率、库存损失率、工具设备损坏及维修统计、退货商品统计报表等。

3. 功能结构

通过对物流信息系统的目标与客户进行分析，以及对业务流程进行优化，得出该系统应具有的功能结构如下。

（1）标准化管理　负责整个系统的工作人员、货物信息、货物代码、仓库储位、供货商与客户等基本信息的记录与维护，这是整个信息系统应用的基础。

（2）入库管理　该功能主要实现预入库、入库审核、入库验收及信息确认等操作管理。

（3）出库管理　该功能主要实现出库审核、出库登记、出库现场作业等数据的记录与维护，和入库管理一样，属于业务操作管理。

（4）理货管理　该功能主要实现对入库货物的清点、审核、货位安排、商品上架以及现场处理记录等操作管理。

（5）在库管理　该功能主要根据物流配送中心订货子系统提供的数据制定库存策略，实现货物分类以及货物在库盘点等功能。

（6）拣货管理　该功能主要是根据发货计划安排拣货作业、打印拣货单和出库通知单等。

（7）流通加工管理　流通加工管理的主要功能是制订作业计划、维护作业数据、打印货物标签、记录现场作业和处理事故等。

（8）车辆调度管理　该功能主要根据发货信息及车辆资源状况合理安排车辆，实现最佳的车辆使用效率。

（9）业务及合同管理　负责物流配送中心对外业务的信息处理，即受理客户的收发货请求，对由物流配送中心出具的业务单据进行验证复核并打印，同时负责有关合同与客户档案的管理。

（10）费用结算　负责整个仓储与配送业务相关费用的计算和业务单据与报表的打印等。

（11）电子订货系统（Electronic Ordering System，EOS）数据接口　电子订货系统的功能在于利用先进的电子技术手段，如POS机、电话、互联网等，及时获取批发商、零售商的订货数据信息。该系统需要将这些信息通过网络直接传给物流信息系统，由物流信息系统及时组织商品的采购、库存及配送。

（12）电子数据交换（Electronic Data Interchange，EDI）数据接口　电子数据交换是一种在合作伙伴企业之间交换信息的有效技术手段，有时也称为"无纸贸易"。供应链环境下不确定的是最终消费者的需求，因此，必须对最终消费者的需求做出适宜的预测。通过EDI预测，可以有效减少供应链系统多余环节所导致的时间浪费和成本增加，缩短订单周期。

（13）条码系统数据接口　主要是应用条码、IC卡或射频识别对物品的属性进行标识，以方便在配送销售过程中对物品身份进行识别。物流信息系统必须设计相应的数据接口对条码系统获取的数据按标准化格式进行处理，达到操作准确、减少出错、提高效率的目的。目前，大部分物流配送中心仓储都采用条码技术，对于规模较大的物流配送中心，则建议使用射频识别技术。

（14）射频（Radio Frequency，RF）无线网络系统接口　RF技术主要用于对物品所带条码、IC卡或射频识别卡进行身份识别，并将该信息通过无线方式传输到物流信息系统。在设计物流信息系统时应考虑设计专门的数据接口功能，支持对其进行身份识别。

（15）全球定位系统（Global Positioning System，GPS）接口　GPS是现代物流配送中心应该采用的一种卫星定位技术。其主要功能有配送路线的规划、指挥调度、车辆跟踪导航、紧急援助以及车辆信息查询等。此外，对优化运输路线和安全运输也很有帮助。同样，GPS系统数据也需要通过特定转换功能接口导入物流信息系统。

7.2　信息技术及应用

根据物流配送中心作业的功能与特点，常用的信息技术主要包括条码技术、射频技术、计算机技术、多媒体技术、地理信息技术、全球卫星定位技术、自动化仓库管理技术、智能标签技术、信息交换技术、电子数据技术、数据库技术、数据仓库技术与互联网技术等。在这些信息技术的支撑下，形成了以移动通信、资源管理、监控调度管理、自动化仓储管理、业务管理、客户服务管理与财务处理等多种业务集成的一体化现代物流信息系统。

这里主要从信息识别、物流信息定位和信息交换等3方面介绍相关的信息技术及其应用，然后，简要介绍目前非常有应用前景的物联网技术。

7.2.1　信息识别技术

信息识别技术是现代物流系统中非常重要的技术之一。它适应物流大量化和高速化要求，快速采集信息，大幅度提高物流效率。其中条码技术、条形符号设计技术、快速识别技术和计算机管理技术等，是实现计算机管理和电子数据交换不可或缺的前端技术。

1. 条码技术

条码技术是在计算机和信息技术的应用实践中产生和发展起来的集编码、识别、数据采集、自动录入和快速处理等功能为一体的信息技术。它是为实现对信息的自动扫描而设计的，是实现快速、准确和可靠地采集数据的有效手段，是进行有关订货、销售、运输、保管、出入库检验等活动的信息源。条码技术是物流信息系统的关键节点，是物流信息由手工处理到自动化、数据化的桥梁。条码技术的应用，解决了数据录入和数据采集的"瓶颈"问题，为供应链管理提供了有利的技术支持。

条码系统是由条码符号设计、制作及扫描阅读组成的自动识别系统。条码设备由条码打印机、条码纸质基材和条码识别装置所组成。条码打印机即计算机普通打印机。条码纸质基材有铜版纸、热敏纸、PET（聚酯薄膜）纸和PVC（乙烯基）纸。条码识别所采用的各种光电扫描设备都和后续的光电转换、信息信号放大及与计算机联机形成完整的扫描阅读系统，完成电子信息的采集，其中包括适应各种扫描环境及要求的光笔、台式、手持式、固定式及激光快速扫描器。

常用的条码可以分为一维条码、二维条码和特种条码。

（1）一维条码　　一维条码由一组按一定编码规则排列的条、空及字符组成。一个完整的条码符号由两侧空白静区、起始符、数据符和终止符组成，用以表示一定信息。目前，国际广泛使用的一维条码种类有 EAN 码、UPC 码、Code39 码、Codebar 码（库德巴码）、ITF25 码、Code93 码和 Code128 码等。其中，EAN 码是当今世界上广为使用的商品条码，已成为电子数据交换（Electronic Data Interchange，EDI）的基础；UPC 码主要在美国和加拿大使用；Code39 码在行业内部管理中广泛使用；Codebar 码被广泛应用于医疗与图书领域。

一维条码是迄今为止最经济、实用的一种自动识别处术，具有以下优点。

1）数据可靠、准确。有资料可查，键盘输入平均每 300 个字符会出现一个错误，而条码输入平均 15000 个字符才会出现一个错误，如果加上校验位，则出错率仅为千万分之一。

2）数据输入速度快。键盘输入，一个每分钟打 90 个单词的打字员输入 12 个字符需要 1.6s（按平均每个单词由 5 个字母组成计算）；而使用条码，做同样的工作平均仅需 0.3s，速度是键盘输入的 5 倍多。

3）经济便宜。与其他自动化识别技术相比较，条码技术所需费用较低。

4）灵活实用。条码符号作为一种识别手段可以单独使用，也可以和有关设备组成识别系统实现自动化识别，还可和其他控制设备联系起来实现整个系统的自动化管理。同时，在没有自动识别设备时，也可实现手工键盘输入。

5）自由度大。识别装置与条码标签相对位置的自由度较大。条码通常只在一维方向上表达信息，而同一条码上所表示的信息完全相同并且连续，这样，即使是标签有部分缺欠，仍可以从正常部分读出正确的信息。

6）设备简单。条码符号识别设备结构简单，操作容易，无须专门训练。

7）易于制作。条码可印刷，称为"可印刷的计算机语言"。条码标签易于制作，对印刷技术设备和材料无特殊要求。

（2）二维条码　　由于一维条码的信息容量较小。例如，商品上的条码仅能容纳 13 位阿拉伯数字，因其密度较低，故仅作为一种标识数据，不能对产品进行描述。若需更多描述商品的信息，只能依赖数据库的支持。离开了预先建立的数据库，这种条码就变成了无源之水，从而使条码的应用范围受到了一定的限制。由此，二维条码应运而生。与一维条码相比，二维条码具有以下特点。

1）高密度。二维条码通过利用垂直方向的尺寸来提高条码的信息密度。在通常情况下，其密度是一维条码的几十到几百倍，这样就可以把产品信息全部存储在一个二维条码中，真正实现了用条码对"物品"的描述。

2）具有纠错功能。二维条码引入纠错机制，使得二维条码在因穿孔、污损等引起局部损坏时，照样可以得到正确识读。二维条码的纠错功能非常强大可靠，这是一维条码无法相比的。

3）可表示多种语言文字。多数二维条码都具有字节表示模式，即提供了一种表示字节流的机制。我们知道，不论何种语言文字，它们在计算机中存储时都以机内码的形式表现，而机内码都是字节码。这样就可以设法将各种语言文字信息转换成字节流，然后再将字节流用二维条码表示，从而为多种语言文字的条码表示提供了一条前所未有的途径。

4）可表示图像数据。

5）可引入加密机制。二维条码作为一种新的信息存储和传递技术，从诞生之时就受到了国际社会的广泛关注。经过几年的努力，现已应用于国防、公共安全、交通运输、医疗保健、工商业、金融、海关及政府管理等多个领域。目前二维条码主要有 QR Code 条码、Code-one 码、Maxicode 码、Code49 码、PDF417 码与 Code16K 码等。

（3）条码技术应用　物流条码是物流过程中的以商品为对象、以集合包装商品为单位使用的条码，是用在商品装卸、仓储、运输和配送过程中的识别符号。通常印在包装外箱上，用来识别商品种类及数目，亦可用于仓储批发业销售现场的扫描结账。

物流条码符号的应用场合包括自动装卸货、拣货、分拣、进发货自动登录与传输以及客户收货作业。由于在各项活动发生的同时就能自动读取信息，因此可以及时捕捉到消费者的需要，提高商品的销售效果，也有助于提高物流信息化水平，提高物流系统效率。

1）物料管理。现代化生产中，物料配套的不协调会极大地影响了产品生产效率，杂乱无序的物料仓库、复杂的生产备料及采购计划的执行几乎是每个企业所遇到的难题。

通过条码技术不仅便于物料跟踪管理，而且也有助于做到合理的物料库存准备，有利于提高生产效率，合理运用企业资金。条码标识便于在生产管理中对物料的单件跟踪，从而建立完整的产品档案。利用条码技术可对仓库进行基本的进、销、存管理，有效地降低库存成本。通过产品编码，可方便地建立物料质量检验档案，生成质量检验报告，与采购订单挂钩，建立对供应商的评价。

2）生产管理。条码生产管理是产品条码应用的基础。它建立的产品识别码在生产中可监控生产，采集生产测试和质量检验数据，进行产品完工检查以及建立产品档案。从而有序地安排生产计划，监控生产流向，提高产品下线合格率。

3）仓储管理。利用条码技术，可根据货物的品名、型号、规格、产地、牌名以及包装等划分货物品种，并分配唯一的货号编码，然后按货号进行货物库存管理，并应用于仓库的各种操作。

条码仓库管理不仅可用于管理货物品种的库存，而且还可管理货物库存的每一单品。采用产品条码可记录单件产品所经过的状态，从而实现对单品的跟踪管理。通过条码技术，可更加方便地进行包括入库、出库、盘库与核库等业务在内的仓储业务管理，更加准确地完成仓库出入库操作，更可靠地完成仓库的进、销、存管理。条码仓库管理根据采集的条码信息建立仓储运输信息，直接处理实际运输差错，同时能够根据采集单件信息及时发现出入库的货物单件差错（入库重号，出库无货等），并且提供差错处理。

4）销售追踪管理。通过在销售、配送过程中采集产品的单品条码信息，根据产品单件标识条码记录产品销售过程，完成产品销售链的跟踪。

5）售后跟踪服务。根据产品条码可更加方便地建立产品销售档案，记录产品信息与重要零部件信息；利用产品条码可直接进行售后产品的维修条件和维修范围检查，反馈产品售后维修现状和原因，建立产品售后维修档案；通过对产品的售后服务信息进行采集与跟踪，可为企业产品售后维修服务管理提供依据。

6）质量控制管理。通过采集生产线产品质量条码信息，可以统计物料质量的合格率，并产生物料质量分析报告；还可提供生产质量分析数据，有效控制生产产品的质量。

2. 射频识别技术

（1）概念　射频识别技术是 20 世纪 90 年代开始兴起的一种自动识别技术，它利用无线射频方式在阅读器和射频标签之间进行非接触式的双向数据传输，以达到目标识别和数据交换的目的。RFID 与传统的条码、磁卡及 IC 卡相比，具有非接触、阅读速度快、无磨损、不受环境影响、寿命长和便于使用等特点，可识别高速运动物体并可同时识别多个标签。目前，射频技术已广泛应用于工业自动化、商业自动化及交通运输管理等多个领域。

（2）系统组成　RFID 技术是通过感应无线电波或微波能量进行非接触式双向通信、识别和交换数据的自动识别技术。一个最基本的 RFID 系统由射频电子标签（Tag）、读写器或阅读器（Reader）、天线（Antenna）3 部分构成。

（3）主要特点　与当前广泛应用的条码相比，RFID 有着以下特点：

1）读取方便快捷。数据读取无须光源，可实现非接触识读（识读距离可以从 100mm 至几十米）。

2）可快速扫描。条码识别一次只能有一个条码受到扫描；RFID 读写器能够同时处理多个电子标签，实现批量识别。

3）使用寿命长，应用范围广。其无线电通信方式，使其可以应用于粉尘、油污等高污染环境和放射性环境，而且其封闭式包装使得其寿命大大超过了印刷的条码。

4）可重复使用。条码印刷上去之后就无法更改，RFID 电子标签则可以重复地新增、修改、删除 RFID 标签内储存的数据。

5）可实现穿透性和无屏障阅读。在被覆盖的情况下，RFID 能够穿透纸张、木材和塑料等非金属或非透明的材质，并能够进行穿透性通信。

6）数据容量大。电子标签与传统标签相比，数据存储量大。

7）安全性优越。由于 RFID 承载的是电子式信息，其数据内容可由密码保护，使其内容不易被伪造和涂改。

（4）RFID 的应用　目前，RFID 技术的典型应用主要有以下 4 个方面。

1）供应链管理。供应链管理是 RFID 应用的一个重要领域，处于供应链中的企业必须随时、精确地掌握链上物流、商流、信息和资金的流向，才能使企业发挥最大效率和效益。RFID 技术可以有效地解决供应链上各项业务运作资料的输入与输出、业务过程的控制与跟踪，大幅度减少出错率。

2003 年，德国的连锁超市安德龙集团提出了"未来超市"概念。根据这一概念，未来超市中的所有商品都将贴上 RFID 电子标签。例如，服装从工厂进货时，每件衣服就贴有电子标签，装箱后的箱子及运输的集装箱上也有电子标签。这样货物进库后，管理人员就可以通过无线扫描，快速、准确地了解货物的数量，同时，超市对于每天销售的衣服也一目了然。顾客在挑选服装时，通过试穿镜前的电子扫描仪，可以清楚了解衣服的质地面料、规格型号和生产厂商等各种信息。

2）车辆自动识别。早在 1995 年，北美铁路系统就采用了射频识别技术，在北美 150 万辆货车、1400 个地点安装了射频识别装置。近年来，澳大利亚开发了用于矿山车辆识别和管理的射频识别系统。

3）高速公路收费及智能交通。我国香港"快易通"采用的就是射频识别技术，装有射频标签的汽车能被自动识别，无须停车缴费，大大提高了行车速度和效率。目前，快易通的电子道路收费（Electronic Toll Collection，ETC）系统已在香港 12 条主要干线和隧道提供服务，为驾驶员带来了无限方便。利用射频识别技术开发的不停车高速公路自动收费系统，目前已在我国内地很多地区得到应用和推广。

4）射频卡应用。2010 年上海世博会会期半年，吸引了全世界 7000 多万的参观者，其票务系统被称为有史以来最大规模的 RFID 电子标签门票应用案例。

参观上海世博园的游客，只需将内置 RFID 芯片的世博门票在离读写设备 100mm 的距离内刷卡，便可通过闸口。RFID 技术不仅使得游客入园速度大大提升，人均进入识别闸口的时间仅为 20 秒；同时也让门票更加智能，通过记录不同信息并用于不同类别的门票，可为参观者提供多种类型的服务，比如"夜票""多次出入票"等。通过 RFID 芯片采集的参观者信息将汇聚到票务系统的中枢，进行数据处理与分析，管理方可据此了解园区内的人员密度，并进行科学的分流引导，进而调节各展馆之间"冷热"不均的现象，并有效调配园区车辆。上海世博会 RFID 门票及相关设备如图 7-3 所示。

a)   b)   c)

图 7-3 上海世博会 RFID 门票及相关设备
a) 门票验票闸机   b) 电子门票的芯片   c) RFID 门票

随着 RFID 技术的进一步发展和成本的下降，在未来的若干年，全球开放市场将为 RFID 带来巨大的商机。Deloitte（德勤）研究中心的分析表明，从 2006 年开始，供应链已成为推动 RFID 技术的主要产业，RFID 技术所独有的优势最终将在地球形成一个巨大的产业，值得各个领域加以关注。

7.2.2 物流定位技术

1. 地理信息系统

（1）GIS 概述　地理信息系统（Geographic Information System，GIS）由计算机系统、地理数据和用户组成，通过对地理数据的集成、存储、检索、操作和分析，生成并输出各种地理信息，从而为土地利用、资源管理、环境监测、交通运输、经济建设、城市规划以及政府各部门行政管理提供新的知识，为工程规划设计、管理决策等提供服务。通俗地讲，它是整个地球或部分区域的资源与环境在计算机中的缩影。

首先，GIS 是一种计算机软硬件系统，它具备一般计算机系统所具有的功能，如采集、管理、分析和表达数据等功能。其次，GIS 处理的数据都与地理信息有着直接或间接的关系。从外部来看，地理信息系统表现为计算机软硬件系统，而其内涵则是由计算机程序和地理数据组成的地理空间信息模型，是一个缩小的、高度信息化的地理系统。

（2）应用功能　GIS 的应用范围很广泛，功能很强大，具有将数据集合和地理信息链接起来的能力，能以地图和附加报告的方式简捷而清晰地提供查询和分析，使决策者集中精力于实际问题，而不是花时间去理解数据。以 GIS 为基础的图形数据库是可以延续的，比例尺也不受限制。图形可以任何地点为中心，以任意比例尺，并使用突出效果的特殊字符有效地显示所选择的信息。其应用功能如下。

1）查询和分析。GIS 提供简单的鼠标单击查询功能和多功能的分析工具，为管理和分析人员提供及时信息。GIS 的应用功能不仅表现为能提供一些静态的查询与数据检索功能，更有意义的是，用户可以根据需要建立一个应用分析模式，通过动态分析，为评价、管理和决策服务，如空间信息测量与分析、统计分析、地形分析、网络分析、叠置分析、缓冲分析和决策支持等。

2）结果可视化输出。将用户查询的结果或数据分析的结果以合适的形式输出是 GIS 的最后一道工序。图形数据、编辑和操作分析过程、用户查询检索结果等都可以显示在屏幕上。而最终结果的输出，除可以屏幕显示外，还可根据用户要求输出到打印机、绘图仪或者记录在磁带、磁盘上。输出结果可以是数据、表格、报告、统计图与专题图等多种形式。针对不同的外围设备，系统应备有相应的接口支持软件。

（3）GIS 应用　GIS 在最近的 30 多年内获得迅速的发展，广泛应用于国土管理、城市规划、环境评估、灾害预测、基础设施建设、邮电通信、交通运输、军事公安、水利电力、公共设施管理、农林牧业、商业金融等几乎所有领域。

GIS 强大的地理数据功能可以完善物流分析技术。国外已经开发出了利用 GIS 为物流提供专门分析的工具软件，集成了车辆路线模型、最短路线模型、网络物流模型、分配物流模型和设施定位模型等。在美国，GIS 集成系统已经成为美国运输业物流管理的重要手段，大部分大型货车车辆都安装了这类系统。在互联网和无线通信及接入设备大发展的今天，利用 GIS 集成系统，使全国乃至全球性物流管理和监控的实现，具有了一定的可能性和现实性。

2. 全球定位系统

（1）GPS 概述　全球定位系统（GPS）是美国国防部开发的卫星导航和定位系统。该系统可以在全球范围内全天候地为地面目标提供信息，从而确定该目标在地面上的精确位置、速度与运行方向等参数。它最初用于美国的军事领域，在第一次海湾战争中，美国空军初次使用 GPS 技术便大获成功。

随着 GPS 的不断改进，软硬件的不断完善，应用领域正在不断扩大。我国于 1995 年成立了中国 GPS 协会，通过广泛的国际交流与合作，使我国的 GPS 应用技术得到了飞速发展。目前已遍及国民经济各个部门，并逐步深入人们的日常生活。

（2）GPS 技术组成　GPS 系统由空间卫星系统、地面控制系统和用户接收系统 3 部分组成。

1）空间卫星系统。GPS 的空间卫星系统由 24 颗卫星（21 颗工作卫星和 3 颗备用卫星）组成。它们分布在离地面高约 2 万 km 的 6 个近似于圆形的轨道平面上，每个轨道 4 颗卫星，各轨道间的夹角为 60°，轨道面倾角为 55°，卫星运行周期为 11h58min，能在全球范围内向任意多用户提供高精度、全天候、连续、实时的三维测速和三维定位。

空间卫星系统的主要功能是接收来自地面控制系统的各种指令和信号，一方面在指令的控制下进行卫星自身的轨道纠偏、速度调节、姿态调整等一系列维护性技术活动，以维持卫星的正常运行；另一方面，它们将控制中心发来的一系列星历和导航电文向用户进行全球全天候的发播。

2）地面控制系统。地面控制系统包括 1 个主控站、3 个注入站和 5 个监控站。主控站位于美国科罗拉多州的空军基地；3 个注入站分别位于大西洋、印度洋和太平洋；5 个监控站除了与主控站和注入站同设一处的 4 个站外，还有 1 个站设在夏威夷。

主控站用来收集监控站发来的相关信息，根据这些信息及时编制一定格式的导航电文传送到注入站，对各注入站、监控站、卫星和整个地面控制系统进行监护和工作协调，保证各卫星在自己的轨道上正常运行。注入站接收主控站传来的导航电文和控制指令，并将这些信息注入飞越其上空的GPS卫星。监控站为主控站编纂导航电文，提供各类观测数据和信息。采集定轨参数、气象要素、卫星时钟和工作状态等数据，监控GPS卫星的运行状态及精确位置，并将这些信息传给主控站。

3）用户接收系统。用户接收系统是指以无线电传感技术和计算机技术为支撑的GPS接收机和数据处理软件，是一种能实现接收、跟踪、变换和测量GPS信号的接收终端设备。接收机将所接收到的信号进行变换和处理，实时计算出观测站的状态参数，最终实现定位导航目的。

（3）GPS的特点　GPS导航定位以其高精度、全天候、高效率、多功能、操作简便、应用广泛等特点著称。

1）定位精度高。GPS定位精度很高。用GPS卫星发来的导航定位信号能够进行厘米级甚至毫米级精度的静态相对定位，米级至亚米级精度的动态定位，亚米级至厘米级精度的速度测量和毫微秒级精度的时间测量。采用动态差分定位的精度小于7m，GPS的测速精度为0.1m/s。

2）观测时间短。随着GPS系统的不断完善，软件的不断更新，目前，20km以内相对静态定位仅需15～20min；快速静态相对定位测量时，当每个流动站与基准站相距在15km以内时，流动站观测时间只需1～2min，然后可随时定位，每站观测只需几秒的时间。

3）操作简便。随着GPS接收机的不断改进，自动化程度越来越高，接收机的体积越来越小，重量越来越轻，极大地减轻了测量工作者的工作紧张程度和劳动强度。

4）全天候、全方位定位。目前，GPS观测可在一天24h内的任何时间进行，不受阴天黑夜、雨雪雾风等天气的影响。GPS覆盖全球范围，可以在任何地点进行观测及接收GPS信号。

（4）GPS的应用　最初，设计GPS系统的主要目的是导航、收集情报等军事目的。但是后来的应用开发表明，GPS系统不仅能够达到上述目的，而且展现了极其广阔的应用前景。

GPS技术的诸多功能在物流领域得到成功应用，尤其是在货物配送领域。GPS在货物配送中主要运用了车辆导航、车辆跟踪、货物配送线路规划、货物信息查询等功能。货物配送过程中运输路线的选择、仓库位置的选择、仓库容量的设置、装卸策略的优化、运输车辆的调度和投递路线的选择都可以运用GPS进行有效的管理和决策分析。这样有助于配送企业有效地利用现有资源，降低消耗，提高效率。例如零售巨人沃尔玛、物流巨头马士基、速递公司UPS等都成功地采用了GPS技术，取得了良好的收益。

3. 中国北斗卫星导航系统

中国北斗卫星导航系统（BeiDou Navigation Satellite System，BDS），作为我国独立发展、自主运行的全球卫星导航系统，是国家正在建设的重要空间信息基础设施，可广泛应用于经济社会的各个领域。

中国北斗卫星导航系统是继美国GPS、俄罗斯格洛纳斯、欧洲伽利略之后，全球第四大卫星导航系统。高精度的北斗卫星导航系统实现自主创新，既具备GPS和伽利略系统的功能，又具备短报文通信功能。

北斗卫星导航系统的建设目标是建成独立自主、开放兼容、技术先进、稳定可靠的覆盖全球的北斗卫星导航系统，形成完善的国家卫星导航应用产业支撑、推广和保障体系，推动卫星导航在国民经济社会各行业的广泛应用。北斗卫星导航系统由空间段、地面段和用户段 3 部分组成，空间段包括 5 颗静止轨道卫星和 30 颗非静止轨道卫星，地面段包括主控站、注入站和监测站等若干个地面站，用户段包括北斗用户终端以及与其他卫星导航系统兼容的终端。

北斗卫星导航系统能够提供高精度、高可靠的定位、导航和授时服务，具有导航和通信相结合的服务特色。通过多年的发展，这一系统在测绘、渔业、交通运输、电信、水利、森林防火、减灾救灾和国家安全等诸多领域得到应用，产生了显著的经济效益和社会效益，特别是在四川汶川、青海玉树抗震救灾中发挥了非常重要的作用。

按照"三步走"的发展战略，2020 年左右将建成由 30 余颗卫星组网、地面段和各类用户终端构成的、覆盖全球的大型航天系统。2012 年 12 月 27 日，北斗卫星导航系统已覆盖亚太区域，并启动区域性正式服务。

7.2.3 信息交换技术

1. EDI 概述

电子数据交换（EDI）是指将信息（主要指商业信息）以标准格式，通过计算机通信网络，在计算机系统之间进行自动化传递，实现数据的交接与处理。EDI 是一种信息管理与处理的有效手段，也是对供应链上的信息流进行运作的有效方法。EDI 的目的是充分利用现有计算机及通信网络资源，提高贸易伙伴间通信的效益，降低成本。

使用 EDI 的主要优点有：降低了纸张文件消费；减少了重复劳动，提高了工作效率；使贸易更迅速、更有效，大大简化了订货及存货过程，因而改善了贸易双方的关系，提高了他们的竞争能力。由于 EDI 的使用可以完全代替传统的纸张文件的交换，因此有人称它为"无纸贸易"或"电子贸易"。

2. EDI 构成

构成 EDI 系统的 3 个要素是 EDI 软件、EDI 标准与通信网络。

（1）EDI 软件　EDI 软件的作用是将组织内部的非结构化格式信息（数据）翻译成结构化的 EDI 标准格式文件，然后传送 EDI 报文。这是针对"信息发送方"而言的。对"信息接收方"来说，则需要把所接收到的标准 EDI 报文，翻译成在该部门内部使用的非结构化格式的信息。根据这样的要求，EDI 软件应具有 3 方面的基本功能：数据转换、数据格式化和报文通信。

（2）EDI 标准　在 EDI 技术构成中，标准起着核心的作用。EDI 标准可分成两大类：一类是表述信息含义的语言，称为 EDI 语言标准，主要用于描述结构化信息；另一类是载运信息语言规则，称为通信标准，它的作用是负责传输数据。目前广泛应用的 EDI 语言标准有两大系列：国际标准 EDIFACT 和美国 ANSIX.R。EDIFACT 标准作为联合国与国际标准化组织联合制定的国际标准，正在被越来越多的国家所接受。

（3）通信网络　EDI 通信网络是指通过网络把 EDI 数据传送到目的地。在传统的商务活动中，贸易单证票据的传递通常由邮政系统或专业投递公司来完成。使用 EDI 技术，在商务活动中能够用电子手段来生成、处理和传递各类贸易单证。因此，网络通信是 EDI 系统必不可少的组成部分。从 EDI 所依托的计算机网络通信技术的发展演变来看，最初是点到点方式，随后是增值网络（VAN）方式，进而是电子邮件（Email）方式，到现在的 Internet 模式，这一变化趋势使得 EDI 的推广应用范围变得更加广阔。

3. EDI 的实现过程

EDI 具体的实现过程是：客户在现有的计算机应用系统上进行信息的编辑处理；然后通过 EDI 转换软件（Mapper）将原始单据转换为中间文件（Flat File）；再通过翻译软件将中间文件变成 EDI 标准格式文件；最后在文件外层加上通信交换信封，通过通信软件传至 Internet 或直接传给对方客户。对方客户则进行相反的处理过程，最后成为客户应用系统能够接受的文件格式并进行收阅处理。EDI 的工作方式示意图如图 7-4 所示。

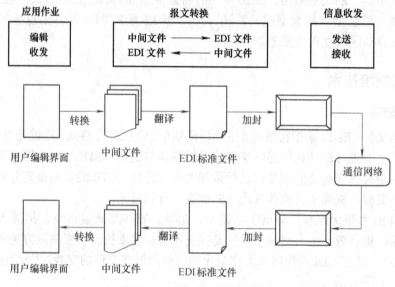

图 7-4 EDI 工作方式示意图

4. EDI 应用

EDI 的应用领域很广泛，涵盖工业、商业、外贸、金融、医疗保险、运输业和政府机关等，这些领域的应用一般是相互联系、相互交叉的。EDI 应用获益最大的是零售业、制造业和配送业。在这些行业供应链上应用 EDI 技术，提高了发票传输和订单过程效率，因此，EDI 在密切贸易伙伴关系方面有着巨大的潜在优势。

EDI 在国际上已被广泛应用。美国前 500 家大企业中有 65% 使用 EDI，90% 的报关业务通过 EDI 进行。美国通用汽车公司采用 EDI 后，每生产一辆汽车可节约成本 250 美元。日本东芝公司在使用 EDI 后，每笔交易的文件处理费用仅为原来的 1/4。新加坡全国 EDI 网络建成后，通关时间由原来的 3～4 天缩短到只需 10～15min，每年可节约数亿美元的文件处理费用。

EDI 在我国的应用和发展还受一些基础条件的制约，如企业信息化基础比较薄弱，企业对 EDI 的认识不够，EDI 的专业人才相对缺乏等。随着网络技术的发展，EDI 开始朝着开放系统和综合电子商务解决方案的方向发展，面对新技术、新趋势带来的机遇和挑战，如何真正有效地利用 EDI，并在此基础上建立起适合中国的电子商务体系，是发展我国电子商务的一件大事。

7.2.4 物联网技术与"智慧储存"

1. 物联网起源

物联网（The Internet of things）的定义很简单：就是把所有物品通过射频识别、红外感应器、全球定位系统、激光扫描器等信息传感设备与互联网连接起来，进行信息交换和通信，实现智能化识别、定位、跟踪、监控和管理。

物联网概念最早出现于比尔·盖茨 1995 年《未来之路》一书中。1998 年，美国麻省理工学院创造性地提出了当时被称作 EPC 系统的"物联网"的构想。1999 年，美国 Auto-ID 首先提出"物联网"的概念，主要是建立在物品编码、RFID 技术和互联网的基础上。过去在中国，物联网被称为传感网。中科院早在 1999 年就启动了传感网的研究，并已取得了一些科研成果，建立了一些适用的传感网。2005 年 11 月 17 日，在突尼斯举行的信息社会世界峰会（World Summit on the Information Society，WSIS）上，国际电信联盟（International Telecommunication Union，ITU）发布了《ITU 互联网报告 2005：物联网》，正式提出了"物联网"的概念。2009 年 1 月，IBM 首席执行官彭明盛提出"智慧地球"构想，其中物联网为"智慧地球"不可或缺的一部分，而美国总统奥巴马对"智慧地球"构想积极回应，并提升到国家级发展战略。

从目前来看，无所不在的物联网通信时代即将来临，世界上所有的物体从轮胎到牙刷、从房屋到纸巾，都可以通过 Internet 网主动进行交换。射频识别技术、传感器技术、纳米技术、智能嵌入技术将得到更加广泛的应用。在物联网时代，通过在物品上嵌入一种短距离的移动收发器，人类在信息与通信世界里将获得一个新的沟通维度，从任何时间任何地点的人与人之间的沟通连接扩展到人与物和物与物之间的沟通连接。

2. 物联网相关技术

国际电信联盟报告提出物联网主要有 4 个关键性的应用技术：标签事物的射频识别技术（RFID），感知事物的传感网络技术（Sensor Technologies），思考事物的智能技术（Smart Technologies），微缩事物的纳米技术（Nanotechnology）。

（1）射频识别技术　射频识别技术与互联网、通信等技术相结合，可实现全球范围内的物品跟踪与信息共享。

（2）传感网络技术　传感器是机器感知物质世界的"感觉器官"，可以感知热、力、光、电、声与位移等信号，为网络系统的处理、传输、分析和反馈提供最原始的信息。随着科技技术的不断发展，传统的传感器正逐步实现微型化、智能化、信息化与网络化，正经历着一个从传统传感器、智能传感器到嵌入式 Web 传感器的内涵不断丰富的发展过程。

（3）智能技术　智能技术是为了有效达到某种预期目的，利用计算机技术、精密传感技术与 GPS 定位等技术，通过在物体中植入电子标签，可以使得物体具备一定的智能性，能够主动或被动地实现与用户的沟通。

（4）纳米技术　纳米技术主要研究结构尺寸在 0.1～100nm 范围内的材料性质，包括纳米体系物理学、纳米化学、纳米材料学、纳米生物学、纳米电子学、纳米加工学、纳米力学等 7 个相对独立又相互渗透的学科，涵盖纳米材料、纳米器件、纳米尺度的检测与表征等 3 个研究领域。基于纳米技术，利用传感器就能探测到物体的物理状态；利用嵌入式智能技术，可大大增强网络信息处理的能力。纳米技术的优势意味着物联网当中体积越来越小的物体能够进行交互和连接。

3. 物联网和智能物流

智能物流是信息化及物联网在传统物流业应用的产物，它的信息化和综合化的物流管理与流程监控，不仅能为企业带来物流效益的提升和物流成本的控制，也从整体上提高了企业以及相关领域的信息化水平，从而达到带动整个产业发展的目的。

智能物流的流程如下：一条生产线正在运行，一批产品在最后下线的环节被机器内置了一个电子标签，这些产品在入库时被射频装置自动读取电子标签存入数据库，并自动更新库存数据。经过一段时间，这批产品被调出库时，同样经过数据读取并及时更新数据库信息。然后，这批产品进入物流系统，而物流配送中心要对其进行同样的数据采集和管理，通过数据的实时传输与实时跟踪，动态掌握这批商品所处的位置。当物流配送中心将这批商品交付给货主企业后，货主企业将再次对其进行数据读取和收集，直到将产品送到最终消费者手中。

在上述过程中，处于最开始环节的生产商可以通过与物流配送中心及最后终端的联网，全程跟踪企业生产的这批产品的动向，一旦其中任何一个环节出现问题，可以在最短的时间内确定相关的目标信息，相关主体可以在第一时间内进行沟通，商讨解决问题的方案。

物联网集合了编码技术、网络技术与射频技术，突破了以往获取信息模式的瓶颈，在标准化、自动化与网络化等方面进行了创新。从而使物流公司能够准确、全面和及时地获取物流信息，并提供独到的服务。在这里，提高物流企业的信息获取能力是关键，而物联网的出现，正好迎合了物流配送中心这一方面的需求。

物流配送中心可以对单个物品信息实现自动、快速、并行、实时和非接触处理，并通过网络实现信息共享，满足客户的需求，最终实现社会资源的优化配置，从而达到对供应链实现高效管理的效果。物流配送中心通过分析、提炼来自诸如运输、仓储、配送等基础物流服务所获得的物流信息，得出企业级、行业级和供应链级等不同级别的分析结果，并在此基础上根据不同的信息级别，分别提供企业级、行业级和供应链级的信息增值服务。

4. 智能仓储案例

图 7-5 所示为在仓储作业的整个流程应用 RFID 建立果蔬物流可追溯系统的解决方案。

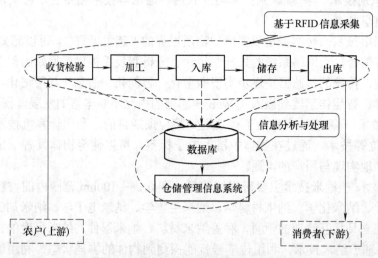

图 7-5　果蔬物流可追溯系统的解决方案

典型的果蔬仓储过程包含收货检验、入库加工、入库作业、储存保管、出库作业等环节，在仓储过程的上游联系着农户,下游联系着销售商和消费者。该设计方案的目标是在仓储过程的每个环节应用 RFID 技术进行信息的录入和处理,并对每一步操作进行有效的查询和监控,从而实现果品物流的可追溯性,具体内容如下。

1)在收货检验阶段,检验者把产品的名称、品种、产地、批次、施用肥料与农药情况、生产者信息及其他必要的内容存储在 RFID 标签中,利用 RFID 标签对初始产品的信息和生产过程进行记录。

2)在加工阶段,利用 RFID 标签中记录的信息,对不同的产品进行有针对性的处理,以保证产品质量;加工完成后,由加工者把加工者信息、加工方法、加工日期、产品等级、保质期、存储条件等内容添加到 RFID 标签中。

3)在储存和出货阶段,由仓库进口、出口安装的固定读写器对产品的进出库自动记录。许多果蔬产品对存储条件、存储单元有较高要求,利用 RFID 标签记录的信息,可迅速判断产品是否合适在库储存,以及还可以存储多久;出库时,根据存储时间选择优先出库的产品,避免果蔬产品的腐烂及经济损失;同时,利用 RFID 还可以实现仓库的快速盘点,帮助管理人员随时了解仓库里产品的状况。

4)当产品出现问题时,由于产品的加工、运输、存储、销售等环节的信息都存在 RFID 标签中,根据追溯系统标签的内容可以追溯全过程,帮助确定出现问题的环节和问题产品的范围。仓储部门利用读写器可在仓库中迅速找到尚未销售的问题产品,消费者也能利用 RFID 技术,确认购买的产品是否是问题产品,以及是否在召回的范围内。

7.3 物流信息系统设计

物流信息系统设计大致可分为 3 个阶段,即战略规划阶段、系统规划阶段及系统实施阶段。

7.3.1 战略规划

信息系统开发伊始,首先进行战略规划。制订客观而且具体可行的整体开发计划,使信息系统能够服务于企业发展目标。信息系统与相关人力、资金和现有的信息资源相协调,是信息系统成功开发的关键。一般需要根据规划范围的界定、组织措施的落实、组织架构与组织运行状况评估、信息系统现状、产业特性、企业经营环境,以及竞争对手信息系统发展状况等,来产生信息系统战略规划。

1. 规划范围界定及组织措施落实

在信息系统战略规划阶段,首先弄清楚企业经营目标和管理者对信息系统的期望,由此确定主要的工作范围。通常包含信息系统的功能设计、数据库架构设计、软硬件选用、资源配置方式、人力资源现状、投入经费、推动措施制定,以及管理制度的建立与健全。同时,在战略规划开始阶段,取得企业最高管理者的全力支持非常重要,最好由最高管理者召集各单位主管成立战略规划委员会,由各参与单位提出其对信息系统的要求与期望,以此来制定规划的目标、范围与方向及各种可行的方案,并且决定信息系统规划、后续过程中各部门的工作内容及部门间的职责划分等。

2. 产业特性、经营环境及竞争对手信息系统的评估分析

建立与运用信息系统,除了可以简化事务作业内容和流程外,还可以促成企业经营绩效的提高，使企业在行业内具有较强的竞争力，并影响该行业的经营走向。因此在战略规划之初，需要针对产业特性、企业经营环境及竞争对手信息系统发展状况等加以评判分析，并将其分析成果渗透到实施战略的制定中，将评估要点贯穿于信息系统开发的全过程。

信息系统的实施战略至少应包含以下内容：作业内容的修改与制定，管理方式与制度的建立，信息系统需求方案制定，推动各项方案的组织架构的建立、方案实施时间预估、制定方案实施的先后次序等。信息系统实施方案开发的先后次序，一般由该方案对企业决策的重要性及发生的频率来决定。因此，需调查各个作业活动的发生周期，以信息系统使用的次数多少来决定其开发的先后次序。如库存控制管理系统、配送路线的选择系统、仓库的进出库作业系统等，其使用的次数是每日发生多次而且是经常发生的，故对企业的经营与运作影响巨大，可率先开发以增加企业的经营效率，提高使用者对信息系统的信赖程度与系统开发使用的兴趣。至于不常发生的决策活动，如机械设备的采购选用、仓库设置数量及选址、堆放方式的规划设计等系统，由于其使用频率较低，因此在信息系统开发时，可较缓执行，但仍需列入规划方案中，才不会在方案执行时被漏掉。

7.3.2 系统规划

系统规划就是分析信息系统功能需求，制定输出输入报表、界面设计与程序编写需求，进而制定信息系统实施时所需的各项工作内容、开发进度及推行的组织措施。

1. 信息系统需求分析

当企业完成信息系统的开发、系统安装并使用一段时间后，系统的使用者往往会对所使用的系统提出抱怨，认为系统本身无法满足其真正的需求，对于各项报表、界面的设计也有许多不满。因此，在信息系统战略规划确定以后，就要针对各方案的详细功能需求展开调查。调查可通过以下几种方式来获得。

1) 向使用单位发放问卷调查，并与使用人员做进一步沟通与讨论。

2) 组成信息需求调查小组，有可能使用该系统的单位指定固定人员参与，通过开座谈会的方式讨论，以协调整合各部门的需求。

3) 由信息系统开发设计人员对使用该系统的各个部门展开一对一的访谈调查，该方式虽然需要耗费大量的时间，但是个别访谈能使具体使用者讲出其真正的需求与现行作业或系统的缺点，所以效果较好。

2. 运行现况分析

对于物流配送中心运行状况的了解包含以下内容。

（1）组织架构 除了将企业所拥有的部门列举出来，并依其组织架构标示其系统层次外，还需要详细了解各部门的工作机能与事务作业内容，这样不但有助于系统分析师进行信息系统的分析规划，而且在信息系统建立后还可作为系统推行的参考。

（2）作业内容及作业流程 对于企业内部的作业方式及事务流程的了解，一方面可作为系统规划的参考，另一方面可作为作业内容合理化、信息流程简单化的规划基准。对于企业内部作业方式及事务流程的了解，可通过绘制现行信息系统关联图、资料流程图、收集现有作业报表单据资料等方式来实现。

(3) 管理方法与制度　各项作业的管理准则及制度对信息系统设计有着极大的影响，尤其是对程序中的逻辑推理过程或计算公式设定有直接的影响。因此必须将企业中现在执行的各项管理准则一一列举出来，如库存品先进先出的原则、库存区域因不同出货批量大小划分区域的原则、物料搬运的最短距离原则等。

3. 系统分析与设计

明确物流配送中心的各项作业流程、系统功能需求、现有的各项信息技术与管理决策之后，系统分析人员即可依据这些条件来制定新的作业方式，建立可行的信息系统架构，并将各项可执行的实际内容列举出来，以便进行信息系统的推行实施。

（1）作业合理化　在信息系统建立之前，可以先对现有的作业内容进行分析，对其中效率较低的作业进行改善，并提出系统的作业改善方案与使用者进行沟通，进而制定新的作业方式。

作业合理化的基本思想就是保留原作业系统的各项功能，去除不必要的作业，合并性质重复的作业，使现有作业流程顺畅化；检查原有作业系统的瓶颈，提出作业问题点并予以解决；合并格式内容相近的表单，统一意义相同的栏位名称，减少表单数量，使表单内容更加丰富。

（2）建立系统架构与设定功能　作业方式与内容确定后，信息系统的功能设定将根据各项作业的需求而确定。信息系统的架构可通过物流配送中心的组织架构或数据库结构的方式，由作业内容来建立。

（3）作业流程设计　信息系统架构建立后，即可分析各项作业之间的资料流程。作业流程的分析可由逻辑系统关联图和逻辑资料流程图的绘制具体表现。

（4）数据结构设计　数据库中数据结构的不同会造成程序执行时执行速度及效率不同，选择何种数据结构，视实际情况协商而定。一般而言，数据库可分为集中式数据库及分散式数据库，集中式数据库又可再分为阶层式数据库、索引式数据库及关联式数据库。采用关联式数据库通常可以较快取得数据，但数据储存量较大。而阶层式数据库则可取得详尽数据，不易遗漏，且不占用过多的储存空间，但其数据搜寻速度比关联式数据库慢得多。

客户界面是人和计算机联系的重要途径，操作者可以通过屏幕窗口与计算机进行对话、向计算机输入有关数据、控制计算机的处理过程，并将计算机的处理结果反映给客户。因此，客户界面设计必须从客户操作方便的角度来考虑，与客户共同协商界面应反映的内容和格式，根据客户操作习惯与方便性进行设计。

（5）程序处理设计　由逻辑系统关联图及逻辑数据流程图，可得信息系统内部程序间的运作流程及各子程序的执行内容、数据来源、信息的输入/输出及数据处理计算的公式。程序处理设计可由需求规格说明书的制作较清楚地表达。

需求规格说明书是运用结构化程序语言，描述数据流程图中最低层的作业程序、原则性的处理流程及相关的逻辑决策表。

4. 实施规划

信息系统实施规划的主要内容是为信息系统做实施内容分析，制定实施步骤，预计各项目推进所需时间，进行工程进度安排及人力需求规划，并制定相应的组织架构、教育训练计划与管理控制制度等。

(1) 信息系统功能分析　一般程序均以达成下列几项功能为目的：数据查找、数据排序、数据处理及计算、数据档案的存取、报表打印及界面显示等。因此，可依据各子系统功能及作业内容列出各子系统的程序及各程序应具备的功能，作为系统分析人员估计程序编写时间的标准和程序测试审核的标准。

(2) 程序开发流程规划　当系统分析人员获得上述数据之后，即可根据程序编写的经验来估计程序编写所需时间，将编写的工作内容细化，并调整程序编写的先后次序，以便程序的编写能顺利进行。

(3) 软、硬件资源规划　软、硬件资源规划内容包括数据库处理系统的选用，网络的设置和架构，网络控制系统的选用，程序编写工具或语言，以及电脑主机、终端机、输入/出装备、数据储存装置、传输卡与网络传输介质等的选用。

(4) 人员及组织的训练规划　完成以上各项工作后，即可针对各项工作内容，安排相关人员，负责执行各种知识与技术的训练课程。除此之外，针对各项工作的推行，编排工作进度，制定工作绩效考核标准，作为工作实施时的进度控制。

7.3.3　系统实施

系统实施就是由推行人员实施执行，达到系统的建立与使用的目的。而系统的实施包含下列5个阶段。

1. 程序设计

信息系统的程序设计是以程序设计说明书为基础，以某一种或几种具体的编程方法和工具为媒介，来实现系统功能模块的程序编制工作。信息系统程序设计的基本要求包括以下几个方面。

(1) 可靠性　一方面是指系统的安全可靠性，包括数据的存取、通信、操作权限等数据资料方面的可靠性，另一方面是指程序运行的可靠性，也就是系统本身的良好状态。

(2) 实用性　实用性是系统实施后能否正常投入使用的重要保证。是指从客户的角度来审查系统的功能，达到灵活、实用及方便的要求。

(3) 可读性　可读性即力求写出的程序和命令清晰易懂。可读性是将来系统维护和修改的基础，这对于大型系统的开发尤为重要。

(4) 规范性　首先是要求系统功能的划分、结构的界定等方面应当遵循既定的规范；其次是程序的编写、变量的命名以及书写的格式方面要遵守一定的规范；最后是文档，包括开发文档、维护文档以及说明等多种开发过程涉及的文档也应有一定的规范。系统的规范是日后对系统进行使用、升级维护以及相互交流的基础。

(5) 可维护性　可维护性要求系统程序的各个组成部分之间保持相互的独立，这与规范性、可读性等指标密切相关。

2. 系统的调试与测试

系统的调试与测试，包括对系统的基本功能、系统效率、可靠性等各方面的测试。系统调试和测试主要包括程序调试、模块测试、子系统调试、系统功能调试以及系统性能测试等方面。

(1) 程序调试　是指对一些具有独立功能的程序的调试。调试的主要内容包括正确性、运行速度与存储空间的调试以及使用简便性的调试。

（2）模块测试　　是指对若干个程序组成的某一功能模块进行的测试。它是在程序调试的基础上，对程序调入过程的功能出现的问题进行修改。

（3）子系统调试　　是对模块与模块之间的调用关系进行调试。其中包括上层模块如何使用下层模块，下层模块出现问题时反馈信号如何影响上层模块，多个模块同时使用文件时是否存在死锁等。

（4）系统功能调试　　是在子系统调试的基础上对整个系统的功能进行的调试工作。包括对子系统之间的接口、数据通信、功能处理、资源共享，以及某系统遭到破坏后能否按要求恢复等问题的调试。

（5）系统性能测试　　主要是对系统转换方式的测试。系统转换的方式主要有直接转换方式、并行转换方式和分段转换方式等。

3. 编写操作手册

为了使信息系统上线之后可以顺畅地执行各项作业，就必须编写各种手册指导使用者如何维护及操作，其中包含指导系统安装人员的安装手册，指导使用者的使用操作手册以及保证系统顺畅运作的维护手册。

4. 系统安装及上线

系统安装调试好之后通常不能马上上线，主要是因为现有数据尚未经过有效整理，不适合系统设计的输入/输出格式或因历史数据尚未导入，而无法发挥信息系统的既定功能，因此系统初次使用时，需要将必要的数据导入系统中，或将数据转换成系统所需的数据格式。

5. 系统人员操作训练

系统人员是指在进行系统开发的过程中以及在系统的使用、维护和扩展等各项工作中所需要的各类专业人员。在整个系统开发的过程中，所涉及的各类工作人员包括以下几类：系统分析员，负责与客户一同确定信息需求，编写系统说明书；系统设计员，负责设计信息系统，定义软、硬件要求；应用程序员，负责设计、调试计算机应用程序，确保其能够正常投入使用；程序维护员，负责对目前运行的系统和程序进行有效维护；数据库管理员，负责管理和控制企业数据库，确保正常运作；计算机操作员，负责操作计算机设备和使用相关系统；文件库管理员，保存与收发系统的相关必要文件，进行文件的整理存放；控制员，记录各种系统控制信息，检查控制规程；规划员，对信息系统的发展前景进行规划，确保将来开发的方向。

7.4　物流信息系统建设案例

7.4.1　某公司开发的仓储管理信息系统

仓储管理信息系统属于物流系统中的一部分，某公司开发的仓储管理信息系统由物流管理系统模块（仓储＋运输）、财务管理系统模块、办公自动化管理系统模块、客户关系管理系统模块、企业门户管理系统模块和货主管理系统模块组成。

物流配送中心提供服务的质量水平将直接影响销售部门与其客户的供应关系，本系统将着眼于监控和努力提升物流配送中心的服务质量，使物流配送中心成为销售部门可信赖的伙伴。随着业务量的逐渐扩大、销售部门管理模式的变化和管理水平的提高，势必要求物流服务逐渐细化，这样必然导致大量的计算。同时系统还要提供相应的严格控制和安全管理，以防止未经授权的任何操作干扰系统。

本仓库管理系统使用的条码识别和无线通信功能强大、技术先进，可充分地控制仓库中所有货物的运转。系统具有图形客户接口、友好人机界面、强大查询能力、多重数据视图和内置安全管理等多个优点，使仓库更高效、更准确和更人性化，能最大化客户满意度。系统可记录所有的库存活动，确保企业符合 ISO 标准。本系统可实现多个物流配送中心的管理，为物流配送中心的全国性发展的组织架构提供坚实的基础。仓储管理信息系统功能框图如图 7-6 所示，具体介绍如下。

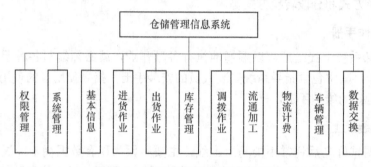

图 7-6　仓储管理信息系统功能框图

1. 权限管理

权限管理提供对安全管理的支持。包括以下内容。

（1）客户权限管理　建立系统模块资料、程序资料、组资料、客户资料，建立组程序及操作权限，对操作客户赋予操作权限，建立操作客户货主对应关系，赋予操作人员相关业务权限。

（2）日志管理　查询操作日志、清除操作日志、设置参数。此模块独立运行，且只能由系统管理员使用。

2. 系统管理

系统管理包括参数设定、系统初始化、运行重要数据设定、历史资料处理和日结处理。历史资料处理是对系统运行中积累的历史数据做备份或删除处理；日结处理是对一天的进、出、存、退等作业进行汇总与统计，生成需上传下行的文件及完成文件的发送。

3. 基本信息

基本信息是本系统的基础数据，包括以下内容。

（1）区域资料　具体包含省份资料、城市资料、公司资料、作业班组资料、行车路线资料与计费区域资料等内容，涵盖了多层组织架构和多物流配送中心系统。

（2）货主资料　具体包含行业资料、供应商资料、客户资料、商品分类、计量单位、商品信息、送货地资料、仓位资料、仓间和储位资料、存量调整原因、客退原因设定、未出库原因、报表查询以及货主商品资料表。

4. 进货作业

进货入库事务流程框图如图 7-7 所示。

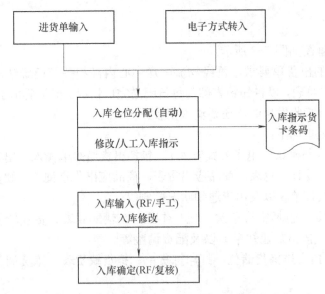

图 7-7 进货入库事务流程框图

经过进货单输入和电子方式转入，将进货入库信息转换为可视的入库订单队列，由此可优化人力作业安排和月台管理，也可对未知的加急收货或复杂的入库订单进行查询，并对多张入库订单综合处理，减小了收货站台操作的复杂性。

入库仓位分配、人工入库指示：根据进货单输入信息可自动生成入库仓位，必要时也可进行人工修改。系统可灵活接收多种类型入库订单，如采购单、转仓单、产品转移单和客户退货等，并支持多个公司、部门与仓库设施，最大限度地提高资产的利用率。

入库输入和修改：利用移动 RF 条码扫描设备进行收货，货品和包装的组合可配置超过 4 个测量单位（如单品、内包装、箱和托盘），以方便收货、物料处理与货运；条码标签贴在入库货品上，提供了对库存跟踪的条件。这样，不但确保了库存的精确性和时效性，而且还能够处理尚未在入库订单队列的产品，使用客户定义的代码收取过期、破损的货品，对一张入库订单多次收货并能对例外全程管理，对规定的货品记录批号和到期日，以确保先进先出的库存周转。

正常入库作业：根据销售部门的入库指示，将良品放置于良品库（区），不良品放置于待处理区、不良品库或退货区，每日入库结束后，打印入库管制表反馈给销售部门。如果需要接货，还应包括从第三地将商品运送到物流配送中心的过程。

客退作业：包括直接退货和销售退货两种，系统对这两种退货方式做出不同的管理。对于直接退货，系统自动生成客退通知单。入库作业中可以对检验报告未达的商品进行"待检作业"，以确保这些商品不会进入正常出货作业中。

最后进行入库确定（RF/复核）。

正常入库信息有入库通知单，应入库表，入库单状况查询，储位状况查询、验收入库输入以及验收入库确认，入库报表、入库汇总表、入库明细表以及入库分析表等。

客退作业信息有客户退货通知单、客户退货入库输入、客户退货入库确认、客户退货单状况控制、客户退货商品汇总表、客户退货商品明细表、客户退货商品分析表，以及客户退货单入库明细表。

5. 出货作业

出货作业流程框图如图 7-8 所示。

依据销售部门的出货单要求，再经物流配送中心内部相关部门确认出货、拣货与配车后，完成打印配送汇总表，以告知销售部门每日配送完成情况。出货后由于库存量相应减少，还应输入回单资料。拒收发生时，还要输入拒收原因。

出库作业事务处理如下：

（1）出货单输入与确认（电子方式转入） 包括出货通知单输入、出货通知单确认、预配作业、预配调整、受订汇总表、商品应出货表、商品应出货查询表、缺货订单表、缺货订单明细表、缺货商品订单表以及出货通知状况控制等。

（2）配车与配货 包括安排车次、配车作业、车辆配载表、货权转移、配货作业（按车次）、配货作业（按出货通知单）以及配货调整等。

（3）拣货 包括安排拣货储位、打印拣货单、拣货缺货表、拣货调整单以及商品待出查询表等。

（4）出货作业 包括出货确认、回单处理、客户签收附件登记、出货差异处理、未出库原因设置以及结案处理等。

出货报表包括货主出货汇总表、商品出货汇总表、商品出货查询表（按出货单、客户、送货地的汇总与明细）、商品出货分析表、车号出货表、配送汇总表、客户签收附件登记表以及已取消订单表等。

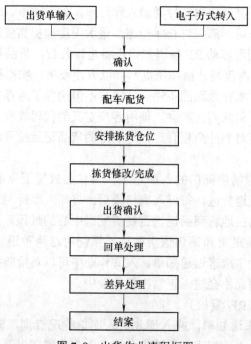

图 7-8 出货作业流程框图

6. 库存管理

（1）**库存调整**　包括批号调整、存量调整、存量已调整商品汇总表、调整原因汇总表以及调整原因分析表等。

（2）**移位和退厂**　包括移（仓）位单输入、移（仓）位单确认、移（仓）位表、退厂单输入、退厂单确认及已退厂表等。

（3）**盘点作业**　WMS 根据某一货品或仓库区域确定的盘点限值，定期自动生成周期盘点。在每次拣货、补货或放置差异发生时，也自动生成周期盘点。在线 RF 能够快速解决库存问题，以保证库存清单长期正确。为满足客户要求和最大适应性，可任意根据项目、范围、库区、仓库和地区，计划和发布盘点作业。也可根据实际情况调整库存，申请删除已有编码，调整到期日期与调整份额数量。还可跟踪某一指定时段内或某一项目的所有活动，打印盘点表、盘点量输入、盘点差异、盘点量确认与盘点盈亏表。WMS 支持库货审计，所有的库存调整连同操作员信息、时间戳和客户定义的原因码，被记录在指定的历史文件中，以备审计查询。

（4）**查询报表**　包括商品存量查询表（汇总/明细）、商品异动汇总表、商品异动分析表与商品异动查询等。

7. 调拨作业

调拨作业是依照公司指示，将货物从一物流仓库调整到另一物流仓库。事务流程及内容如下。

1）查询报表。包括货主类别调拨汇总表、商品类别调拨汇总表、商品类别调拨查询表（按调拨单、拨入单位、汇总、明细等分项列表）、已取消调拨表、调拨清算汇总表以及调拨清算明细表等内容。

2）生成调拨通知单。包括调拨通知单输入或转入、调拨单路线设定、调拨通知单确认、调拨商品跟踪、调拨到达登记、待出货调拨单一览表、待出货调拨单明细表以及调拨单状况查询等内容。

3）进行配车，生成车辆配载表。

4）出货确认。

8. 流通加工

流通加工主要为货主商品进行改包装、贴标牌、修改物料清单等作业，这些逐渐会成为第三方物流的重要利润来源之一。流通加工一般按货主要求对货品进行包装或加工处理。本模块为独立模块，有一套完整的作业流程和数据处理过程。流通加工事务流程简图如图 7-9 所示。

流通加工模块包括加工单输入、加工单确认、加工单删除、加工单状况查询和统计等内容。

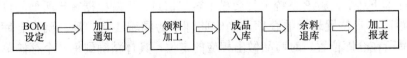

图 7-9　流通加工事务流程简图

9. 物流计费

物流配送中心为货主提供的进、出、存货等作业发生的费用均按事先签订的合约执行，合约中约定的收费内容和计费规则需在本模块中预先设定和输入，日结作业时系统会按设定的内容和规则对当日发生的业务进行计费。当约定发生变化时，需在物流计费中进行及时调整。其内容如下。

（1）基本计费设定　按与货主签订的合约内容和计费规则，对进货、卸车、入库、仓储、出库、装车、配送以及退换货等费用进行设定。

（2）特殊计费　包括特殊计费的费率和种类设定。

（3）统计报表　包括货主物流费用汇总表、货主物流费用分析表、货主分类物流费用汇总表、货主物流费用明细表以及特殊计费明细表等。本模块还提供查询报表功能。

10. 车辆管理

（1）基本资料　包括车辆类型设定、自车车辆资料、外车车主资料、外车车辆资料、驾驶员资料以及车辆费用种类等。

（2）运行资料　包括车辆运行记录、车辆费用表、车辆费用分析表以及驾驶员费用分析表等。

11. 数据交换

WMS 提供了与货主进行信息交换的功能，通过该模块可与货主计算机系统进行数据交换（包括 EDI 数据），货主可通过 Internet 查询其托管货物的进、出、存等信息。

本案例的仓储管理信息系统参照国外物流的管理系统，在系统中使用先进的无线通信技术和激光条码识别技术，使库位和货物的识别条码化，仓库货物的进库、出库、装车、库存盘点、货物的库位调整、现场库位商品查询等数据实现实时双向传送，做到快速、准确和无纸化，大大提高了物流效率，降低了人为出错率，从而降低了仓储成本。

7.4.2　某配送中心物流信息系统的应用

为了能够实现商品从采购、分销直到送达客户这一流程的信息共享，该配送中心于 2005 年底就投入人力和物力，不断开发和完善基于 SAP 系统的物流管理一体化信息系统应用。经过十几年的不懈努力，该配送中心现已做到商品从入库、验货、理货、上架、盘点、扫描、打包、发货与配送等环节，都实行了标准作业流程，保证了货品在配送中心流动的有序性和准确性。

SAP 系统包括企业资源计划（ERP）、客户管理系统（CRM）、仓库管理系统（WMS）、运输管理系统（TMS）及其兼容共享协调系统。该配送中心从订单下达到物品发货的作业流程示意图如图 7-10 所示。

当客户订单下达后，SAP 系统上就会显示客户信息，系统根据客户所处的位置进行"巡仓"，选择距离客户位置最近的仓库，确定此订单为同城还是异地。确定仓库之后，SAP 系统确认商品所在仓库位置，对商品做出相应的定位，具体精确到每一个存储单元；与此同时，系统会规划出拣货的最佳路径，尽量减少作业人员由于行走路线而造成的浪费。规划完路径之后，质控组的工作人员会通知仓库中各区域的人员进入 SAP 系统，提醒打印订单，拣货人员拿到订单后，利用叉车、电动叉车或小车等工具进行商品拣选，拣选完毕后打印发票，最后将商品打包发货，送至客户手中。

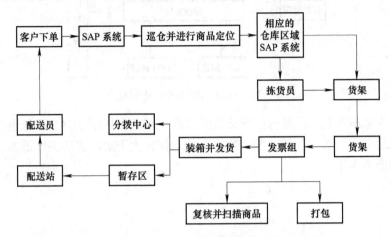

图 7-10　从订单下达到物品发货的作业流程示意图

在整个作业流程中，WMS 和 TMS 的应用起到了主要作用，具体如下。

1. WMS 的应用

WMS 主要用于库内作业。系统可以根据货物的体积、重量和存储要求自动安排储位，合理安排货物的仓库布局，可充分利用仓容，避免造成浪费。WMS 还有许多管理职能，例如进行库存统计与盘点。在入库时，对于整托盘物品，入库人员用手持设备扫描一件物品，库存系统就会自动录入一整个托盘的数量，这样方便整托货品的入库，加快了货品入库的速度。WMS 系统库内作业示意图如图 7-11 所示。

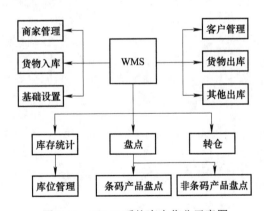

图 7-11　WMS 系统库内作业示意图

2. TMS 的应用

TMS 主要用于库外作业。系统能够通过车辆类型选择、运输路径优化和车辆跟踪定位，以期达到减少总配送里程、缩短运输时间的同时减少运输成本。该配送中心 TMS 系统库外作业示意图如图 7-12 所示，

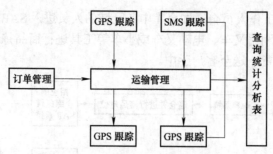

图 7-12　TMS 系统库外作业示意图

在互联网大数据时代，面对日益增长的配送量，该配送中心的 SAP 系统也在不断升级。今后将以该配送中心为核心，通过整合物流系统，优化上下游，实现供应链的有效运作，提高物流效率和服务水平。

第 8 章 物流配送中心的基本作业管理

8.1 概述

物流作业是为实现物流功能所进行的具体操作活动，它直接反映了作业过程中的物料流动、设备使用与资源消耗情况。在现代物流配送中心的物流运行中，不管是机械化的物流系统，还是自动化或智能化的物流系统，如果没有正确有效的作业方式相配合，再先进的系统和设备，也未必能取得最佳经济效益。为了实现降低企业物流总成本，缩短作业时间，提供更好服务的目标，本章主要介绍物流配送中心内部基本的作业设计、操作、控制与管理。

由于业务性质、规模和在供应链所处地位差别很大，各物流配送中心营运涵盖的作业项目和作业侧重也各有千秋，但其基本作业大致相同。物流配送中心的基本作业流程可归纳为：当供货厂商按采购单将物品送至物流配送中心时，物流配送中心就启动了自己内部的作业运行程序。首先在货到前做好收货准备，货到时确认货品、完成进货作业，然后依序将货品储存入库。为了实时控制库存水平和状态，要对在库品实行行之有效的管理，并定期或不定期进行盘点。当收到客户订单后，首先进行订单处理，然后根据处理后的订单信息，依次做好拣货分拣作业。一旦发现拣货区内所剩余的存货量过低，则由储存区补货。如果储存区的存货量低于规定标准，便向供应商采购订货。从仓库拣选出的货品，经过集货包装、发货检验，便可装车，进行配送作业。另外，在所有作业过程中，只要涉及物料的流动，都要有搬运。所以"搬运"也是重要的物流作业之一。图 8-1 所示为物流配送中心的基本作业流程。

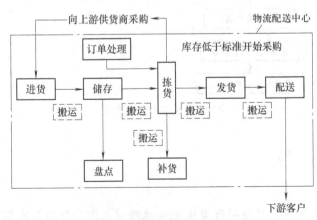

图 8-1 物流配送中心的基本作业流程

从以上所述的物流作业流程来看,物流配送中心内部的基本作业可归纳为以下 9 项,即进货作业、储存保管作业、盘点作业、订单处理作业、拣货作业、补货作业、流通加工作业、发货作业和配送作业。

本章仅对进货、储存保管、在库管理、订单处理、拣选分拣、发货和配送等基本作业进行研究,而搬运是为了完成其他作业所进行的辅助作业,将在第 9 章进行分析。

从现代物流的发展趋势来看,流通加工作业已经成为物流配送中心基本作业之一,而且其地位和作用会显得越来越重要,尤其是在分销与零售领域的物流配送中心。关于流通加工,本章也作一定的阐述。

8.2 进货作业

进货环节是物品从生产领域进入流通领域的基本环节。进货就是根据采购单信息,进行物品接运、卸货验收和办理入库手续等一系列作业所构成的工作过程。

当物流配送中心采购部门开出采购单后,进货入库管理员即可根据采购单的信息进行进货前准备。到货后,要进行物品的接运卸货、验收核查、分区编码、理货与登记入库等工作。图 8-2 所示为进货作业流程图。

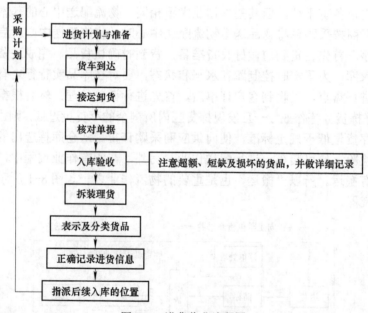

图 8-2 进货作业流程图

8.2.1 进货计划与准备

1. 计划原则

为了安全有效地进货,并按时间要求无差错接运入库,在进货准备安排时应注意以下原则:

1）利用配送车驾驶员卸货，保证卸货作业正常进行。
2）力求在一个工作站进行多品种卸货作业，以节省空间。
3）尽可能平衡停泊车位的配车，例如按照进出货需求状况制订配车排程，避免将耗时多的进货作业放在高峰时间进行。
4）将卸货月台到储存区的活动尽量设计为直线流动。
5）安排最佳路线，使搬运距离最短。
6）合理安排人力，保证在作业高峰期使货品能维持正常速度的流动。
7）尽量使用同样的容器，节省更换容器的时间。
8）详细记录进货资料，以备后续存取及查询工作的需要。
9）尽量省略不必要的货物搬运和储存。

2. 考虑因素

进货是物品进入物流配送中心的第一阶段。为了使后续作业顺利进行，考虑进货相关因素、掌握货品资料对于制订进货计划特别重要。物流配送中心的进货作业计划制订的依据是采购单。进货计划必须根据采购单所反映的信息，掌握货品所到达的时间、品种、数量及到货方式，尽可能准确预测出到货时间，以便尽早做出设备、储位、人力、物力等方面的计划和安排。

3. 进货准备

进货准备是保证物品入库稳中有序的重要条件。准备工作的主要内容有储位准备、人员准备、搬运工具准备与相关文件准备。

4. 储存配合

很多时候，货品容器在进货与入库储存时不一致，这就需要进行货品装载形式转换。在物流配送中心，物品储存货态通常有托盘、箱子与小包等3种形式。同样，货车运输时也有这3种形式。如何衔接进货与储存两者间的货态转换也是进货环节要考虑的。

第一种情况，进货和储存都是以同一种形式为单位。即进货时的托盘、箱子和小包都是以原封不动的形式，由进货搬运器具把货品直接转入储存区。

第二种情况，当进货货态是托盘或箱子，而储存货态是箱子或小包（即由大到小的转换）时，则必须在进货点把托盘和箱子进行拆装，然后以储存要求的货态入库进入储存区。

第三种情况，当进货是小包或箱子的形式，而储存要求是托盘的形式时，则必须首先把小包和箱子堆码在托盘上，或把小包放入箱子，然后再储存。

8.2.2 接运卸货

卸货就是将货品由车辆卸下并搬运至进货月台的工作。卸货一般在进货站台上进行。供货厂家将送货车辆停靠在指定车位，并交验《送货凭证》、发票和抽样商品。对直接送达物流配送中心的物品，必须及时组织卸货入库。卸货方式有人工卸货、输送机卸货和叉车卸货。在卸货过程中要特别注意车辆与平台间的间距、后车厢与平台的高度差。为作业安全与方便起见，卸货平台与车厢常采用可移动式楔块、升降平台和货车升降尾板相连接，有些异形大件也可采用吊钩卸货。

如果车辆后车厢比进货月台高,则可直接将车厢尾端开入放在停车平台之上进行卸货,这种方式不但可让车辆与平台结合更紧密,使得装卸作业方便高效,而且能够更好地保护货品安全。

8.2.3 验收核查

验收核查包括核对单据与入库验收两项工作。

1. 核对单据

进货物品一般具有送货单、采购单、采购进货通知、供货方开具的出仓单、发票、磅码单与发货明细表等单据或相关信息;此外,有些物品可能还有随货同行的商品质保说明书、检疫合格证与装箱单等。对由承运商转运的商品,接运时还需审核运单,核对商品与单据反映的信息是否相符。

2. 入库验收

入库验收是对即将入库的货品,按规定的程式和手续进行数量、质量和包装的检验,这是保证库存质量的第一个环节,是做好物品保管保养的基础,也是避免受损物品入库、减少经济损失的重要手段,必要时,更是提出退货、换货和索赔的依据。

确认货品是否符合预定的标准,可能的标准依据有:采购合同或订购单所规定的条件,采购谈判时的样品,采购合同中的规格以及产品的国家标准。

(1)品质检验 品质检验亦称质量检验,物流配送中心对入库货品进行质量检验的目的是查明入库商品的质量情况,发现问题,分清责任,确保入库商品符合订货要求。检验包括物理试验、化学分析及外形检查等。

(2)包装检验 包装检验是根据购销合同、标准和其他有关规定,对进出口商品或内销商品的外包装和内包装以及包装标志进行检验。包装检验的目的是为了保证物品正常的储运条件。检验标准依国家颁布的包装标准、购销合同和订单对包装规格的要求。包装检验的具体作业内容主要有以下几点。

1)包装是否完好无损,包装材料、包装方式和衬垫物等是否符合合同规定。
2)包装标志和标识是否符合标准。
3)包装材料的质量状况。

(3)数量点收 数量点收除核对进货单所列项目与货品是否相符外,还可依据采购合约规定的单位,用度量衡工具,逐一衡量其长短、大小和轻重。

8.2.4 理货

进货与储存的物品装载形式转换,称之为理货,就是对进货物品进行拆箱、拆柜或堆垛作业,以便于入库。

当进货和储存物品形式相同时,可原封不动地转入储存区;当进货装载形式大,而储存装载形式小时,需要在理货区进行拆装作业;当进货装载形式小,而储存装载形式大时,需要把小包或箱子放在托盘上,即进行码垛再储存,其码垛要求如下。

1)规范化操作,便于检查。

2）码垛必须适合物品的性能特点。
3）物品摆放与托盘宽度平齐，排列整齐有序。
4）每板高度不得超过规定高度。
5）重量不得超过托盘规定承载量。
6）每盘物品件数、箱数必须标明，每行、每层的数量力求成整数。
7）码托盘时包装标识一律朝外。

根据物品基本性能、外形等的不同，码垛有各种形式，其基本形式有重叠式、纵横交错式、仰伏相间式、压缝式、宝塔式、通风式、栽柱式、鱼鳞式、衬垫式与架子化等十多种。

码放在托盘的物品，一定要捆扎牢固，确保码垛安全，其紧固方法有捆扎、网罩紧固、加框架紧固、中间加摩擦材料紧固、专用金属卡具固定、粘合、胶带粘扎、平托盘周边垫高、收缩薄膜紧固与拉伸薄膜紧固等十多种。

8.2.5 入库标示

将物品从装卸月台移动到仓库仓储区储存，事先需要确认物品的储存位置，然后才能进行入库作业。物品在仓库的存放规则是实行分区、分类和定位保管。物流配送中心的仓库经常要储存成千上万种物品，实行分区、分类和定位保管，使每种物品都有固定的货区、货位存放，不但查找方便、有利于加快物品的出入库速度与减少出错，而且有利于加强物品的移仓作业与在库管理。

1. 库房分区

库房分区就是根据仓库的建筑形式、库存性质、面积大小与库内通道，并结合物品的分类情况和各类物品的储存量，将库房划分为若干区，确定每类物品的储存区域。

2. 物品分类

物品分类就是根据物品的不同属性，按照一定的储存规则，将物品划分为若干大类。分类的主要目的是为了将不同性质的物品分别储存在不同保管条件的库房，以便在储存期间对物品进行有针对性的保管和养护。

物品分类的方法主要有以下几种。

1）按物品的自然属性，如不同物品对温度、湿度、气味、光照、虫蛀等的适应程度分类，如饮料类、服装类、家电类等。
2）按物品使用的目的、方法和程序分类，如将需要流通加工的划分为一类、直接原料划分为一类、间接原料划分为一类。
3）为了适应物品采购的便利，按交易行业、不同货主来分类。
4）按物品货态分类，如物品的装载单元，形状尺寸、颜色和重量等。
5）按物品流向分类，如按货品送往的目的地分类，按顾客的类别分类等。
6）按运输方式分类，如公路、水路、铁路与空运。
7）按物品危险性质分类。

3. 货位定位

货位定位通过货位编号来实现，货位编号就是将物品存放场所按照位置排列，采用统一标记编上顺序号码,并做出明显标志。货位编号应按照便于掌握、便于查找、防止错乱的原则进行。同一仓库内,编号规则必须相同,编号方法必须统一。每一货位的编号必须使用统一的形式、统一的层次和统一的含义。统一的形式是指所用的代号和符号必须一致;统一的层次是指每个代号符号先后顺序必须一致;统一的含义是指每个代号必须代表特定的位置。

在流通仓库中,货位编号通常采用四级分段制,在货架仓库里,四级代号依次为库区编号、货架编号、货架层数编号与每层货格编号。例如:

1) 将物品库分成若干储存区,分别以 A、B、C、D 等表示。
2) 将每一区内的若干货架,分别以 1、2、3、4 等表示。
3) 将货架由上而下予以分层,每层以 a、b、c、d 等表示。
4) 每层按其左右次序横列分隔,每格以 1、2、3、4 等表示。

将上列 4 项按顺序排列,即可得详细的货位定位编码。如编号为 A-2-b-1 表示该货位位于仓库内 A 区,第 2 个货架,第 b 层,第 1 格。

8.2.6 进货信息处理

1. 商品信息的登录

物流配送中心接运的物品,经验收确认后要签写《入库单》,单据的格式因物品的类别及业务形式而不同,但一般包含供货商信息、商品信息和采购信息等。

2. 作业辅助信息整理

进货辅助信息主要来自于进货作业过程中发生的相关信息,为决策管理提供重要的参数依据。例如,为了实现果品物流的可追溯性,在仓库进口安装固定读写器,对产品的入库进行自动记录。许多果蔬产品对存储条件、存储单元有较高要求,利用 RFID 标签记录的信息,可迅速判断产品是否合适在库储存、可以存储多久。

8.3 储存保管作业

储存的基本功能决定了储存的基本任务是对物品进行贮藏保护、存期控制、数量管理和质量维护;与此同时,开展各种物流服务、提高仓储附加值、促进物资流通、提高社会资源效益也是储存的重要任务。与运输相对应,储存是以改变"物"的时间状态为目的的活动,以此调整生产与消费之间的时间差异,获得更好的效用。在物流系统中,储存与运输是并列的两大功能,被称为物流的两大支柱。

储存的目标是最大限度地利用空间,最有效地利用人力和设备,更便利地存取物品,最安全和经济地搬运物品,最良好地保护与管理物品。

8.3.1 原则与方法

1. 储存原则

在储存物品时,应该遵循一定的原则,这些原则如下。

(1) 靠近出口原则 即刚到的物品指定储存在同一储区距离出口最近的空储位上。

(2)先进先出原则　即在时间安排上，先入库的物品应优先出库，这一原则是物流配送中心管理的基本原则之一。尤其是对寿命周期短的商品更为重要，如感光纸、胶卷、食品、药品等。

(3)同一性原则　即把同一种物品存放在同一保管储位。

(4)相关性原则　即相关性大的物品储存于相邻储位，如相互配套的物品。

(5)类似原则　即把类似物品储存于相距较近的储位。

(6)相容性原则　禁止将不相容（相互反应）的物品储存在一起。如不相容的危险废物必须分开存放，并设立隔断。

(7)高周转优先原则　即按物品在仓库中的周转率来安排储位，周转率高的物品尽量储存在接近出货区域。

(8)堆高原则　即为了提高物流配送中心的空间利用率，能用托盘堆高的物品尽量用托盘储存。

(9)面对通道原则　即储存物品应正对通道，便于识别条码、查看标记和名称。

(10)尺寸特性原则　为了有效利用空间，在物品入库前必须清楚单品尺寸、储存单元尺寸与每储存单元码放单品的数量。

(11)重量特性原则　即按物品重量来指派储位高低，重者置于地面或货架下层，轻者置于货架上层。

(12)产品特性原则　即易燃易爆物储存于有防火设备的空间，易窃物储于加锁之处，易腐物储于冷冻之处，易污物加套储存等。

2. 储存方法

合理的储存方法可以减少出入库移动距离，缩短作业时间，充分利用储存空间。一般常见的储存方法有以下几种。

(1)定位储存　即每一类物品都有固定的储位。例如，有的物品要求控制温度储存条件；易燃易爆物品储存于满足安全标准及防火条件的储位；按照管理要求某些物品必须分开储存，例如，化学原料和药品必须分开储存，重要保护物品要有专门的储位等。

这种方法的优点在于仓位固定，易于管理，拣选人员容易熟悉货位，但缺点是储位空间利用率低。适用于有特殊要求的物品。

(2)随机储存　所谓随机储存就是每一种物品的储位不是固定的，而是随机产生的。这种方法的优点在于共同使用储位，最大限度地提高了储区空间的利用率，但是，对物品的出入库管理及盘点工作带来了困难。特别是周转率高的物品可能被置于离出入口较远的储位，增加了出入库的搬运距离。

一个运转良好的储位系统，采用随机储存能有效地利用货架空间，增加储位利用率。通过模拟实验，随机储存比定位储存可节约35%的搬运时间，增加30%的储存空间。这种方法适用于空间有限、物品品种不多的情况。

(3)分类储存　将所有的物品按照一定的特性，如按照物品相关性、相容性、流动性以及产品尺寸重量等特性加以分类，每一类物品都有固定存放的位置，而同属一类的不同物品，又按照一定规律指派货位。

这种方法的优点是具有定位储存的各项优点，有助于物品的在库管理。缺点是仓位必须按照各项物品的最大在库量设计,造成空间利用率低。

(4)分类随机储存　即每一类物品有固定的存放区域,但在同类物品的区域内,货位的指派是随机的。这种方法的优点在于吸收了分类储存的长处,又可节约储位空间,提高储区利用率。

(5)共同储存　当确切知道几种物品的出库时间时,出库时间相同的不同物品可共用相同的储位。当然,共同储存在管理上会带来一定困难,但是减少了储位空间,缩短了搬运时间,有一定合理性。

8.3.2 储存设备

1. 地板堆积

地板堆积就是利用地板直接支撑储存物品,把物品放在托盘上,而托盘置于地板上。物品堆积排列有行列堆积和整区堆积两种。所谓行列堆积就是在堆积的托盘之间留有一定的通道,以便于搬运托盘时畅通无阻。整区堆积是指每一行与每一列之间的托盘堆积不留通道,适用于储存大量同品种物品的情况。

2. 货架堆码

货架堆码就是将物品置于货架上的储存方法。货架储存的优点是存取较为方便。货架有两面开放式和单面开放式之分。两面开放式的货架前后两面均可用于储存和拣选作业,最适合于先进先出的原则。单面开放式货架只有一面可供储存和拣选之用。

3. 贮物柜储存

贮物柜一般是背对背地安放或一排靠墙放置,一般用于储存形状不规则及长时间储存的物品。贮物柜可拆装和搬运,便于调整储存空间。

4. 自动化立体仓库

自动化立体仓库(AS/RS)是在不直接进行人工处理的情况下,能够自动存储和取出物料的系统。这种仓库集储存、拣选和在库管理为一体,效率高,出错率低,节约空间,是现代物流的标志之一。在西方国家已广泛采用自动化立体仓库来储存物品。近年来,自动化立体仓库在我国得到快速发展,尤其近年来,我国自动化仓库的建设规模和需求数量都有了明显的提高。

8.3.3 储存合理化

储存合理化的含义是用最经济的办法实现储存的功能。储存功能是对需要的满足,实现被储存物品的"时间价值"。这就必须有一定的储量。物流配送中心管理的核心在于怎样进行合理储存,即在保证配送的前提下,用最经济的方法实现储存功能。

1. 储存数量合理

一方面,在新的物品到货之前,能够保证这个期间的正常配送供应数量;另一方面,在保证功能实现的前提下,储存要有一个合理的数量范围,超出一定范围的储存数量是有害无益的。

2. 储存结构合理

储存结构是指物品不同品种、不同规格、不同花色之间的储存量的比例关系。对储存合理性的判断，特别是相关性很强的各种物品之间的比例关系，更能反映储存合理性。由于这些物品之间相关性很强，只要一种物品出现缺货断供，即使其他物品仍有一定存量，也无法投入使用。所以，不合理的储存结构造成的影响不仅仅局限在一种物品，而是具有扩展性的。如何适应市场变化的需要，适时调整物品的品种与规格，是物流配送中心经营者必须经常关注和研究的问题。

3. 储存时间合理

储存时间一方面受销售时间的影响，另一方面又受物品物理、化学、生物性能的影响。在保证功能实现的前提下，寻求一个合理的储存时间，这是和数量有关的问题。储存量越大，则消耗速率就越慢，储存时间就越长。

4. 储存条件合理

储存条件是保证物品质量的基础条件，一定要在恰当范围内，条件过剩和条件不足，都会使储存效益下降。储存条件过剩是指储存条件大大超过需要，从而使储存成本增加。条件不足是指储存场所过于简陋，储存设施不足以保护被储存物品。

5. 储存费用合理

储存费用有仓租费、维护费、保管费、损失费与资金占用利息支出等，储存费用也要控制在合理范围内。因此，从实际发生储存费用上也可以判断储存的合理与否。

8.3.4 仓储绩效指标

根据企业的资本构成与业务模式，仓储绩效指标体系包括人力、仓储、机械、服务与财务5大类，每大类对应若干具体指标；根据各项指标的属性及其相互关系，仓储绩效指标又分为财务、管理与作业绩效等指标，每级指标对应若干具体指标，共14项。每类、每级指标之间既相对独立，又相互关联与影响。这里引用的指标仅为与储存直接相关的指标。

1. 仓储收入利润率

仓储收入利润率是指仓储经营活动的利润与收入的比率，用以反映仓储收入与仓储利润之间的关系，一般按年度评价。

$$仓储收入利润率 = \frac{仓储利润}{仓储收入} \times 100\% \quad (8-1)$$

2. 人均仓储收入

人均仓储收入是指仓储从业人员人均仓储收入，以万元为单位，一般按年度评价。

$$人均仓储收入 = \frac{年仓储收入}{年仓储从业人员平均人数} \quad (8-2)$$

3. 单位仓库面积产值

单位仓库面积产值是指每万平方米仓库面积总收入，以万元为单位，一般按年度评价。

$$单位仓库面积产值 = \frac{仓储收入}{仓库总面积} \tag{8-3}$$

4. 仓库面积利用率

仓库面积利用率是指实际使用仓库面积与仓库总面积的比率。对于不同仓库,仓库面积也可以是仓库容积或仓库货位。

$$仓库面积利用率 = \frac{实际使用仓库面积}{仓库总面积} \times 100\% \tag{8-4}$$

5. 库存周转次数

库存周转次数是指年发货量与年平均储存量的比值。

$$库存周转次数 = \frac{年发货量}{年平均储存量} \tag{8-5}$$

6. 单位仓库面积能耗

单位仓库面积能耗是指单位面积年消耗的能源量(水、电、油),一般按年度评价。

$$单位仓库面积能耗(水、电、油) = \frac{能耗总量(水、电、油)}{仓库总面积} \tag{8-6}$$

8.3.5 库存管理

1. 目的和作用

库存管理是指在物流过程中对物品数量的管理。如果库存物品过剩,不但会造成物品挤压,而且会占用资金,增加仓储成本;如果库存物品过少,不但可能造成缺货,失去销售机会,而且会影响企业形象,降低企业信誉,失去客户忠诚度。库存管理就是通过对储存活动的控制,使企业具有一定量的物品储备,保证物流的持续不断进行,并在物流活动中避免出现库存过剩或短缺现象。因此,合理的库存管理是把物品库存量控制在适当标准之内,既不造成物资积压,浪费仓库空间,又能满足客户要求。库存管理的目的就是用最经济的方法,保持合适的库存量,确保存货满足销售需要,达到降低成本、增加效益的目的。

库存管理的作用是:

1) 减少超额存货投资,保持合理库存量;
2) 降低库存成本;
3) 防止延迟和缺货,使进货与销售达到动态平衡;
4) 减少呆料发生,把由于存货时间过长所造成的物品变形、变质和陈腐所产生的损失减少到最小。

2. 常用概念

(1) 订货批量 Q　根据需求,为补充某种物品的库存量而向供货商一次订货或采购的物品数量。

(2) 报警点 R　又称为订货点。当库存量下降到该点时,必须立即订货,并在订购物品尚未达到时,库存量应能满足既定的服务水平。

(3) 最高库存量 S 是每次物品到货后所达到的库存量,或者是指发出订货要求后,库存应该达到的库存量。这个最高极限值是为防止存货过剩,浪费资金,而在企业内部管理设定的一个警戒指标。

(4) 最低库存量 这里指的是实际最低库存量,是通过物流配送中心的实际经营经验,总结出的某种物品库存量的最低极限值。最低库存量由以下两部分组成:

1) 理想最低库存量:理想最低库存量就是在采购期间尚未到货时的物品需求量,即采购时段的使用量。这是一个估计值,也是企业的临界库存量。一旦物品库存量低于此界限,将导致缺货或停工的危险。

2) 安全库存量:又称缓冲库存,是为防止物品脱销导致缺货或停工的危险,而确定的一个赘余的库存量。

由此可见,最低库存量为理想最低库存量与安全库存量之和。

(5) 订货周期 T 两次订货的时间间隔或订货合同规定的两次进货的时间间隔。

3. 关键问题

库存管理也可理解为根据下游客户的到货要求与物流配送中心的订购特点,来预测、计划、执行和控制补充库存的行为,其重点在于确定如何订货,何时订货,订购多少,库存多少。

(1) 如何订货——库存决策问题 为了确定如何订货,做出最佳库存决策,必须首先对物品的需求状况、订购性质和限制因素进行充分了解,然后进行分析研究,确定订货方式。

(2) 何时订货——订货点问题 当某种物品库存量降低到某一极限时,必须及时按期补货。订货过早会增加库存,提高仓储成本和空间成本;反之,不及时补货,会造成缺货而流失客户,减少收益,影响信誉。

(3) 订购多少——订货量问题 确定订货量极其重要。一旦订货数量过多,则物品的在库成本增加;反之,则物品脱销,不但订货次数增加,提高了订货成本,而且降低了营业额,影响经营收益。

(4) 维持多少库存——库存量问题 物品库存量应当保持在最高库存量和最低库存量之间。对一个较难准确预测也不容易控制库存的物流配送中心,最好确定一个各物品的库存上限和库存下限(库存上限即最高存量,库存下限则是最低存量),并在计算机管理系统中设定,一旦计算机管理系统发现库存低于库存下限,就发出警讯提醒管理人员准备采购;而若一旦发现货品存量大于库存上限,也要发出警讯提醒管理人员存货过多需要加强销售,或采取其他促销折价的活动,与此同时,停止订货。

4. 库存决策

在市场导向的经营方式下,需求状况有 3 种。一是对未来需求已知的固定需求状况;二是对未来的需求只知道大概的风险状况;三是对未来需求完全未知的不确定状况。最常用的基本库存决策为以下 3 种。

(1) 定量订购制(Q 模型) 指当库存量下降到预定的最低库存量时,填写采购单,按规定数量进行订货补充的一种库存管理方式。该库存管理方式的特征是订货量固定,而订货周期不固定。定量订购制分为两种具体决策策略。

1) (Q, R) 策略。该策略是对库存进行连续性检查,当库存降低到订货点水平 R 时,即发出订货,每次的订货量都为固定值 Q。该策略适用于需求量大、费用高、需求波动性较大的情形。

2) (R, S) 策略。该策略和 (Q, R) 策略一样,都是连续性检查类型的策略,当发现库存降低到订货点水平 R 时,开始订货,订货后使最大库存保持不变,即为常量 S,若发出订单时库存量为 I,则其订货量即为 $(S-I)$。该策略和 (Q, R) 策略的不同之处在于其订货量是按实际库存而定,因而订货量是可变的。

(2) 定期订购制（P 模型） 定期订购制是指按预先确定的订货周期 T 进行订货的一种库存管理方式。定期订购制也分为两种具体决策策略。

1) (t, S) 策略。该策略是每隔一定时期检查一次库存,并发出一次订货,把现有库存补充到最大库存水平 S,该策略不设订货点,只设固定检查周期和最大库存量。该策略适用于一些不很重要的或使用量不大的物资。

2) (t, R, S) 策略。该策略是策略 (t, S) 和策略 (R, S) 的综合。这种补给策略有一个固定的检查周期 t、最大库存量 S 与固定订货点水平 R。当经过一定的检查周期 t 后,若库存低于订货点,则发出订货,否则,不订货。订货量的大小等于最大库存量减去检查时的库存量。

定量订购制与定期订购制为库存决策当中最常用的两种方法,定量订购制属于"事件驱动",定期订购制属于"时间驱动"。一般而言,价值较高、需求量大的关键或重要的物品,定量订购制策略将更适用,因为该策略对库存的控制更为密切,对潜在的缺货能够更快地做出响应。而定期订购制更为适合订购需求稳定、批量小、价格低的物品。

(3) 经济订货批量 经济订货批量（Economic Order Quantity,EOQ）是通过平衡采购进货成本和保管仓储成本核算,以实现总库存成本最低的最佳订货量。经济订货批量是固定订货批量模型的一种,可以用来确定企业一次订货（外购或自制）的数量。当企业按照经济订货批量来订货时,可实现订货成本和储存成本之和最小化。经济订货批量适用于整批间隔进货且不允许缺货的储存问题。

设某种货物单位时间需求量为常数 D,经过时间 T 后,库存量下降到零,此时开始订货并立即到货,库存量由零上升到最高库存量 Q,然后开始下一个储存周期。由于需求量和提前订货时间是确定的,因此,只要确定每次的订货数量和进货间隔时间,就可以做出库存决策。

设 C_1 为单位物品在单位时间的存储费,C_2 为每次订货的订货费。则一个存储周期内需要该种物品 $Q=DT$ 个,一个存储周期的平均库存量为 $Q/2$,存储费为 $C_1QT/2$,因每次订货的订货费为 C_2,因此,一个存储周期的存储总费用（含订货费）为 $C_1QT/2+C_2$,利用微分求极值的方法,可得经济订货批量 Q^* 为

$$Q^* = \sqrt{2C_2D/C_1} \tag{8-7}$$

式（8-9）称为经济订货批量公式,由于该公式是由威尔逊推导并倡导应用的,所以该公式又称为威尔逊公式。由式（8-7）,并考虑单位时间存储总费用 $C_z=C_1Q/2+C_2D/Q$,得经济存储总费用 C^* 为

$$C^* = \sqrt{2C_1C_2D} \tag{8-8}$$

将 $Q^*=DT^*$ 代入式（8-7），可得经济订货周期 T^* 为

$$T^* = \sqrt{2C_2/DC_1} \quad (8-9)$$

而经济订货次数 N^* 为

$$N^* = \sqrt{DC_1/2C_2} \quad (8-10)$$

需要说明的是，以上所有公式是以订货和到货同时发生为前提的。实际上，订货和到货总是有一定的时间间隔的，为了保证作业的连续性，需要提前订货。设提前订货时间为 t，每天的物品需求量为 D，则订货点 $s=Dt$，所以，当库存下降到 s 时，即按经济订货量 Q^* 订货，在采购单发出后，物流配送中心仍然按每天为 D 的速度消耗库存，当库存下降到零时，物流配送中心刚好收到订货，开始了一个新的储存周期。

虽然 EOQ 公式比较简单明了，但在实际应用时，还必须考虑其他一些因素。最常见的就是那些与各种费用调整，如运量费率、数量折扣，以及其他调整有关的问题。

经济订购批量理论也有不足之处，一是未考虑企业有多少可供使用的资本，就确定投资数额；二是该理论回避了准备阶段的费用，更谈不上分析及减低这项费用；三是有人认为，最低费用的订货批量并不一定意味着获利更多，这一观点与 EOQ 理论相悖。当然，关于库存管理还有更多、更为详尽的研究，这里不再赘述。

8.4 盘点作业

在物流配送中心运行过程中，物品不断进库和出库，在长期积累下，由于各种原因，账面库存数与实际库存数可能存在不一致的现象；另外，因物品长期存放，品质下降，不能满足客户需要。为了有效地掌握物品的实际数量和质量，必须定期或不定期对各储存场所进行物品清点核查作业，这就是盘点作业。

8.4.1 盘点目的

1. 检查物品与账单的一致性

盘点可确定现有库存物品实际库存数量，并通过盈亏调整使库存账面数量与实际库存数量相一致。

库存物品与账单不一致，是由各种因素引起的，例如，由于多记、误记、漏记，造成库存记录与实际不符；此外，由于物品损坏、丢失或者清点有误，也造成实际库存量与记录不符；有时盘点方法不当，产生误盘、重盘、漏盘等，也会引起库存量不实。因此，必须通过盘点确定库存数量，发现问题并查明原因，及时调整。

2. 确认企业损益

掌握本盘点周期内的企业亏盈状况，准确计算出企业实际损益。

3. 提高管理成效

通过盘点可以发现作业与管理中存在的问题，并通过解决问题来改善作业流程和作业

方式，提高人员素质和企业的管理水平。

4. 清除问题物品

通过盘点，可以发现废品、滞销品与临近过期的物品，也可发现库存周转率以及物品保养维修中存在的问题，以便采取相应措施，清除问题物品，整理环境，消除死角。

8.4.2 盘点内容

1. 查数量

通过点数计算查明物品在库的实际数量，核对库存账面资料与实际库存数量是否一致。

2. 查质量

检查在库物品质量有无变化，有无超过有效期和保质期，有无长期积压等现象，必要时还必须对物品进行技术检查。

3. 查保管条件

检查保管条件是否与各种物品的保管要求相符合，如堆码是否合理稳固，库内温、湿度是否符合要求，各类计量器具是否准确等。

4. 查安全

检查各种安全措施和消防设备、器材是否符合安全要求，建筑物和设备是否处于安全状态。

8.4.3 盘点方法

货品盘点按照盘点时间频度的不同有以下几种方法。

1. 定期盘点

定期盘点是指在会计核算期末，全面清点所有物品的方法。由于将所有的物品一次点完，因此，工作量大，要求也相应严格。为了明确责任，防止重盘和漏盘，通常采用分区、分组来进行。

2. 不定期盘点

不定期盘点是不确定盘点的日期，而在必要时随时全面清点所有物品，进行盘点。

3. 连续盘点

连续盘点也称为循环盘点或永续盘点，一般适用于对价值高或重要的物品进行盘点。这种方法检查次数多，监督更严密。一般在每天、每周即进行少量物品的盘点，到了月末，则每项物品完成一次盘点。

8.4.4 盘点作业程序

盘点作业程序如图 8-3 所示。

第8章 物流配送中心的基本作业管理

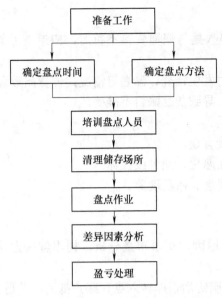

图 8-3 盘点作业程序

1. 准备工作

盘点作业之前的准备工作是否充分，关系到盘点作业能否顺利进行，为此，必须重视准备工作。应做的准备工作如下：与会计决算相配合，备好盘点用表格、工具与量具，清理库存资料。

2. 确定盘点时间

确定盘点时间时，既要防止过久盘点对公司造成的损失，又要考虑物流配送中心资源有限的情况，最好能根据物流配送中心各物品的性质制订不同的盘点时间。

3. 确定盘点方法

因盘点场合、需求的不同，盘点的方法也有差异，为满足不同情况的需要，所决定的盘点方法要对盘点有利，不至于在盘点时混淆。

4. 培训盘点人员

参与盘点的人员确定后，必须对所有参与人员进行培训，包括对盘点领导小组人员的培训、现场管理层人员的培训、点数员工的培训和输入员工的培训等，并通过考核，建立培训档案。

5. 清理储存场所

储存场所的清理工作有：对厂商在盘点前送来的物品，必须明确其数目；在关闭储存场所之前，应通知有关需货部门预领货品；预先确定呆料、废料以及不良品的标准；整理清楚所需账目、单据及资料等原始材料。

6. 盘点作业

盘点作业量大，劳动重复，容易疲劳。为保证盘点正确性，一方面要加强领导，另一方面也要劳逸结合。

7. 差异因素分析

盘点结束后，发现所得数据与账簿资料不符时，应追查差异的原因。一般来说，可能出现的原因有：

1）仓储人员记录数据时发生错登、漏登等情况，使货品数目记录不准确。
2）账务处理系统异常，导致货品账目不准确。
3）数量统计时发生笔误。
4）入库出库时清点交接有误。
5）保管不良，导致物品恶化、遗失或损坏。
6）盘点时发生漏盘、重盘、错盘现象。

8. 盈亏处理

盘点出现差异，应查明原因，实事求是分析，提出解决办法。现将盘存结果的处理办法列述如下。

（1）盘盈或盘亏　审查确定后，即转入盘存账户抵消，并更正各有关材料账单。
（2）错误　凡发现错误，应当场予以纠正。
（3）呆废品　一般视为盘亏。
（4）价格变化　经主管部门批准后利用盘点盈亏和价目增减表格予以更正。
（5）损耗　参考以往记录或经验，核定后予以调整出账。

8.5 订单处理作业

订单是指顾客根据其用货需求向物流配送中心发出的订货信息。从接到客户订单开始到准备拣货为止的作业，称为订单处理作业。订单处理属于事务作业。在物流配送中心的整个流程中，订单处理通常扮演着十分重要的角色。从本质上讲，整个物流过程都是为了完成订单而发生的，其作业绩效影响到物流配送中心的每项作业；而且，处理订单的许多环节都要直接与客户打交道。因此，订单处理水平的高低，直接决定了物流配送中心的服务水平；订单处理的效率很大程度上体现了物流配送中心的营运效率。

8.5.1 方法

1. 人工处理

人工处理具有灵活性和应变弹性等优点，但只适合少量订单处理，而且速度缓慢，容易出错。

2. 计算机处理

对于要求处理速度快的大量订单，通常采用计算机处理方式，计算机处理不但速度快、效率高，而且成本较低。

8.5.2 内容和步骤

1. 确认客户及订单资料

首先通过人工或电子方式进行订单资料输入，然后对订单资料进行基本检查，如果有错误的订单，需传回客户修改。对于输入的订单资料，需确认的项目至少有：客户信誉，货品名称、数量、日期、交易价格，加工包装方式。

2. 确认交易方式

物流配送中心每天需要面对有着不同需求的众多客户，而针对不同的客户或不同的商品，其交易方式也是不相同的。一般来说，物流配送中心的交易方式有以下几种：

（1）一般交易　常规的交易订单，按一般的处理程序进行订单处理。

（2）现销式交易　与客户当场交易、直接给货的交易，这类订单不需再参与拣货、发货和配送作业，只需要记录资料，以便收款和存档。

（3）间接交易　客户向物流配送中心订货，但由供货商直接向客户供货的交易，这类交易需要物流配送中心向供货商提供客户的发货资料。

（4）合约式交易　与客户签订配送契约的交易，这类交易的客户需货时间可能比签约时间滞后。

（5）寄库式交易　客户因促销或降价等原因而先行订购商品，以后视需要再要求发货的交易。

（6）兑换式交易　客户用兑换券来兑换商品的交易。

3. 存货查询

根据订单的需求，物流配送中心要对所需物品进行查询，其结果不外乎3种情况：第一种是库存足够或可用替代品，则按正常程序组织拣货作业；第二种情况是库存不够而且没有替代品，如果客户允许过期交货，则立即组织采购；第三种是库存不够而且没有替代品，同时客户不允许过期交货，则应重新调整订单。

4. 确定拣货方式

拣货分为订单拣货、批次拣货两种方式。订单拣货是分别按每份订单进行拣货作业；批次拣货是按接单时间段、配送路线或流通加工需求等累积成一批，汇总后形成拣货单，然后根据拣货单的指示一次拣取物品，再根据订单进行分拣。订单拣货采取拣货车巡回拣货，有时称为摘果法拣货，适合于订单数量不大、品项少、批量较大情况下的拣货。批次拣货即为集合拣货，有时也称为播种法，适合于订单数量大、品项复杂情况下的拣货。

确定拣货方式就是根据订单的品种、数量及出库频率，确定哪些订单适合按订单拣货，哪些适合批量拣货，是否有优先权的客户，然后分别采取不同的拣货方式。

5. 输出拣货清单

拣货清单是物流配送中心将客户订单资料进行计算机处理，生成并打印出的拣货单。拣货单上标明储位，并按储位顺序来排列物品编号，作业人员据此拣货，可以缩短拣货路径，提高拣货作业效率。拣货清单的格式见表8-1。

表 8-1 拣货清单格式

拣货单编号：				拣货时间：				
顾客名称：				拣货人员：				
				审核人员：				
				发货日期： 年 月 日				
序号	储位编号	物品名称	物品编码	包装单位			拣取数量	备注
				整托盘	箱	单件		

8.6 拣货作业

拣货作业是物流配送中心依据客户的订单要求或配送计划，迅速、准确地将物品从其储位或其他区位拣取出来，并按一定的方式进行分类、集中的作业过程。在物流配送中心各项作业中，拣货作业举足轻重，非常关键，是整个物流配送中心作业系统的核心。有人将拣货作业称为"出货的第一环节"，也有人称之为物流配送中心的心脏，足见其重要性。据有关资料统计，在物流配送中心搬运成本中，拣货作业搬运成本约占 80%，与拣货作业直接相关的人力占物流配送中心人力资源的 50% 以上，拣货作业所需时间约占整个物流配送中心作业时间的 30%～40%，拣货作业的成本占物流配送中心总成本的 15%～20%。因此，合理规划与管理拣货作业，对于降低整个物流配送中心的作业成本，提高作业效率和经营效益，具有事半功倍的效果。

拣货作业的目的在于正确而迅速地把客户所需商品集中起来，为发货作业做好前期准备工作。

8.6.1 拣货流程

众所周知，由于客户的多品种、小批量需求日趋强烈，大多数情况下，客户的每份订单都有多种商品，如何迅速准确地把这些不同种类和数量的商品按订单要求集中起来，这就是拣货作业的任务。一般拣货作业的基本流程如图 8-4 所示。

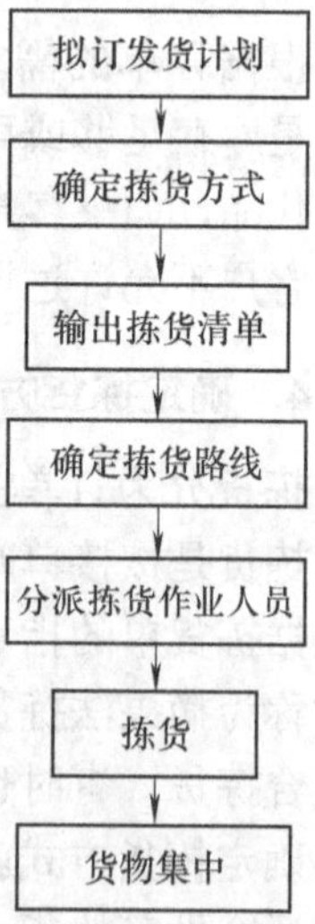

1. 拟定发货计划

发货计划在订单处理时同时生成。物流配送中心接到订货信息后需要对订单的资料进行确认、库存查询和单据处理，确定拣货方式，根据客户的送货要求制订发货日程，最后编制拣货清单与发货计划。

2. 确定拣货路线

拣货部门根据拣货单所指示的物品编码、储位编号等信息，明确物品位置，确定合理的拣货路线。

图 8-4 拣货作业基本流程

3. 分派拣货作业人员

拣货部门按照明确责任、区划清楚、科学分工、合理安排拣货人员进行拣货。

4. 拣货

拣取物品的过程可以由人工或机械辅助作业或自动化设备完成。通常小体积、小批量、搬运重量在人力范围内且发货频率不是特别高的情况,可以采取手工方式拣货;对于体积大、重量大的物品可以利用升降叉车等搬运机械辅助作业;对于发货频率很高的可以采用自动拣货系统作业。

5. 分拣

在批次拣货状态下,拣货作业完毕,还需要按照订单类别或配送路线对物品进行分类。对于一个现代化的物流配送中心来说,自动分拣系统往往是体现其自动化水平的标志之一。

分拣方式一般有下述 3 种。

(1) 人工目视处理　由拣货人员根据订单或拣货单,把客户的订购货品放入已贴好客户标签的货框中。

(2) 自动分拣　为了适应及时、准确的拣货要求及多品种小批量订货的市场趋势,自动分拣设备已被物流配送中心广泛应用。自动分拣就是利用自动分类设备与计算机识别系统对货品进行分类。自动分拣与人工处理相比,具有准确、快速、效率高等特点。目前国内较先进的物流自动分拣系统分拣速率可达 7000~18000 箱/h。

(3) 旋转货架分拣　旋转货架分拣就是将旋转货架的每一格位当成客户的发货框,分拣时只要从电脑输入各客户的代号,旋转货架就会自动将其货框转至作业人员面前,让其将批次拣取的物品放入货框。同样的,即使没有动力的小型旋转货架,为节省空间也可作为人工目视处理的货框,只不过作业人员是根据每格位上的客户标签人工行走寻找,以便将货品放入正确货框中。

6. 货物集中

经过拣取和分拣的物品根据不同的客户或送货路线集中。有些需要进行流通加工的商品还需根据加工方法进行分类,加工完毕再按一定方式出货。

8.6.2　拣货单位

拣货单位是指拣货作业中拣取物品的包装单位。有些品种根据配送要求需要有两种以上的拣货单位,如有些用量小的客户以件或箱为单位出货,有些需大批量送货的客户则可以以箱或整托盘拣取直接出货。确定拣货单位的必要性在于避免分拣及出货作业过程中对物品进行拆装,甚至重组,以提高分拣系统作业效率,同时也是为了适应分拣自动化作业的需要。而且拣取的物品来自储存系统,储存系统的物品通过验收入库而来,因此,从供应商供货到进货入库存储,再到分拣出货,要提高整个物流系统的作业效率,减少物品拆装、重组的工作量,必须根据配送的包装要求,确定拣货包装单位,根据拣货包装单位,来相应调整储存和入库商品的包装单位。

依据何种包装单位拣货是从订单分析得出的,其分析过程如图 8-5 所示。

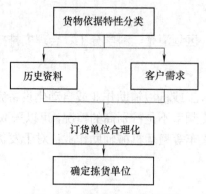

图 8-5　拣货单位分析过程

其中物品特性分类是指将必须分别储存处理的物品依照其物理、化学性质来分类，再结合历史订单统计资料与客户对包装单位的要求，与客户协商后将订单上的包装单位合理化。订货单位合理化，主要是避免过小的单位出现在订单中，订单中若出现过小的单位，必须进行合理整合，否则会增加作业量，并且引起作业误差。将合理化后的物品资料进行归类整理，最终确定拣货单位。物流配送作业中的拣货包装单位通常有以下 4 种：

（1）单件　单件物品包装成独立单元，以该单元为拣取单位，是拣货的最小单位。

（2）箱　由单件装箱而成，拣货过程以箱为拣取单位。

（3）托盘　由箱堆码在托盘上集合而成，经托盘装载后加固。每托盘堆码数量固定，拣货时以托盘为拣取单位。

（4）特殊物品　体积过大、形状特殊或必须在特殊情况下作业的物品。如桶装液体、散装颗粒、冷冻食品等，拣货时以特定包装形式和包装单位为准。图 8-6 所示为物流配送中心货态结构图。

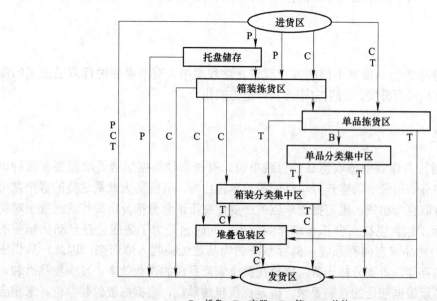

P—托盘　T—容器　C—箱　B—单件

图 8-6　物流配送中心货态结构图

8.6.3 拣货信息

拣货信息是拣货作业的指令。拣货信息的作用在于正确指导拣货作业，使拣货人员正确而迅速地完成拣货工作。拣货信息既可以通过手工单据来传递，也可以通过其他电子设备和自动拣货控制系统传输。

1. 订单传票

订单传票即直接利用客户的订单或以物流配送中心送货单来作为拣货指示凭据。这种方法适用于订单订购品项少、数量不大、批量较大的情况，经常配合订单拣货方式。其缺点在于订单传票在拣货过程中易受到污损，可能导致作业过程发生错误，而且订单上未标明物品储放的位置，靠作业人员的记忆拣货，可能影响拣货效率。

2. 拣货单

拣货单用来传递拣货信息，是将原始的客户订单输入电脑，进行拣货信息处理后，生成并打印出的拣货依据。拣货单上显示有产品的储位编号，拣货人员可按储位位置依次排列拣货次序，引导拣货员按最短路径拣货。采用拣货单传递拣货信息，其优势在于经过处理后形成的拣货单上所标明的信息能更直接、更具体地指导拣货作业，提高拣货作业效率和准确性；但处理打印拣货单需要一定成本，而且必须防止拣货单据出现误差。

3. 贴标签

标签可以取代拣货单。标签上印有物品的名称、位置、数量和价格等信息。标签的物品数量等于拣货量，在拣货的同时将标签贴附于物品上，作为确认数量的方式。因物品和标签同步前进，利用扫描器读取货品的条码，错误率极小。

4. 电子标签

这种方式是在货架上安装液晶显示器或灯号，通过计算机控制，显示该货位应该拣取物品的数量。显示器可以安装在重力式货架、托盘货架或一般物品棚架上。显示器传递方式可以配合人工拣货防止拣货错误，增进拣货人员的反应速度，提高拣货效率。

5. 条码

条码被贴附在物品或货箱表面上，经过扫描器阅读、计算机解码，把"线条符号"转变成"数字符号"，便于计算机进行信息处理。

条码是商品从制造、批发到销售过程中自动化管理的符号。通过条码扫描器自动读取，不但能准确快速掌握商品信息，而且能提高库存管理精度，是一种实现商品管理现代化、提高物流效率的有效方法。例如，通过条码扫描器读取表示货架位置号码的条码后，物品放在何处保管的信息就可立即得到。

6. 无线通信

把无线电识别器安装在移动设备（叉车或堆垛机等）上，同时又把接收和发射电波的电子标签安装在物品或储位上，当无线电识别器接近物品时，立即读取物品或储位上反应器的信息，然后通过识别电路传给计算机。

7. 计算机随行指示

在堆垛机或台车上安装辅助拣货的计算机终端，在拣货之前把拣货信息输入计算机。拣货人员根据计算机显示引导，能迅速而正确地拣取物品。

8. 自动拣货系统

拣货的动作由自动机械负责，当电子信息输入自动拣货系统后，自动完成拣货工作，无须人工介入。这是目前世界上最先进的拣货系统，是物流拣货设备研究发展的方向。

8.7 补货作业

补货作业的目的是保证拣货区有货可拣。通常以托盘为补货单位，将拣货区需补物品由仓储区搬运到拣货区。

8.7.1 补货方式

补货作业是为了配合拣货作业，所以与拣货作业息息相关。补货作业必须保证"有货可拣"和"放置在拣货最方便的位置"。一般情况下，物流配送中心的补货方式有两种。
1）由储存货架区向拣货重力货架区补货。
2）物品储存二层以上为储存区，底层为拣选区，此时的补货是由上层货架向最底层补货。

8.7.2 补货时机

1. 批次补货

这种补货方式是在拣货之前，一次性补足一天或一批次的拣货量。适用于一天内作业量变化不大、特殊追加订货不多的情况。

2. 定时补货

将一个工作日分成若干时间段，在一个时间段内补足所拣物品。这种补货方式比较适合于拣货时间固定，追加订货时间也基本固定的情况。

3. 随机补货

这是一种指定专人从事补货的作业方式。这些人员随时巡视拣货区拣货存量，发现不足，随时补货。这种补货方式比较适合于拣选量不大、紧急追加订货较多、作业量事先不易掌握的情况。

8.8 流通加工作业

流通加工是为了提高物流速度和物品利用率，或者按照客户要求，进行的保存加工和同一物品的形态转换加工。即在物品从生产者向消费者流动的过程中，为了促进销售、维护物品质量和提高物流效率所采用的使物品发生物理、化学或形状变化的加工功能。

8.8.1 特点

与生产加工相比，流通加工具有以下特点：

1）流通加工对象是进入流通领域的商品，具有商品属性；而生产加工对象不是最终产品而是原材料、半成品或零配件。

2）流通加工程度大多为简单加工，而不是复杂加工。流通加工绝不是代替和取消生产加工，仅仅是生产加工的辅助和补充。

3）流通加工的目的在于完善商品的使用价值，并在无大的改变情况下提高价值；而生产加工的目的是创造使用价值和商品价值。

4）流通加工的组织者和加工单位是从事物流流通的企业，能够密切结合客户需要进行加工；而生产加工是由生产企业来组织和完成的。

5）流通加工有时候是以流通本身为目的，纯粹是为流通创造条件，这种为流通所进行的加工与直接为消费所进行的加工在目的上有很大的不同。

8.8.2 目的

1. 方便客户

由于社会需求的复杂性，导致生产企业无法完全满足客户在产品品种、规格型号或者尺寸上的需求，在批发到零售的流通环节中，经常会碰到这些问题。况且，物流配送中心较生产企业更接近客户，能够更及时适应多样化的顾客需求，更有针对性地对商品进行简单的流通加工。

2. 提高保存机能

在食品果蔬保鲜方面，流通加工可以使物品的保质期延长。

3. 增加附加值

物流企业为了获得更多的收益，发展流通加工是一项极为理想的创造价值的选择，这也是流通加工得以产生和发展的动力。

4. 创造配送条件

配送是出库、拣货、分拣、集货和运输等一系列活动的集合。很多配送的开展和进行，借助于流通加工。

8.8.3 形式

1. 下料加工

利用在流通领域的集中下料代替分散在各使用部门的下料加工，可以大大提高物品的利用率，具有明显的经济效益。例如，钢材的剪裁与切割，圆钢制成毛坯以及木材加工等。集中加工可充分地合理下料，搭配套裁，减少边角余料，提高物品利用率，降低物品费用。

2. 保鲜防蛀

这种加工形式的目的是延长商品的使用时间，保持商品的使用价值，使消费者对商品保持满意。如水产品、蛋产品、肉产品等保鲜保质的冷冻冷藏加工与防腐加工，丝、麻与棉织品的防虫、防霉加工等。

3. 安装加工

有些流通加工是为最后的安装进行初级加工，例如商品混凝土的搅拌和泵送，铝合金与塑钢门窗的制作，钢材的预处理、整形及打孔等。还有一些商品，由于其自身形状特殊，在运输和装卸作业中效率极低，则需要进行适当的流通加工以弥补这些物品的物流缺陷。例如，造纸用木材加工成木屑可极大提高运输工具的装载效率；自行车在消费地区的装配可防止整车运输的低效率和高损失。

4. 印贴标签和条码

为了迅速准确地储运物品，需要在箱子上印贴标签和条码，以便快速阅读和传输商品信息，加快物流运转，提高物流效率。

5. 包装捆包

包装是指在流通过程中为了保护产品、方便储运、促进销售，按一定技术方法而采用的容器、材料及辅助物的总体名称，也指为了达到上述目的而在采用容器、材料和辅助材料的过程中施加一定技术方法的操作活动。包装的目的是保护商品，便于搬运装卸、运输与储存，易于辨认，以及提高客户的购买欲望。

包装分为个体包装、内包装和外包装3种形式。

（1）个体包装　个体包装又称为商业包装或销售包装，是指商品按单个商品进行的包装，是最基本的包装形式，也是直接接触商品并随商品进入零售网点，与消费者见面的包装。个体包装主要是在造型、结构和装潢上追求美观，达到提高商品价值、促进销售的目的，个体包装同时也可起到保护商品的作用。

（2）内包装　内包装是为了防止水、湿气、光、热、冲击等对商品的影响而进行的物品内层包装。

（3）外包装　外包装又称为运输包装，是以满足运输储存要求为目的的包装。外包装的主要功能是方便储运。外装容器的规格是影响物流效率的重要因素，要求其尺寸与托盘、搬运设备相适应，同时又具有承重、耐冲击和抗压等能力。

8.9 发货作业

把拣取的物品经过发货检查，拼装捆包，做好标识，按照车辆的配送路线或客户类别将物品运至集货区，最后装车配送，这一过程称为发货作业。

8.9.1 发货要求

（1）准确　发货人员应仔细核对发货单，做到发货准确无误。

(2) 及时　在发货过程中，各发货人员应加强责任意识，密切配合，认真负责，保证发货的及时性。

(3) 安全　在发货过程中，发货人员要注意安全操作，防止损坏物品，保证物品质量。

8.9.2　发货方式

物品发货方式通常有下列几种。

(1) 提货　由客户凭货主填制的发货凭证，自备运输工具到物流配送中心取货的一种方式。提货出库的单证依据为提货单。

(2) 送货　由物流配送中心根据订单需求，组织运力将客户所需物品在约定时间送到客户所需地点，这是一种常用发货方式。送货出库的单证依据为发货单。

(3) 移库　由于业务或保管上的需要，有些物品需要变更储存场所，从一个仓库移到另一个仓库来保管，这种发货方式称为移库。移货出库的单证依据为移库单，发货单位应根据有关部门开具的移库单组织发货。

(4) 过户　把物品的所有权进行转移，但物品的储存场所不变。仓储部门处理过户业务的依据为过户单，并进行转账处理。

8.9.3　发货流程

发货流程一般包括以下工作。

(1) 发货准备　为保证物品能及时准确地送到客户手中，发货部门应做好物品出库的准备工作。例如，编制发运计划，安排调配装卸机具，预备相应的包装材料及其衬垫物，准备钉箱、打包工具等。

(2) 核对出库凭证　出库凭证是物品出库的依据，出库凭证的形式有发货单、提货单与调拨单等。发货人员要注意审核出库凭证上的内容，检查抬头、日期是否符合要求。

(3) 复核货品　按照出库凭证上所列货品的名称、规格、数量和客户，核对发货区实物是否与其一致，检查货品外观质量是否完好，技术证件，如合格证、质量检验证明书、使用说明书等是否齐全。

(4) 捆包待运　按照集货发运要求，对相应货品进行拼装、换装或加固，并重新标记。这些工作要求封顶紧密，捆扎牢固，衬垫适当，标记正确。

(5) 交点和清理　货品经复核无误后，当面向运输人员按单列货品逐件点交，明确责任，办理交接手续。在货物装车时，发货人员应现场监督装车，一旦装车完毕，立即清理现场。发货结束后，发货人员在出库凭证上加盖"已出库"印戳。

8.10　配送作业

在物流界，关于配送的概念和内涵有不同的理解，一种是广义的理解，认为配送是指对物品进行出库拣选、流通加工、包装、分拣、集货、发货等作业，并按时送达指定地点的物流活动。从物流的角度讲，这种配送几乎涵盖了所有的物流功能要素。

这里所指的配送是狭义的理解，即配送作业就是利用运输车辆，将客户订购的物品，从物流配送中心送到客户手中的活动。因此，有人称狭义的配送就是送货，也是不无道理的。由此可见，狭义的配送是广义配送的核心，是直接服务于客户的重要工作。

8.10.1 配送特点

（1）配送成本高　如前所述，物流成本包括储存、搬运、配送和管理等费用，其中配送费用比例较高，约占总物流成本的35%～60%。为此，降低配送费用对提高物流中心的效益有极大贡献。配送费用包括人工费、奖金、福利、燃油费、车检费、保险费、排障费、轮胎费、折旧费和通行费等。这些费用和配送频率、时间、客户的远近及车辆的损耗状况又有很大关系。

（2）影响因素多　影响配送的因素很多，如配送路线的选择，运输工具调度，物品特性，客户要求，交通状况，天气变化等，还有驾驶员的素质、技术、健康等因素，都会直接影响配送和服务水平。

（3）管理难度大　由于配送活动属于长时间、远距离作业，故随意性较大，自由空间广，管理难度相应增加。

为此，可通过严格管理来降低成本。如提高车辆出车率、装载率，降低空车率等。

8.10.2 车辆配送服务要点

车辆配送服务是物流配送中心直接面对客户的服务，服务优劣对物流配送中心效益和信誉影响较大。为此，必须注意以下几点。

（1）时效性　所谓时效性就是在指定时间内交货的时间要求。

（2）服务态度　送货人员是代表公司在和客户交往，为此，必须以最佳的服务态度对待客户，从而维护公司形象和信誉。

（3）可靠性　可靠性是指交货质量，即要求配送人员要完好无缺地把货送到客户手中。就配送作业而言，要实现可靠性目标其关键在于：

1）装卸货时的细心程度。
2）运送过程对货品的保护。
3）对客户地点及作业环境的了解。
4）配送人员的职业道德。

如果配送人员能随时注意以上几点，物品就能以最好的品质送到客户手中。

（4）便利性　配送最主要的是要让客户觉得方便，因此，送货计划应采取较弹性的系统，才能够适应和满足客户需求的变化，为客户提供便利的服务。例如紧急送货、信息传送、顺道退货、辅助资源回收等。

（5）经济性　满足客户的服务要求，不仅货品质量要好，而且价格也要合理。通过物流配送中心的精心运作，降低成本，对客户收费低廉，让客户感到实惠。

8.10.3 配送计划

配送计划的主要内容应包括配送的时间、车辆选择、货物装载，以及配送路线、配送顺序等的具体选择。制订配送计划时，一定要从全局出发，力求做到运输距离短、运送能力省、配送费用低、中间转运少、到达时间短、配送质量高。配送计划的主要内容有以下4点。

1）按日期安排客户所需物品的品种、规格、数量、送达时间、送达地点、送货车辆与人员等。

2）优化车辆行走路线与运送车辆趟次。如何选择配送距离短、配送时间短、配送成本低的线路，这需要根据客户的具体位置、接货环境、时段要求和沿途的交通情况等做出优化选择。另外，配送趟次顺序应与配送线路一并综合考虑。

3）按客户要求的到货时间并结合运输距离确定车辆出发时间。

4）按客户要求选择送达服务方式。配送计划确定之后，向各配送点下达配送任务。依照计划调度运输车辆、装卸机械及相关作业班组人员，并指派专人将商品送达时间、品种、规格与数量通知客户，使客户按计划准备好接货工作。

8.11 生鲜食品配送中心的作业管理和电商物流建设

××生鲜食品加工配送中心是国内目前设备先进、规模较大的生鲜食品加工配送中心，总投资约6000万元，建筑面积35000m^2，年生产能力20000t，其中肉制品15000t，生鲜盆菜、调理半成品3000t，西式熟食制品2000t，产品分为15大类约1200种生鲜食品；在生产加工的同时，配送中心还从事水果、冷冻品以及南北货的配送任务。

连锁经营的利润源重点在物流，物流系统好坏的评判标准主要有两点：物流服务水平和物流成本。本案例就是在这两个方面都做得比较好的物流系统。

8.11.1 生鲜货品的物流特性

生鲜货品按其秤重包装属性可分为定量货品、秤重货品和散装货品；按物流类型可分为储存型、中转型、直送型和加工型；按储存运输属性可分为常温品、低温品和冷冻品；按货品的用途可分为原料、辅料、半成品、产成品和通常货品。

生鲜货品大部分需要冷藏，所以其物流流转周期必须很短，方能节约成本；同时，生鲜货品保值期很短，客户对其色泽等要求很高，所以在物流过程中需要快速流转。两个评判标准在生鲜配送中心通俗地归结起来就是"快"和"准确"，这里分别从几个方面来说明该生鲜配送中心是如何通过对作业流程的设计和管理，达到提高物流服务水平和降低物流成本的。

8.11.2 作业流程设计与管理

1. 采购补货

门店的要货订单通过电商数据通信平台，实时地传输到生鲜配送中心，在订单上要明确各商品的数量和相应的到货日期。生鲜配送中心接收到门店的要货数据后，立即在系统中生成门店要货订单，并按不同商品的物流类型进行不同的补货或采购处理。

（1）储存型商品　系统计算当前的有效库存，比对门店的要货需求以及日均配货量和相应的供应商送货周期，自动生成各储存型商品的建议补货订单，采购人员结合实际情况做适当修改，即可形成正式的供应商订单。

（2）中转型商品　此种商品没有库存，直进直出，系统根据门店的需求汇总按到货日期直接生成供应商的订单。

（3）直送型商品　根据到货日期，分配各门店直送经营的供应商，直接生成供应商直送订单，并通过 EDI 系统直接发送到供应商。

（4）加工型商品　系统按日期汇总门店要货，根据各产成品/半成品的物料清单（Bill Of Material，BOM）表计算物料耗用，比对当前有效的库存，系统生成加工原料的建议订单，生产计划员根据实际需求调整后，发送采购部生成供应商原料订单。

各种不同的订单在生成完成或手工创建后，通过系统中的供应商服务系统自动发送给各供应商，时间间隔在 10min 内。

2. 物流计划

在得到门店的订单并汇总后，物流计划部根据第二天的收货、配送和生产任务制订物流计划。

（1）线路计划　根据各线路上门店的订货数量和品种，调整线路，保证运输效率。

（2）批次计划　根据总量和车辆人员情况设定加工和配送的批次，实现循环使用资源，提高效率；在批次计划中，将各线路分别分配到各批次中。

（3）生产计划　根据批次计划，制订生产计划，将量大的商品分批投料加工，设定各线路的加工顺序，保证和配送运输相协调。

（4）配货计划　根据批次计划，结合场地及物流设备的情况，安排配货。

3. 储存型货品物流作业

货品进货时首先要接受订单品种数量的预检，预检通过方可验货配货，验货时需进行不同要求的品质检验，终端系统检验商品条码和记录数量。在商品进货数量上，定量的商品的进货数量不允许大于订单的数量，不定量的商品提供一个超值范围。对于需要重量计量的进货，系统和电子秤系统连接，自动去皮取值。

拣货采用播种方式，根据汇总取货，汇总单标识从各个仓位取货的数量为本批配货的总量，取货完成后系统预扣库存，被取商品从仓库拉到待发区。在待发区，配货人员根据各路线、各门店配货数量，对各门店进行播种配货，并检查总量是否正确，如不正确，追溯核对。如果货品的数量不足或其他原因造成门店的实配量小于应配量，配货人员通过手持终端调整实发数量，配货检验无误后，手持终端确认配货数据。

在配货时，冷藏和常温商品被分别放置在不同的集货区。

4. 中转型货品物流作业

同储存型货品相同，物流供应商送货到配送中心后，先要进行预检，预检通过后方可进行验货配货。供应商把中转商品卸货到中转配货区，中转货品配货员使用中转配货系统，按货品的路线、门店顺序分配货品，数量按照系统配货指令执行，并贴附物流标签。然后将配好的货品采用播种的方式搬运到指定的路线门店位置，配货完成后，统计单个货品的总数量或总重量，根据配货的总数量生成进货单。

中转货品以发定进，没有库存，多余的部分由供应商带回，如果不足则在门店间进行调剂。

3 种不同类型的中转货品的物流处理方式也不同，说明如下。

（1）不定量需称重的货品　首先设定包装物皮重；然后由供应商将单件货品上秤，配货人员负责系统分配及其他控制性的操作；最后电子秤称重，每箱货品上贴附物流标签。

（2）定量大件货品　设定门店配货的总件数，汇总打印一张标签，贴于其中一件商品上。

（3）定量小件货品　在供应商送货之前先进行虚拟配货，将标签贴于周转箱上；供应商送货时，取自己的周转箱，按箱标签上的数量装入相应的货品。如果发生缺货，将未配到的门店标签作废。

5. 加工型货品物流作业

生鲜的加工按原料和成品的对应关系可分为组合和分割两种类型，两种类型在 BOM 设置和原料计算以及成本核算方面都存在很大的差异。在 BOM 中每个产品设定一个加工车间，且只属于唯一的车间，在产品上区分最终产品、半成品与配送产品，货品的包装分为定量和不定量。对于称重的产品、半成品，需要设定加工产品的换算率（单位产品的标准重量），原料的类型区分为最终原料和中间原料，设定各原料相对于单位成品的耗用量。

生产计划和任务中需要对多级产品链计算生产任务，并生成各种包装生产设备的加工指令。对于生产管理，在计划完成后，系统按计划内容输出标准领料清单，指导生产人员从仓库领取原料以及生产时的投料。在生产计划中考虑产品链中前道工序与后道工序的衔接，各种加工指令、商品资料、门店资料、成分资料等下发到各生产自动化设备的操作部门。

根据加工批次，加工车间人员调度和协调不同量货品间的加工关系，满足配送要求。

6. 配送运作

货品分拣完成后，都堆放在集货区，按正常的配送计划，这些货品在晚上送到各门店，门店第二天早上将新鲜的商品上架。在装车时按计划依路线门店顺序进行，同时抽样检查准确性。在货品装车的同时，系统自动计算出包装物（笼车、周转箱）的各门店使用清单，装货人员也据此来核对差异。在发车之前，系统根据各车的配载情况，输出各运输车辆的随车货品清单、各门店的交接签收单和发货单。

货品到门店后，由于数量的高度准确性，在门店验货时只要清点总的包装数量，退回上次配送带来的包装物，完成交接手续即可，一般一个门店的配送货品交接只需要 5min。

8.11.3　生鲜电商的物流体系建设

随着行业的快速发展，生鲜电商大部分企业面临盈利压力，同时又深受资本追捧。如何在此情况下脱颖而出？物流建设成为必争之地。目前，各家生鲜电商纷纷发力建设物流体系，优化物流链条，提升物流配送能力，以期用更出色的消费体验占领市场。

1. 生鲜电商布局及物流特点

随着阿里巴巴、京东的进入，生鲜电商领域的市场格局逐渐明朗，形成了"两超多强"的格局。两超是指阿里巴巴与京东，多强则是中粮我买网、本来生活、爱鲜蜂、每日优鲜等平台。

互联网巨头的入局抬高了行业门槛。生鲜供应链的投入成本高，冷冻、冷藏、恒温等不同温度储藏类别 3000m^2 的生鲜仓库的年租金就需要 500 万～1000 万元，冷藏保温车的价格更是普通货运车辆的 2～3 倍。随着电商传统品类的饱和，如今的电商竞争正在向包括生鲜食品在内的高难度领域发展。生鲜是复购率最高、市场想象空间最大的品类，值得深度布局。

2. 生鲜配送提速措施

线上生鲜的即时性消费，即客户下单后迅速收到货品的购物体验，是阿里巴巴、京东为行业带来的重要改变之一。过去的 B2C 电商，配送至少需要 3h，这对买菜做饭的消费者来讲时间太长，生鲜电商需要做出改变。所以，盒马提出了 30min 配送到家。想要达到这个目标，生鲜电商就要将仓储移向前端，要么通过更多的小前置仓，要么利用线下门店和便利店。和时间赛跑的背后，是该公司在北京核心商圈建设仓库，或者与便利店合作，这样在 3km 的范围内就能实现"一小时达"。

每日优鲜则使用"城市分选中心+社区前置仓"的仓储体系，同样根据订单密度在商圈和社区设立前置仓，覆盖半径 3km 的范围，以确保 2h 内把生鲜产品送到客户手上。这一模式不仅可以解决生鲜损耗的问题，还可以分摊单个客单的物流成本。

京东也在 2017 年的大闸蟹配送上尝试使用前置仓的模式，京东将此称为"销地仓"，京东充分利用互联网大数据平台支撑，以地域、时间等维度实行精准销售预测，通过优化电商物流供应链条，提前将商品运送至销售地的仓库暂存，客户下单后，将直接从"销地仓"发货，通过缩短送货距离提升时效。

3. 仍然需要面对的问题

目前，生鲜配送的竞争力首先在于建立更高的配送标准和规则。

提升生鲜配送能力的另一关键则是将商品的拣选和二次加工直接在产地完成。例如，京东的协同仓就是这种模式。在入库区、生产区、抽检区以及冷链中转区，每个区域都设立了专用空调保持温度恒定，仓储、分拣将在协同仓内同步操作，从源头把控商品品质。

直达产地需要规模效应，自建冷链仓储物流投入成本高，提升品控意味着更多人力物力投入，这些需要雄厚的资金投入才能实现。

从数据资源层面，互联网巨头企业手中的数据资源也将成为生鲜物流配送水平提升的又一助力。在生鲜配送上，也有个性化的问题，对仓储的预估、对前置仓配货的选择，都需要数据和算法的支持，阿里巴巴在产品技术上的积淀，同样将为物流配送赋能。

第 9 章　物料搬运系统的分析与设计

9.1　物料搬运概述

9.1.1　概念

在物流配送中心内,为了实现进货发货、储存保管、流通加工以及拣选分拣等各项作业的功能,就需要改变物料的空间位置和存放状态,也就是搬运装卸。具体来讲,装卸搬运就是将不同形态的散装、包装或单元装载的原料、半成品或成品,在平面或垂直方向加以提起、放下或移动,使物品能适时、适量地移至适当的位置的活动。

我们把以改变物料空间位置为目的的活动称为搬运。通常,搬运是指在同一场所或同一范围内,对物料进行短距离、水平移动为主的物流作业。同时,我们把以改变物料存放状态为目的的活动称为装卸,也就是说,装卸实际是指在指定地点将物料装入运输设备或从运输设备中卸下的活动。与搬运相比,装卸是更为单一、但却是花费时间更多、劳动强度更大的物流活动。在实际操作中,装卸与搬运是密不可分的,两者往往伴随在一起发生。因此,在物流科学中并不过分强调两者差别而是作为一种活动来对待。为了叙述方便,本书所指的搬运包含着装卸作业。

凡是需要进行搬运的物品、材料和零件统称为物料。运输和搬运都是以改变物料的具体位置为目的的活动,但运输一般是指不同场所、长距离的物品运送,具有改变物品空间距离的功能(与其相对应,储存是改变物品时间距离的)。而搬运则是在同一场所、短距离的物料移动,没有改变物料的时间和空间价值。按搬运的移动方位来分,可以有水平、垂直和倾斜搬运,但在物流配送中心内部,水平搬运是主要的,垂直和倾斜搬运除了在设备和技术方面与水平搬运不同外,系统分析与设计则是相似的。

搬运作业可分为 6 个方面。

1) 装卸:将物料从运输机具装上或卸下。
2) 搬运:物料在较短距离内的移动。
3) 堆垛:将物品或包装货物进行码放、堆垛等。
4) 入出库:从保管场所将物品存入或取出。
5) 分类:将物品按品种、发货方向或顾客需求等进行整理。
6) 集货:将物品备齐,以便随时装货。

9.1.2 特点

1. 搬运是附属性、伴生性的活动

从更为广阔的范围来看,任何物品在其整个生命周期中,从原材料加工、产品制造、商品流通、消费使用到报废处理,每一环节功能的实现,都离不开搬运。搬运不仅伴随着产品生命周期的每一环节,而且存在于每一环节的一切阶段中。

在物流配送中心内部,搬运是每一项活动开始及结束时必然发生的活动,搬运总是与其他物流作业相伴发生,常伴随于物流活动的不同过程中。进货需要搬运,储存需要搬运,流通加工需要搬运,拣货也需要搬运,分拣集货离不开搬运,发货配送更要借助于搬运。从物流效果来看,搬运不是为了搬运而搬运,而是为了完成某种物流作业的辅助手段,是其他物流活动的重要组成部分。离开了搬运,完成任何实体物流活动都是不可能的。

2. 搬运是支持、保障性的活动

搬运为其他物流作业提供劳务,从而保证了其他物流作业的顺利进行。实际上,搬运对其他物流作业活动有一定的决定性。搬运会影响其他作业活动的质量和速度。例如,装车不当,会引起运输过程中的损失;卸放不当,会引起货物下一步转换的困难。许多物流活动只有在有效的搬运支持下,才能实现高水平的操作。

3. 搬运增加物料成本,但不会增加价值

搬运作为物流系统的构成要素之一,是为满足运输和保管的需要而进行的作业,但是,相对于运输产生的场所效用和保管产生的时间效用来说,搬运活动本身并不产生效用。搬运过程,不产生新的产品,不增加物料的价值。然而,从生产到消费的流通过程中,搬运的好坏对物流成本的影响很大,搬运需要花费大量的人力、物力和财力,且对货物的包装费用也有一定的影响,不良的搬运还有可能弄污、损害、甚至遗失或弄坏物料。在加工制造业中,物料搬运占有相当大的成本比重,据有关资料显示,国外机械工业每生产1t产品,其物料搬运量为:机械加工工序约50t,铸造工序约80t。在整个生产成本中,物料搬运费用比例为30%~40%,至少相当于机械加工的费用,有的甚至更高。在工伤事故方面,直接由物料搬运引起的大约占到25%,3%~5%的产品由于搬运不当而受损。物料搬运涉及企业25%雇员的工作,占有55%的工厂空间和87%的生产时间。

4. 搬运是衔接性的活动

任何作业活动的互相过渡,都是以搬运来衔接的,因而,搬运往往成为整个物流系统的"瓶颈",是物流配送中心各功能之间能否形成有机联系和紧密衔接的关键。建立一个运行高效的物流系统,通常取决于这一衔接是否有效、顺畅。

9.1.3 形态

搬运的形态可按作业场所、运输工具、作业特点和包装形式等进行划分。

1. 按搬运的场所分

(1) 场库搬运 即在物流配送中心、工厂、仓库等自用设施内部所进行的搬运活动。

(2) 铁路搬运 即在铁路车站所进行的搬运活动,其中包括火车车厢的装卸搬运以及站台内的各种搬运、装卸、拆分、包装和堆垛等活动。

（3）港口搬运　即在港口所进行的搬运活动，如装卸船只、搬运货物等。

（4）机场搬运　即在机场所进行的搬运活动，包括货物包装、检查、输送、搬运和货舱装卸等活动。

也有另一种分类方法，就是将上述（1）项称为自用设施搬运，将（2）、（3）、（4）项统称为营业用设施搬运。

2. 按所用运输工具分

（1）起重机搬运　是指用堆垛机、吊车以及各种起重设备所进行的移动和提升活动。

（2）输送机搬运　是指用连续传输装置所进行的搬运活动。

（3）叉车搬运　是指用各种叉车所进行的搬运和提升活动。

（4）手推车搬运　是指用手推车、手动搬运车和手动装卸车所进行的无动力搬运活动。

（5）自动导引车搬运　是指利用自动导引车所进行的自动装卸、自动行驶的搬运活动。

3. 按作业特点分

（1）进货搬运　即在进货场所，为了进行卸货、验收、理货和入库所进行的搬运作业。

（2）储存搬运　即在保管场所，为了进行货物上架、检查、盘点和补货所进行的搬运作业。

（3）拣货搬运　即在拣货场所，为了进行拣货和分拣所进行的搬运作业。

（4）流通加工搬运　即在流通加工场所，为了进行包装、拆零、分割和贴附标签所进行的搬运作业。

（5）发货搬运　即在发货场所，为了进行集货、装车和配送所进行的搬运作业。

4. 按包装形式分

（1）个装搬运　将包装货物按件单独搬运。

（2）单元装载搬运　将货物装上托盘或装在集装箱内进行搬运。

（3）散货搬运　对类似于石油一类的液态货物或小麦一类的颗粒状货物的搬运。

9.1.4　原则

物料搬运原则在实际工作中很重要。通常没有一种数学模型能对整体的物料搬运问题提供普遍适用的解决方案。物料搬运原则是对物料搬运工作实践的总结，浓缩了几十年来物料搬运专家的经验，为物料搬运系统设计人员提供了指导方针。物料搬运产学理事会（Council of Industry and Colleges of Material Handling Education，CICMHE）近年来总结采用的 10 条物料搬运原则及其含义如下。

1. 计划原则

计划是在实施之前预先确定的一系列行动。物料搬运计划最简单的形式是定义物料（对象）和移动（何时何地），再合起来确定方法（如何做，由谁来做）。

2. 标准原则

标准化意味着所用方法、设备的变化和自定义更少。

3. 工作原则

工作量以物流量（体积、重量或件数）乘以移动的距离来衡量。

4. 人因工程原则

人因工程是寻求使工作及工作条件适合工人工作能力方法的科学。

5. 集装单元原则

集装单元是可以作为一个整体来同时存储和移动的一批物料，而不管该批物料由多少件物料组成，集装单元的形式有托盘、集装箱和物流箱。

6. 空间利用原则

物料搬运的空间是三维空间，因而要用体积来衡量。

7. 系统原则

系统是由相互作用或相互依赖的要素形成的有机整体。

8. 自动化原则

自动化是有关机电设备、电子和计算机系统的应用技术，目的是操作并控制生产和服务活动。同时将涉及多项联系的机械操作作为一个系统对待，由编程指令来对其进行控制。

9. 环境原则

环保意识来源于不浪费自然资源，预测并消除我们日常工作中可能对环境产生的负面影响。

10. 全生命周期成本原则

全生命周期成本包括从计划、采购新设备或采用新方法，直到该设备、方法退出生产活动为止整个时间段的成本资金支出。

这10条原则作为指导纲领对解决物料搬运问题很有帮助。显然，并不是每条原则都适用于实际的物料搬运状况。这些原则可作为一项检查评价的依据，应用这些原则有助于找到更好的物料搬运方案。

9.2 搬运活性理论

9.2.1 问题的提出

由搬运特点的分析可知，物料搬运是一项受到人们严重关注的物流作业。作为物流配送中心的经营者，考虑的根本问题是通过物流的经营和服务，来获取最大的效益。其中一方面就是向客户提供及时、准确和全面的优质服务，以便取得更可观的经营收入，赢得更广泛的物流市场；另一方面就是在经营的过程中，尽可能地不断降低物流成本，使利润在经营收入中所占比例逐步提升。由于物料搬运成本在整个物流成本中的比重如此之高，使得物流经营者不得不对其给予足够的重视，不断地改进搬运设计，简化搬运程序，优化搬运系统，提高搬运效率，其目的仍然是降低搬运成本。

在物流配送中心，物料搬运存在于所有的物流作业之中，如果物料搬运系统出现了问题，就必然引起整个物流配送中心包括运输系统的混乱。从这个意义上说，物料搬运系统的设计良好与否，在很大程度上决定了整个物流配送中心的运转状态和服务水平。

正因为物料搬运与物流配送中心各个部门、各种作业息息相关，因而研究和设计物料搬运系统的控制因素相应较多。不仅如此，就物料搬运系统本身而言，其决定要素也相当复杂，如搬运对象、搬运距离、搬运路径、搬运手段、搬运次数和搬运时间等。由于搬运对象的多样性和作业形式的复杂性，要对其进行定量化研究是比较困难的。但又因为搬运作业的相关性和搬运设计的重要性，对其进行深入探讨和研究，找出搬运的内在规律，制定搬运的定量化比较与评价标准，具有十分重要的现实意义和实用价值。

为此，搬运活性理论这一定量研究物料搬运的方法的提出，为上述问题的解决开拓了思路，提供了帮助。

9.2.2 理论内容

放在仓库的物料都是待运品，这些待运品的存放状态是各式各样的，有的散放在地上，有的放在托盘上或装在箱子里，然后存放在货架上或就地堆叠，存放的状态不同，其搬运的难易程度也不同。人们将物料的存放状态对搬运的难易影响程度称为搬运活性。那些搬运较麻烦、费工时多，处于较难移动的物料存放状态，其搬运活性较低，如散放在地上的物料；而那些搬运较方便、花费工时少，处于易于移动的物料存放状态，其搬运活性较高，如放在搬运设备上的物料。在整个搬运过程中，往往需要对物料进行多次移动，移动的下一步应该比上一步更便于物料的搬运，这就是提高搬运活性，或者称为搬运活化。我们在设计搬运程序时，应使物料的搬运活性逐步提高，至少不能降低，有人将这一思路称为步步活化。

我们将各种存放状态下物料的搬运活性用搬运活性指数来表示。搬运活性指数为自然数，指数越大，其搬运活性就越高，物料就越容易搬运；指数越小，其搬运活性就越低，物料就越难于搬运。搬运活性指数的构成关系是：

散放（通过集中）→装箱（通过搬起）→托垫（通过提升）→
→装车（通过运走）→搬运

通过以上构成关系，并运用搬运活性指数的概念，我们对物料在以下几种存放状态的搬运活性指数进行分析。

1. 散放在地上的物料

对散放在地上的物料实施搬运，需要经过集中、搬起、提升和运走等4次作业，其作业次数最多，最难搬运，换句话说，就是其搬运活性最差，已不需要的作业次数为0。根据搬运活性指数的概念，规定散放在地上物料的搬运活性指数为0。

2. 装在箱中的物料

对装在箱中的物料实施搬运，需要经过搬起、提升和运走（因已集中）等3次作业，比散放在地上的物料搬运作业次数少1次，较其也容易搬运，换句话说，就是其搬运活性稍高，已不需要的作业（集中）次数为1。根据搬运活性指数的概念，装在箱中物料的搬运活性指数为1。

3. 放在托盘上的物料

对放在托盘上的物料实施搬运，需要经过提升和运走（因已集中和搬起）等2次作业，又比装在箱中的物料搬运作业次数少1次，亦较其更容易搬运，换句话说，就是其搬运活性又比装在箱中的物料为高，已不需要的作业（集中和搬起）次数为2。根据搬运活性指数的概念，放在托盘上的物料的搬运活性指数为2。

4. 装在搬运车（静止）上的物料

对装在搬运车上的物料实施搬运，只需经过运走（因已集中、搬起和提升）1次作业，又比放在托盘上的物料搬运作业次数少1次，亦较其更容易搬运，换句话说，就是其搬运活性又比放在托盘上的物料高，已不需要的作业（集中、搬起和提升）次数为3。根据搬运活性指数的概念，装在搬运车里的物料的搬运活性指数为3。

5. 装在正在行走的搬运车上的物料

对位于正在行走的搬运车上的物料实施搬运，不需要经过（因已集中、搬起、提升和运走）其他作业，也是最容易搬运的，因正在搬运。换句话说，就是其搬运活性又比装在搬运车（静止）上的物料高，已不需要的作业（集中、搬起、提升和运走）次数为4。根据搬运活性指数的概念，装在正在行走的搬运车上的物料的搬运活性指数为4。

同理，位于正在工作的输送机上的物料，因其正在移动，所以，搬运活性指数也为4。表9-1所示为物料机动性能与活性指数的关系。

表9-1 物料机动性能与活性指数的关系

货物的支撑状况	示意图	活性指数	货物移动的机动性
直接置地		0	移动时需逐个用人力搬到运输工具中
置于容器		1	可用人工一次搬运，一般不便于机械搬运
置于托盘		2	可以方便地使用机械搬运
置于车内		3	不需要借助其他机械便可搬动
置于传送带		4	货物已处于移动状态

由以上分析可以看出，要对物料实施搬运作业，通常最多需要4次作业。如果有几项作业不需要进行，就可以省略其作业，此时物料的存放状态就更有利于搬运，因而其搬运活性指数就相对较高。搬运活性指数也可以这样来理解，在搬运最多需要进行的4项作业中，对于某种存放状态的物料，已不需要进行的作业数目，就是搬运活性指数。

从理论上讲，活性指数越高越好，但也必须考虑到实施的可能性。例如，物料在储存阶段中，活性指数为 4 的输送带和活性指数为 3 的车辆，在一般的仓库中很少被采用，因为大批量的物料不可能存放在输送带和车辆上。为了说明和分析物料搬运的灵活程度，通常采用平均活性指数的方法。这个方法是对某一物流过程物料所具备的活性情况，累加后计算其平均值，用 δ 表示。δ 值的大小是改变搬运方式的信号。

当 $\delta<0.5$ 时，指所分析的搬运系统半数以上处于活性指数为 0 的状态，即大部分处于散放情况。这时，可采用料箱、推车等存放物料的方式来改善目前的状态。

当 $0.5<\delta<1.3$ 时，表示大部分物料处于容器或箱装状态，其改进方式可采用人工搬运或搬起托垫。

当 $1.3<\delta<2.3$ 时，搬运系统大多处于活性指数为 2 的状态，可采用单元化物料的连续提升装卸和运输来加以改进。

当 $\delta>2.7$ 时，则说明大部分物料处于活性指数为 3 的状态，其改进方法可选用拖车、机车车头拖挂运走的搬运方式。

搬运的活性分析，除了上述指数分析法外，还可采用活性分析图法。活性分析图法是将某一物流过程通过图示来表示出搬运活性程度。分析图法具有明确直观的特点，薄弱环节容易被发现和改进。运用活性分析图法通常分 3 步进行。

第一步，绘制装卸搬运图。

第二步，按搬运作业顺序绘制出物料活性指数变化图，并计算活性指数。

第三步，对搬运作业缺点进行分析改进，绘制出改进设计图，计算改进后的活性指数。

9.2.3 搬运的合理化

搬运活性理论的建立，为我们进行搬运方案设计、搬运设备选择和搬运方法确定，以及搬运的合理化、规范化和科学化，提供了定量化的依据，同时也形成了一种设计方案的评估办法。

1. 不进行多余的搬运作业

一般来说，物料搬运最多需要 4 次作业。如果搬运设计方案为 4 次以上的作业，就有可能存在多余的作业，应该对设计方案进行进一步检查，删除不必要的作业工步，设计更为合理的搬运方案。

2. 提高搬运活性

按照搬运活性指数由小到大的顺序，待运物料的存放状态依次为散放、箱装、托盘装和车装。合理的搬运作业程序应该是，使搬运活性指数逐步提高，即尽量做到步步活化。依此为依据，可以选择更为合理的物料搬运方法。

3. 减少无效作业

当按一定的操作过程完成货物的装卸搬运时，要完成许多作业。作业即产生费用，因此，应避免无效作业，可采取多种措施，如减少作业次数、使搬运距离尽可能缩短等。

4. 关注未活化的作业

在物料搬运设计方案中，有可能存在前后作业工步搬运活性指数相等的情况。而这些作业工步有可能是必要的、合理的，也有可能是多余的和不合理的。设计者要特别关注和重视此类作业，对于具体问题具体分析、分别对待，并进行针对性处理。

5. 使搬运作业连续进行

为了达到一定的搬运目的，物料搬运应该是不停顿、不间断地连续作业。搬运作业的任何停顿和间断，都有可能出现重复作业，从而使物料受损或者出现搬运错误。

6. 尽量做到单元装载

单元装载的搬运活性指数相对较高，更有利于搬运。为了提高搬运、装卸和堆存效率，提高机械化、自动化程度和管理水平，在可能的前提下，尽量使用诸如货箱、托盘装载等搬运系统。另外，根据物流配送中心的能力，尽可能扩大货物的物流单元，目前发展较快的集装箱单元就是一种标准化的大单元装载货物的容器。

7. 合理利用机械化作业

合理利用机械化作业，可使搬运活性指数提高的速率增大，既可节约人力，减轻劳动强度，又能节约时间，提高搬运效率。尤其对于劳动强度大、工作条件差、搬运装卸频繁、动作重复的环节，应尽可能采用有效的机械化作业方式。如采用自动化立体仓库可以将人力作业降低到最低程度，而机械化、自动化水平得到很大提高。

8. 科学利用重力

当物料由高向低移动时，利用重力可以节约能源，减轻劳动强度，但在搬运设计时，要注意不使物料移动过快或过慢。当物料在基本水平的场所移动时，尽量使用带滚轮的搬运工具，以滚动代替滑动，减小摩擦力的阻碍运动作用，达到省力、便于移动、节省能量和投资的目的。如利用地形差进行装货，采用重力式货架堆货等。

在保证货物搬运、装卸和堆存安全的前提下，应尽可能减少附加工具的自重和货物的包装物重量。

这里必须指出，应用搬运活性理论进行搬运的合理化分析时，虽然可以解决搬运系统内部的一些问题，但必须注意物料搬运作业仅仅是一种辅助作业，搬运系统与物流配送中心的其他作业相关性极大，因此，进行物料搬运系统的实际分析时，除应用搬运活性理论外，还要考虑相关作业的条件和对搬运系统的影响，以达到物流系统的整体最优化。物流合理化问题，是物流企业为提高效率、降低成本、改善服务和提高经济效益应认真研究的问题。同时又是一项复杂的系统工程，涉及诸多方面，但一般而言，应遵循上述原则。

9.3 物料搬运系统的基本方法

9.3.1 定义

物料搬运系统有各种不同的定义，其中较全面的是"物料搬运系统是移动、储存、保护及控制物料的艺术与科学的结合"。物料搬运系统深入地探讨了物料流动与设施布局之间的关系，将物料的移动流程和物流配送中心系统布置设计（Systematic Layout Planning，SLP）相互配合，以其支持设施的生产或服务系统作业。对物料搬运系统的定义的详细说明如下。

1. 物料

物料是指一般企业经营活动中，所投入的人力、财力、固定资产、技术方法及管理才能之外有形财物的统称。一般物料大致可分为以下7种：原料或材料、间接材料或办公用品、在制品、零配件、成品、残余物料以及其他物料等。

2. 移动

移动方式包含水平移动、垂直移动与交叉运送等3项。

3. 储存

储存物料不仅可以起到各项作业间的缓冲作用，而且有助于人员与设备的有效运用和提供有效的物料组合。

4. 保护

物料的保护措施应该包括防盗、防损的打包和装运等一体化作业，同时在信息系统方面应避免误运、误置、误用和加工顺序错误等。

5. 控制

物料的控制需同时兼顾物料的实体作业和信息状态。实体作业应包含物料的位置、流向、顺序和空间等控制。信息状态控制则是对物料的数量、来源、去处、所有者等信息的有效控制。

6. 艺术

物料搬运犹如一种艺术工作，因为物料搬运问题的解决和物料搬运系统的设计，不是单纯地利用科学方法或数学模型就能完全实现的，还需要依赖于设计者所累积的实际经验和主观判断。

7. 科学

物料搬运又被视为一门科学，因为可以利用工程设计的理念，收集与分析资料、建立与评估方案、筛选及实施方案，解决物料搬运问题和设计物料搬运系统。另外，利用数学模拟及计算机辅助设计的分析技巧，都有助于搬运系统的分析与设计。

9.3.2 目的

物流配送中心物料搬运系统的目的是为了在合适的成本下，采用合适的方法、顺序、方向及时间，在合适的位置提供合适数量、合适条件的合适物料。具体说明如下。

1. 合适的成本

物料搬运系统的目的是为了适应物流配送中心需求，提供竞争优势，如物料质量、服务水平、搬运时间与搬运成本等。物料搬运系统要能创造收益，而不能只增加成本；物料搬运系统不但要有效果，而且要有效率。然而，盲目地追求物料搬运成本最小化可能是个错误的目标，正确的目标应是使物流配送中心所提供的服务的附加价值达到最高。换言之，物料搬运的底线应该是合适的成本，而不一定是最低成本。

2. 合适的方法

为了把事情做好，需要采用合适的方法，并辨识方法之所以正确的原因。

3. 合适的顺序

通过作业顺序的调整与适当的步骤合并可以提高生产效率，这通常也是物料搬运系统设计时所考虑的重点。

4. 合适的方向

合适的方向最容易被物料搬运系统的设计者所忽略，在实际运行过程中，调整物料的方向是常见的工作，并在人工作业中占有相当大的比重。

5. 合适的时间

合适的时间即在需要物料的时候才送达目的地。在竞争的环境中，物料搬运系统在合适时间移动、储存、保护和控制物料等重要性已大为提高，隔日送达几乎成为物流配送中心配送物料的交货标准。

6. 合适的位置

无论物料的储放位置是固定储位或是变动储位，它们都应该被放置在合适的位置上，并在未来作业中，可以被移动到正好所需要的位置。

7. 合适的数量

库存管理将确定储存与区类方面的正确存货数量，并需同时决定拣货作业区的正确库存数量，并让进出货物的单位、数量前后保持一致，避免产生拆装和合并的情形。

8. 合适的条件

合适的条件中，最重要的是优良的质量，没有瑕疵或损伤。由于物料搬运系统是物料损伤的主要因素，因此，在设计及操作搬运系统时，应具有全面的质量意识，例如，根据客户所需要的条件从事生产，把加工延迟到必要时再进行，可避免产生不必要的错误。

9. 合适的物料

根据订单所进行的拣货作业，最常见的两种错误为数量不符和物料不对。拣取正确的物料并非易事。因此几乎所有的仓库都有物料编号系统，并使用人工或电子标签维护货物的信息及标明物料的储放位置。

9.3.3 基本内容

要完成物流配送中心物料搬运，除了需要设备和容器，还需要一个包括人员、程序和设施布置在内的工作体系，设备、容器和工作体系称为物料搬运的方法。因此，物料搬运的基本内容有3项，即物料、移动和方法，这3项内容是进行任何搬运的分析基础。借助于图9-1所示的逻辑关系来说明三者间的关联性，有人称之为"物料搬运系统方程式"。图9-1中，"What

何物"定义了要移动物料的类型，"Where 何处"和"When 何时"分别确定空间和时间需求，"How 如何"和"Who 何人"提出物料搬运方法。回答这些问题后将会得到推荐的系统。

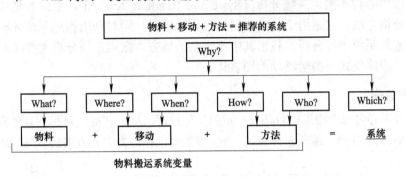

图 9-1　物料搬运系统方程式

下面是 6W1H 问题的详细清单。对每一个问题再问一个为什么，看它是否真正必要。

1. "Why 为什么"

为什么要搬运？为什么要这样搬运？为什么要按此流程操作？为什么物料要存放在这？为什么物料搬运要用这种容器工具设备？

2. "What 何物"

要移动的对象是什么，有何特征？搬运的物品有哪些种类，数量有多少？分析设计需要什么资料，资料如何取得？系统所规划的范围是什么？是否需要机械化、自动化设备？是否需要人工控制？有无意外情况？

3. "Where 何处"

物料搬到哪里去，应该存放在什么位置，是哪个地方提供物料？什么地方存在搬运问题，什么地方应该使用搬运设备？哪些搬运操作可以消除、合并或简化？

4. "When 何时"

什么时候需要移动物料？什么时候需要自动化？什么时候需要整理物料？什么时候要删减作业？什么时候需要扩充系统容量？

5. "How 如何"

物料如何移动，如何分析物料搬运问题？如何取得主要人员的赞同？如何去学习更多的物料搬运知识？如何应对意外情况？

6. "Who 何人"

谁来搬运物料？谁参与系统设计？谁来评价此系统？谁来安装系统？谁来审核系统？谁提供系统的设备？

7. "Which 何种"

搬运活动受到哪些因素影响？哪一种操作是必要的？哪一种问题需要首先研究？哪一种搬运设备可以考虑选用？哪一种物料要及时控制？可以取得哪些方案？每个方案的利弊？哪一种方案最佳？用哪一种标准来评价设计方案？衡量物料搬运的绩效指标有哪些？

9.3.4 搬运系统分析的程序

物流配送中心物料搬运系统分析（System of Handling Analysis，SHA）是缪瑟提出的一种条理化的分析方法，它适用于一切物料搬运设计项目，同时利用搬运系统分析方法可以对已有的物料搬运系统进行分析，找出其中不合理的地方。搬运系统分析主要涉及的基本内容是阶段结构、程序模式与搬运活动的图表化。

1. 阶段结构

物流配送中心内每个搬运项目都有一定的工作过程，从最初提出目标到具体实施完成，可分成四个阶段：外部衔接、编制总体搬运方案、编制详细搬运方案和方案的实施，如图9-2所示。

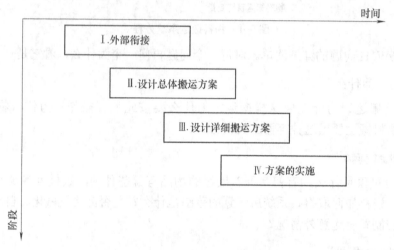

图9-2 搬运系统分析的四个阶段

第一阶段是外部衔接。这个阶段要弄清物流配送中心整个区域或所分析区域物料的运进与运出。也就是把具体的物料搬运问题同有关的外界情况或条件联系起来考虑。这些外界情况有的是我们能控制的，有的是不能控制的。例如，对物流配送中心区域的各道路入口，我们有必要进行修改，达到与外部条件协调一致，使物流配送中心或仓库内部的物料搬运同外界的运输系统结合成为一个整体。

第二阶段是设计总体搬运方案。这个阶段要确定物流配送中心各主要区域之间的物料搬运方法。对物料搬运的基本线路、搬运设备的类型以及运输单元或容器的选择做出总体决策。

第三阶段是设计详细搬运方案。这个阶段实际上是对上个阶段工作的具体化，要考虑物流配送中心每个主要区域内部各点之间的物料搬运，确定详细的物料搬运方法。确定各点之间具体采用哪种搬运线路、设备和容器等。如果说，第二阶段是分析物流配送中心内部各区域或各库房之间的物料搬运问题，那么第三阶段就是分析从一个具体工位到另一个工位，或者从一台设备到另一台设备间的物料搬运问题。

第四阶段是方案的实施。任何方案都要在实施之后才算完成。这个阶段首先要进行必要的订购设备、组织人员、制订与实施具体搬运设施安装计划。然后，对所规划的搬运方法进行调试，验证操作流程，并对安装完毕的设施进行验收，以确定它们正常运转。

上述四个阶段是按时间顺序依次进行的，但是各阶段在时间上应有交叉与重叠。四个阶段相比，第二、第三阶段应当更为重要。

总体搬运方案与详细搬运方案的设计模式是相同的，只是在实际运用中，两个设计阶段的设计区域范围与详细程度不同而已。详细设计阶段需要大量的资料、更具体的指标和更多的实际条件。另外，详细搬运方案必须与总体搬运方案协调统一，不得出现任何相悖的状况。本章以下内容主要说明总体搬运方案的分析设计。

2. 程序模式

物流配送中心物料搬运所依据的基本内容是物料、移动和方法。因此，物流配送中心物料搬运分析的内容就是：分析所要搬运的物料，分析需要进行的移动和确定经济实用的搬运方法。物流配送中心搬运系统分析的程序模式就是建立在这3项基本内容的基础上的，如图9-3所示。

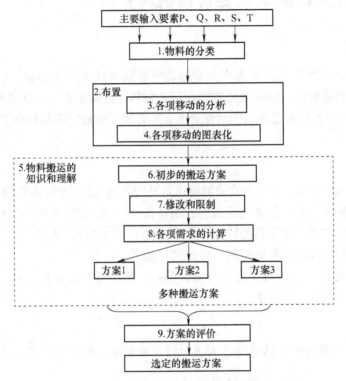

图9-3 搬运系统分析的程序模式

物流配送中心搬运系统分析的模式是一个分步骤进行的程序。问题越是复杂，这个模式所起的作用就越大，能节省的分析时间也越多。

在物流配送中心搬运方案分析过程中，首先应该掌握搬运系统设计的基本要素，即原始资料；接着的工作就是分析物料，即按物料的物理性能、数量、时间要求或特殊控制要求进行分类。然后在以前系统布置分析的布置方案内，进行各项移动的分析及其图表化处理。

接着的程序就是设计初步搬运方案，需要理解物流配送中心物料搬运的知识。提出关于路线、设备和运输单元（或容器）的初步搬运方案，从而得出具体的搬运方法。接着考虑有关的修改和限制因素，对初步方案进行进一步调整，把可能性变为现实性；同时还需进行设备台数、运输单元数目、各项费用和操作次数等各项需求的计算。至此，实际上已得到数个合理的、有可能实施的初步方案，并将其汇总。

最后的程序模式是对数个方案进行评价。评价的目的是要从几个方案中选择一个较好的方案。不过，在评价过程中，往往会把两个或几个方案结合起来形成一个新的方案。这样评价之后，从中选出的方案，就是选定的物料搬运方案。

3. 图标符号

搬运系统分析提供了一整套关于记录、评定等级和图表化的图例符号，以便在各项移动分析、搬运方案筛选确定等设计过程中运用。这种表示法的优点是简单、直观与容易发现问题。

9.4 搬运系统分析的基本要素和物料分类

9.4.1 基本要素

为使搬运复杂问题简单化，首先必须掌握物料搬运系统的基本要素，这是进行搬运系统分析设计的主要基础数据。这些主要数据包括 P 物料（搬运对象）、Q 数量（搬运量）、R 路线（搬运路径）、S 后勤服务（搬运配合）、T 时间（作业时间和操作要求）。

9.4.2 物料分类

在分析设计搬运系统时，最有影响的因素通常是所要搬运的物料。对任何物料搬运问题，先要解决的问题是搬运什么？如果需要搬运的物料只有一种，也就是单一物料或单一产品，那么唯一要做的就是弄清这种物料的特性。如果多种不同的物品，则必须按"物料类别"对它们进行分类。对同一类的物料采用同一方式进行搬运。

对所有的物料进行分类，归并为几种物料类别，第一可简化分析工作，第二有助于把整个问题划分成若干部分逐个解决。

1. 分类依据

搬运系统分析主要根据物料可运性的各种特征和影响，按照采用搬运方法是否相同来进行物料分类。

物料的基本分类是：固体、液体还是气体；单独件、包装件还是散装物料。

2. 分类特征

物料特征有物理、数量、时间、管理等，物理特征通常是影响物料分类的最重要因素。

（1）物理特征

1）尺寸：长、宽、高。
2）重量：每运输单元重量或单位体积重量。
3）形状：扁平的、弯曲的、紧密的、可叠套的、不规则的等。
4）损伤的可能性：易碎、易爆、易污染、有毒、有腐蚀性等。
5）状态：不稳定的、黏的、热的、湿的、脏的、配对的等。

（2）数量特征　　不少物料是大量的（物流较快的），有些物料是小量的（常属于"特殊定货"）。搬运大量的物品同搬运小量的物品一般是不一样的。这里要考虑物料的组成，每次搬运的件数，批量大小，搬运的频繁性（连续的、间歇的还是突然的），每个时期的数量以及以上这些情况的规律性。

（3）时间特征　主要表现为经常性、紧迫性、季节性等时间方面的各项因素。一般急件的搬运成本高，而且要考虑采用不同于搬运普通件的方法。另外，时间间断的物流会引起不同于稳定物流的其他问题。有时，季节的变化也会影响物料的搬运。还应考虑搬运活动是否与有关人员、有关事项及有关的其他物料协调一致。

（4）管理特征　主要指控制各项搬运活动的规章制度或方针政策以及它们的稳定性，如政府法规、工厂标准、操作规程等对搬运的要求。管理问题往往对物料分类有决定作用，如麻醉剂、弹药、危险品、贵重毛皮、酒类饮料、珠宝首饰和食品等都会受政府法规、市政条例、公司规章或工厂标准的制约。

3. 分类程序

物料分类应按以下程序进行。

1）列表标明所有的物料或分组归并的物料的名称，物料清单或分组归并物料清单见表 9-2。

表 9-2　物料特征表

物料名称	物品的实际最小单元	单元物品的物理特征			重量	形状	损伤的可能性	状态	其他特征			类别
		尺寸							数量	时间	管理	
		长	宽	高								

2）记录其物理特征或其他特征。

3）分析每种物料或每类物料的各项特征，并确定哪些特征是主导的或特别重要的；在起决定作用的特征下面划黑实线，在对物料分类有特别重大影响的特征下面划黑虚线。

4）确定物料类别，把那些具有相似的主导特征或特殊影响特征的物料归并为一类。

5）对每类物料写出分类说明。

值得注意的是，这里主要起作用的往往是装有物品的容器。因此，要按物品的实际最小单元（瓶、罐、盒等）分类，或者按最便于搬运的运输单元（瓶子装在纸箱内，衣服包扎成捆，板料放置成叠等）进行分类。在大多数物料搬运问题中都可以把所有物品归纳为 8～10 类；一般应避免超过 15 类。

9.5　物料搬运的系统分析

9.5.1　系统布置分析

一般而言，搬运系统分析所面对的是系统布置，由于 SHA 与 SLP 的目标都是力求物流合理化，具有相互制约、相辅相成的关系，因而 SHA 有必要与 SLP 结合起来。布置决定了起点与终点之间的距离，而移动的距离是选择任何一种搬运方法的主要因素。因此，系统分析首先应该进行系统布置分析。

1. 布置对搬运的影响

当根据现有的布置制定搬运方案时，距离是已经定了的。然而，只要能达到充分节省费用的目的，就很可能要改变布置。所以，我们往往要同时对搬运和布置进行分析。当然，如果项目本身要求考虑新的布置，并作为改进搬运方法的规划工作的一部分，那么设计人员就必须把两者结合起来考虑。

2. 物料搬运分析

对物料搬运来讲，需要从设施布置中了解的信息，通常有以下4点。

1）每项移动的起点和终点（提取和放下的地点）具体位置在哪里。

2）哪些路线及这些路线上有哪些物料搬运方式，是否在规划之前已经确定，或大体上做出了规定。

3）物料运进、运出和穿过的每个作业区所涉及的建筑特点如何，包括地面负荷、厂房高度、柱子间距、屋架支承强度、室内还是室外、有无采暖、有无灰尘等。

4）物料在运进运出的每个作业区内进行什么工作，该作业区内部分已有的或规划的系统布置是什么。

当进行某个区域的搬运分析时，应该先取得这个区域的布置图或规划图。如果是分析一个厂区内若干厂房之间的搬运活动，那就应该取得厂区布置图。如果分析一个作业区域内两台机器之间的搬运活动，那就应该取得这两台机器所在区域的布置详图。

总之，当最后确定搬运方案时，我们选择的方案必须是建立在物料搬运作业与具体布置相结合的基础之上。

9.5.2 各项移动分析

在具体分析各项移动时，除需要掌握物料类别资料外，还要掌握路线（起点、终点和路径）和物流搬运量等数据资料。

1. 各项移动的路线分析

系统搬运分析用标注起点（即取货地点）和终点（即卸货地点）的方法来表明每条路线。起点和终点是用符号、字母或数码来标注的，也就是用一种"符号语言"简单明了地描述每条路线。

（1）路线的距离。每条路线的长度就是从起点到终点的距离。距离的常用单位是 m 或 km。距离往往是指两点间的直线距离。

（2）路线的具体情况。除移动距离外，还要了解路线的具体情况：

1）路线形态：水平、倾斜、垂直；直线、曲线、折线。

2）路面情况：交通拥挤程度、路面质量。

3）环境条件：室内、室外、冷库、空调区；清洁区域、洁净房间、易爆区。

4）起讫点资料：取货和卸货地点的数量和分布，起点和终点的具体布置，起点和终点的组织管理状态。

2. 各项移动的流量分析

物流量是指在一定时间内在一条具体路线上移动的物料数量。物流量的计量单位一般是每小时多少吨或每天多少吨。但是有时物流量的这些典型计量单位并没有真正的可比性。例如，一种空心的大件，如果只用重量来表示，那还不能真正说明它的可运性，而且无法与重量相同但质地密实的物品相比较。在碰到这类问题时，就应该采用物流当量"马格数"来计量。"马格"计量法是先按物品的外形尺寸定出一个基本值，然后根据其他影响因素的修正值进行增减，这样得出的最后值就是马格数。其数值大小表示物料可运性。

3. 各项移动的条件分析

条件分析就是了解移动所需要的数量、时间与控制条件，这3个条件代表了5个主要基本要素中的Q、S与T。

4. 各项移动的方法分析

分析各项移动的方法有两种。

（1）流程分析法　流程分析法是每一次只观察一类物料，并跟随它沿整个搬运过程收集资料，必要时要跟随物料原料库到成品库的全过程。在这里，我们需要对每种或每类产品或物料都进行一次分析。表9-3为流程图表的一般格式。从表9-3中可以看到所示物料从货车卸下置于斜板上移动距离为1.5m，在斜板上滑下到储藏处移动距离为3m，耗费时间为5min，然后进行堆垛，等待启封耗费时间为20min，卸货垛、置于手推车上移动距离为1m，推向收货台移动距离为8m，耗费时间为5min。每一步的动作都用不同的符号表示并用折线连接。

表9-3　物料流程表示例

序号	作业工序（说明）	数量/箱	距离/m	时间/min	○	⇨	D	□	▽	备注
1	从货车卸下置于斜板上		1.5		●	⇨	D	□	▽	2人
2	在斜板上滑下到储藏处		3	5	○	➔	D	□	▽	2人
3	码垛		—		●	⇨	D	□	▽	2人
4	等待启封		—	20	○	⇨	●	□	▽	2人
5	卸货垛		—		●	⇨	D	□	▽	2人
6	置于手推车		1		●	⇨	D	□	▽	2人
7	推向收货台		8	5	○	➔	D	□	▽	2人

注：○—操作；⇨—运输；D—停滞；□—检验；▽—储存；加黑表示正在进行的动作。

（2）起讫点分析法　起讫点分析法又有两种不同的做法。一种是搬运路线分析法，另一种是区域进出分析法。搬运路线分析法是通过观察每项移动的起讫点来收集资料，编制搬运路线一览表（见表9-4），每次分析一条路线，收集这条路线上移动的各类物料的相关资料，每条路线要编制一个搬运路线表。

表 9-4 搬运路线一览表

物料类别		路线状况			物流或搬运活动		等级依据
名称	类别代号	起点	路程	终点	物流量	物流要求	

区域进出分析法是每次对一个区域进行观察,收集运进、运出这个区域的各类物料的有关资料,每个区域要编制一个物料进出表(见表 9-5)。

表 9-5 物料进出表

物料类别	→运进			来自	区域	物料类别	运出→			去往
	每单位时间数量						每单位时间数量			
	单位	平均	最大				单位	平均	最大	

9.5.3 编制搬运活动一览表

为了把所收集的资料进行汇总,达到全面了解情况的目的,编制搬运活动一览表是一种实用的方法。表 9-6 所示为物料搬运活动一览表示例。

表 9-6 物料搬运活动一览表示例

路线			物料类别								按路线合计		
			空桶		实桶		袋		其他物品				
□单向运输 □双向运输		距离/m	物流量	物流等级	物流量	物流等级	物流量	物流等级	物流量	物流等级	物流量	运输工作量	物流量等级
路线编号	起	止											
			物流条件	运输工作量	物流条件	运输工作量	物流条件	运输工作量	物流条件	运输工作量			
1	铁路车辆	空桶库	76	2.7	O							2.7	2	O
				a	2									
2	铁路站台	原料库	91	4.5	O	78	A	19	I			101	92.7	A
				b	4.3	b	71	b	17.4					
3	成品库	铁路站台	91			24.8	I	30	E			54.8	49.9	E
						b	22.5	b	27.4					
⋮														
按类别合计		物流量		13.8		136		216		38		404		
		运输工作量		22.4		172		485		98.8			779	
		物流量等级		O		E		A		I				

在表 9-6 中，物流量的单位为 t/d，运输工作量的单位为 t·m/d。编制搬运活动一览表需要对每条路线、每类物料和每项移动的相对重要性进行标定。一般是用 5 个英文元音字母来划分等级，即 A、E、I、O、U。以表 9-6 中线路编号 1 为例：某种物料从铁路车辆运至空桶库，距离为 76m，物流量为 2.7t/d，物流条件为 a，物流等级为 O，运输工作量为 2t·m/d。

物料搬运活动一览表是搬运系统分析方法中的一项主要文件，因为它把各项搬运活动的所有主要情况都记录在一张表上。简要地说，搬运活动一览表包含下列资料。

1）列出所有路线，并排出每条路线的方向、距离和具体情况。

2）列出所有的物料类别。

3）列出各项移动（每类物料在每条路线上的移动），包括物流量（如每天若干吨、每周若干件）；物流条件：用 a、b、c 表示；运输工作量（如每天若干吨米、每周若干吨千米）；搬运活动的具体状况（编号说明）；各项搬运活动相对重要性等级（用元音字母或颜色标定）。

4）列出每条路线，包括总的物流量及每类物料的物流量；总的运输工作量及每类物料的运输工作量；每条路线的相对重要性等级（用元音字母或颜色标定）。

5）列出每类物料，包括总的物流量及每条路线上的物流量；总的运输工作量及每条路线上的运输工作量；各类物料的相对重要性的等级（用元音字母或颜色标定）。

6）在整个搬运分析中，总的物流量和总的运输工作量（填在表右下角）。

7）其他资料，如每项搬运中的具体件数。

9.5.4 各项移动的图表化

完成各项移动的分析，并取得区域布置图后，就要把这两部分综合起来，用图表来表示实际作业的情况。一张清晰的图表比各种各样的文字说明更容易表达清楚。

物流图表化有以下几种不同的方法。

1. 物流流程简图

物流流程简图用简单的图表描述物流流程。但是它没有联系到布置，因此不能表达出每个工作区域的正确位置，它没有标明距离，所以不可能选择搬运方法。物流流程简图只能在分析中作为一种中间步骤。

2. 在布置图上绘制的物流图

在布置图上绘制的物流图是画在实际布置图上的，图上标出了准确的位置，因此能够表明每条路线的距离、物流量和物流方向。可作为选择搬运方法的依据。案例如图 9-4 所示。

虽然流向线可按物料移动的实际路线来画，但一般仍画成直线。除非有特别的说明，距离总是按水平的直线距离计算。当采用直角距离、垂直距离（如楼层之间）或合成的当量距离时，分析人员应该有文字说明。

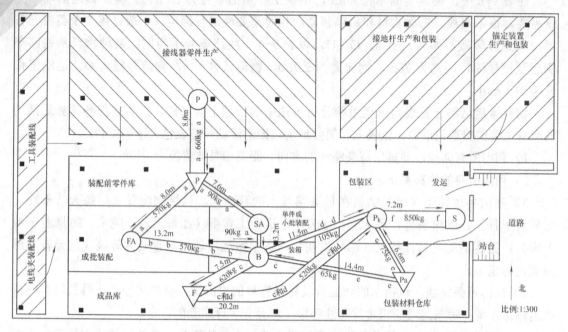

图 9-4　在布置图上绘制的物流图案例

3. 坐标指示图

坐标指示图就是距离与物流量指示图。每一项搬运活动按其距离和物流量用一个具体的箭头线标明在坐标图上。在坐标图上，箭线表示物流的方向，标明的数字分别表示物料的流量和距离，图上的横坐标、纵坐标对应的节点表示物料流进流出的地点。

制图时，可以绘制单独的搬运活动（即每条路线上的每类物料），也可绘制每条路线上所有物料的总的搬运活动，或者把这两者画在同一张图表上。图 9-5 为坐标指示图。

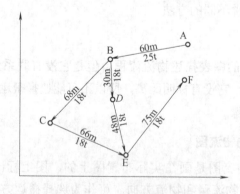

图 9-5　坐标指示图

在布置图上绘制的物流图和坐标指示图往往要同时使用。但是对比较简单的问题，采用物流图就够了。当设计项目的面积较大，各种问题的费用较高时，就需要使用坐标指示图，因为在这种情况下，物流图上的数据会显得太零乱，不易看清楚。

9.6 搬运系统方案设计

9.6.1 确定搬运方法

在对各类物料、各项移动进行分析和图表化以后,就可以初步确定具体的搬运方法,即进行系统搬运方案的初步设计。物料搬运方法是物料、搬运路线、搬运设备和搬运单元(容器)的总和。一个物流设施的搬运活动可以采用同一种搬运方法,也可以采用不同的方法。一般情况下,几种不同搬运方法的组合就形成了搬运方案。因此,系统搬运方案的分析设计,不仅需要了解物料搬运路线类型,而且要根据物料特征对物料搬运路线及其设备和容器做出合理的选择。

1. 物料搬运路线决策

(1)搬运路线的类型 物料搬运路线一般分为以下几种类别,如图 9-6 所示。

1)直接型:物料从起点直接移动到终点的称为直接型路线,如图 9-6a 所示。对于直接型物料搬运路线来说,各种物料从起点到终点经过的路线最短。当物流量大,距离短时,一般采用这种形式是最经济的。尤其当物料有一定的特殊性而时间又较紧迫时更为有利。

2)渠道型:来自不同地点的物料沿着同一路线一起运到同一个终点。当物流量为中等或少量,而距离为中等或较长时,采用这种形式是经济的。尤其当布置是不规则的分散布置时更为有利。如图 9-6b 所示。

3)中心型:各种物料从不同的起点先移动到一个中心,然后在中心处分拣或分发,再运往终点。当物流量小而距离中等或较远时,这种形式是非常经济的。尤其当厂区外形基本上是方整的且管理水平较高时更为有利。如图 9-6c 所示。

4)环型:环型类似渠道型和中心型,只是搬运路线是环线。例如,在环型路线中,物料可以从 B 直接回到 A,不需经过 D、C 返回 A。如图 9-6d 所示。

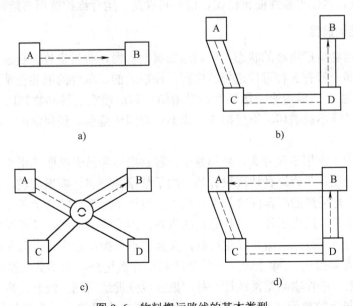

图 9-6 物料搬运路线的基本类型
a) 直接型 b) 渠道型 c) 中心型 d) 环型

（2）搬运路线的选择

1）直接型用于距离短而物流量大的情况；

2）间接型（渠道型和中心型）用于距离长而物流量小的情况。

根据物料搬运的观点，若物流量大而距离又长，则说明这样的布置不合理。如果有许多点标在这样的区域里，那么主要矛盾是改善布置而不是确定搬运。当然，工序和搬运是有联系的。如物料需要接近空气（铸件冷却）时，那么，冷却作业和搬运是结合在一起的，这时若出现一个长距离移动的大流量物料也是合理的，但这些通常属于加工企业而不是物流企业。

2. 物料搬运设备的选择

（1）选择原则　搬运系统分析对物料搬运设备的分类采用了一个与众不同的方法，就是根据费用进行分类。以此分法把物料搬运设备分成4类。

1）简单的搬运设备：设备价格便宜，但可变费用（直接运转费）高。设备是按能迅速方便地取放物料而设计的，不适宜长距离运输。适用于距离短和物流量小的情况。

2）复杂的搬运设备：设备价格高但可变费用（直接运转费）低。设备是按能迅速方便地取放物料而设计的，不适宜长距离运输。适用于距离短和物流量大的情况。

3）简单的运输设备：设备价格便宜而可变费用（直接运转费）高。设备是按长距离运输设计的，但装卸不甚方便。适用于距离长和物流量小的情况。

4）复杂的运输设备：设备价格高而可变费用（直接运转费）低。设备是按长距离运输设计的，但装卸不甚方便。适用于距离长和物流量大的情况。

（2）考虑因素　搬运设备选择应考虑的因素主要有以下几个方面。

1）技术因素。包括设备的技术性能、可靠性、适应性、可操作性、方便性、备件及维修、物料的运动方式、物料的适配程度与工作环境的配合等。

2）经济因素。包括设备性能价格比、投资回收期、运行维护费用与能耗等。

3. 搬运单元的选择

搬运单元是指物料搬运时的状态，即搬运物料的容器，有时也称为货态。

搬运物料容器一般有3种可供选择的情况：即散装的、单件的或装在某种容器中的。

（1）散装搬运　一般说来，散装搬运是最简单和最便宜的移动物料的方法。当然，物料在散装搬运中必须不被破坏，不受损失，或不对周围环境引起任何危险。散装搬运通常要求物料数量很大。

（2）单件搬运　常用于尺寸大、外形复杂，容易损坏和易于抓取或用架子支起的物料。相当多的物料搬运设备是为这种情况设计的。由于使用各种容器要增加装、捆、扎、垛等作业，会增加投资；把用过的容器回收到发运地点，也要增加额外的搬运工作。而单件的搬运就比较容易。许多工厂选用了便于单件搬运的设备，因为物料能够以其原样来搬运。当"接近散装搬运"的物料流或采用流水线生产时，大量的小件搬运也常常采取单件搬运的方式。

（3）托盘或容器搬运　除上面所说的散状和单件搬运外，大部分的搬运活动要使用容器或托盘。实际上，单件物品常常通过合并、聚集或分批地用桶、纸盒、箱子、板条箱等组成搬运单元。这些新的单元（容器或托盘）当然变得更大更重，常常要使用一些负载大的搬运方法。单元化运件可以保护物品，减少装卸环节，降低搬运费用。用托盘和托架、袋、包裹、箱子或板条箱等堆垛捆扎的物品，叠装和用带绑扎的物品，放入盘、篮与网兜的物品都是单元化搬运的形式。

标准化的集装单元，其尺寸、外形和设计都彼此一致，这就能节省在每个搬运终端（即起点和终点）的费用。而且标准化还能简化物料分类，从而减少搬运设备的数量及种类。

9.6.2 编制初步搬运方案

在对系统搬运分析中所用的各种搬运方法具备了一定的知识和理解之后，就可以初步确定具体的搬运方案。

初步制定搬运方案，就是将物料搬运方法做"系统化方案汇总"。即将所确定搬运的路线系统、搬运设备及搬运单元的组合表达出来，方法有以下4种。

1. 用图例符号绘制搬运方案

在系统搬运分析中，除了各个区域、物料和物流量用的符号外，还有一些字母符号用于搬运路线、搬运设备和搬运单元。如D代表直接型路线系统，K代表渠道型路线系统，G代表中心型路线系统，另外，还可用一些符号或图例来表示设备和运输单元。值得注意的是，这些图例都要求形象化，能不言自明。它们很像实际设备，并且通用部件必须是标准器件。图例只表示设备的总类型，必要时可以加注其他字母或号码来说明。利用这些设备和运输单元的符号，连同代表路线形式的3个字母，就可以用简明的"符号语言"来表达每种搬运方法。

2. 在普通工作表格上编制搬运方案

填写工作表格也是编制搬运方案的方法。即在表上列出每条路线上每类物料的路线、搬运设备和搬运单元。如果物料品种是单一的或只有很少几种，而且在各条路线上是顺次流通而无折返的，那么这种表格就很实用。表9-7所示为某制药企业在普通工作表格上编制的搬运方案示例，根据路线的从至不同，物料的集装单位也有所不同，因此，建议的搬运路线形式、采用设备和搬运单元也相应有所不同。

表9-7 某制药企业在普通工作表格上编制搬运方案示例

路线		物料类别		建议方法			备注
从	至	集装单位	符号	路线	设备	搬运单元	
进厂	原材料库	桶	a	直达型	叉车	托盘	
进厂	原材料库	袋	b	直达型	叉车	托盘	
进厂	原材料库	贵重物料	d	直达型	人工	纸箱	
原材料库	生产颗粒	袋	b	直达型	叉车	托盘	
原材料库	生产颗粒	贵重物料	d	直达型	人工	盒	
原材料库	生产颗粒	桶	a	直达型	叉车	托盘	
生产颗粒	制成片剂	桶	a	渠道型	手推车	桶	
生产颗粒	药水车间	桶	a	渠道型	手推车	桶	
装瓶装箱	成品库	纸箱	c	直达型	叉车	托盘	
成品库	发运	纸箱	c	直达型	叉车	托盘	

3. 在流程图上记载编制搬运方案

直接在以前编制的物流流程图上标注记载建议采用的搬运方法，也是编制搬运方案的另一种简便方法。一般说来，这种做法使人看起来更易理解。

4. 在汇总表上表示搬运方案

编制汇总表同编制搬运活动一览表一样，适用于路线和物料类别较多的场合。采用前面规定的代码符号，把每项移动建议的路线形式、搬运设备和搬运单元填写在汇总表中相应的空格内。汇总表上还有一些其他的空格，供填写其他资料数据之用，如其他的搬运方案、时间计算和设备利用情况等。

9.6.3 方案修改和限制

有了几个初步方案之后，就应按照严谨的物料搬运观点看这些方案是否切实可行。因此必须考虑实际的限制条件并进行一些修改。

物料搬运是一项必要的工作，但在成形、加工、装配、拆卸、储存、检验和包装等整个作业过程中它只是其中的一部分，处于附属地位。具体的搬运活动仅仅是物流配送中心规划问题中的一个部分，有许多因素会影响搬运方案的选择。因此，必须根据企业的一些影响与限制条件对各物料搬运方案进行修正，搬运方案经常涉及的一些修改和限制的内容可能有以下 11 方面。

1）在前面各阶段已确定的同外部运输衔接方法的适应性。
2）是否既满足目前物流需要，又能适应企业长远发展变化。
3）要求与作业流程及设备保持一致。
4）与可能利用现有公用设施和辅助设施的衔接和一致性。
5）与系统布置的面积、空间等限制条件是否有矛盾。
6）建筑物及其结构特征的限制。
7）库存制度以及存放物料方法和设备的适应性。
8）投资的限制。
9）能否满足设计进度和允许期限的时间要求。
10）核对原有搬运设备和容器的数量、适用程度及其价格。
11）安全生产与环境保护的考虑。

9.7 方案的评价与选择

9.7.1 各项需求计算

对几套初步搬运方案进行限制修改以后，就开始逐一说明和计算那些被认为是最有现实意义的方案。一般要提出 2～5 套方案进行比较，对每一个方案需作以下说明。

1）说明每条路线上每种物料的搬运方法。
2）说明搬运方法以外的其他必要的变动，如更改布置、作业计划、生产流程、建筑物、公用设施、道路等。
　　3）计算搬运设备和人员的需要量。
　　4）计算投资金额和预期的经营费用。

9.7.2　投资成本分析

　　投资成本内容应包括建设投资成本和运营投资成本两大类别。投资成本分析就是对建设投资和运营投资成本进行财务可行性、投资效益和投资风险分析，作为决策者和经营管理者投资决策的依据和参考。

1. 建设与运营投资成本

建设投资成本包括以下几项。

（1）土地成本　主要指购置或租赁土地使用权所付出的税费，这是计划执行中最主要的项目投资费用之一。

（2）土地改造　包括拆迁、迁移、地面附着物赔偿、安置保险、文物勘探、标高测量、地形整理与必要的基础处理等。

（3）房屋建设成本　包括区域规划、单体设计、地质勘探、土建工程、安装工程、室外工程等工程设计、施工与监理等费用。

（4）设备成本　包含各类机具设备、仓储设施、搬运设备、信息设备及劳务设施等费用。

（5）开办费用　针对物流配送中心规划设计期间所需的顾问费用、技术引进、人事训练与杂项费用。

（6）运营初期的投资费用　物流配送中心初期需购置基本存货量所需的资金。

运营投资成本是指物流配送中心运营期间的主要支出费用。一般包括直接人事费用、固定销管费用、变动销管费用、固定间接费用、变动间接费用、建筑折旧费、设备折旧费、保险费、房屋税与营利所得税等。

2. 财务可行性分析

在确定投资方案之前，需对企业的财务状况进行分析，以决定投资额度及资金筹措来源，必要时需要寻求合作对象，以集资入股方式筹措资金。

3. 投资效益分析

预估未来预期收益及其成长率，配合初期投资成本及营运成本计算各年的现金流量，再进行内部报酬率、投资回收年限及净现值的计算。

4. 风险评估分析

针对外部效益、市场风险及不确定因素进行分析，其中包括竞争优劣趋势（SWOT）分析、工程可行性优劣比较分析、环境接受性分析、外部效益及成本分析与不确定性分析。

9.7.3　方案评价

方案评价常采用以下几种方法。

1. 财务比较法

费用是经营管理决策的主要依据。因此,每一搬运方案必须从费用的观点来评价,即对每一方案都要明确其投资和经营费用。

通常需要分别计算出各套方案的投资和经营费用,然后进行分析和比较,从中确定一个最优的方案。

2. 优缺点比较法

优缺点比较法是将每个方案的配置图、物流动线、搬运距离、扩充弹性等相关优缺点分别列举,对各方案的优缺点进行分析和比较,从而得到最后方案。这种方法简单且不太费时,但说服力不大充分,常用于概略方案初步选择阶段。有时为了使本方法更趋准确,可对优点的重要性及缺点的严重性进一步讨论甚至用数值表示。

3. 因素分析法

多套方案比较时,一般因素分析法是评价各种无形因素的较好方法。其程序主要有以下几个步骤。

1) 列出搬运方案需要考虑或包含的因素。
2) 把最重要的一个因素的加权值定为个位最大数 9,再按相对重要性规定其余各因素的加权值。
3) 标出各比较方案的名称,每一方案占一栏。
4) 对所有方案的每个因素进行打分。
5) 计算各方案加权值,并比较各方案的总分。

4. 权值分析法

权值分析法是一种更详细的评估方法,它也是比较许多彼此互相独立的评估因素,采用不同的因素层级,并将主观、客观的因素都列入比较。其方案选择过程如下。

1) 设定评估因素项目。
2) 将评估因素适当分组及分层,建立第一阶的评估指标及第二阶细部的评估因素。
3) 将各群的指标因素给予适当的百分比权重后,再对各所属的因素分配权重。
4) 评估各方案在各评估因素的得分点数。
5) 计算各方案各项因素的权重与点数乘积之总和。
6) 选择最佳方案。

5. 以层次分析法为基础的方案评估

层次分析法(AHP)是美国运筹学家、匹兹堡大学 T. L. Saaty 教授在 20 世纪 70 年代初期提出的。AHP 是对定性问题进行定量分析的一种简便、灵活而又实用的多准则决策方法,主要应用在不确定情况下及具有多个评估要素的决策问题上,多年来在许多领域中已得到广泛的应用。AHP 的特点是把复杂问题中的各种因素通过划分为相互联系的有序层次,使之条理化,根据对一定客观现实的主观判断,把专家意见和分析者的客观判断结果直接而有效地结合起来,将同一层次元素两两比较其重要性进行定量描述。而后,利用数学方法计算反映每一层次元素的相对重要性次序的权值,通过所有层次之间的总排序计算所有元素的相对权重并进行排序。AHP通过量化判断加以综合评估,以达到为决策者提供选择适当方案的充分信息,同时减少决策错误风险性的目的。

总之,正确选定搬运方案可以根据费用对比和对无形因素的评价来完成,建议同时考虑这两方面的问题。

9.8 设计方案的执行与管理

设计工作结束之后,进入最后一个阶段,即设计方案执行与管理阶段。方案执行的目的是将规划设计人员的整体规划设计方案付诸工程实施,不因局部的问题而导致施工过程的停工,影响物流配送中心如期运营。现场管理的目的则在于衡量设计人员所规划的系统作业绩效是否符合企业的原先预期目标,即该工程项目的实施是否达到当初决定建立新设施满足企业需求的策略目标。

物流配送中心整体规划设计的方案执行程序模式如下。

1. 建立标准作业流程说明文件

将设计人员原先规划的作业系统与标准作业流程,再加上预测的人力资源、作业现场人员的责任分工等内容,以正式的书面文件予以陈述。

2. 标示系统布局与作业动态

为使执行方案的工程人员在各区域布局时不易出错,设计人员可以绘制以不同图形标示的实际作业活动的流程动态图与系统布置图,使工程人员明确各项作业活动所经过的区域及其先后程序,提高工作效率。

3. 明确作业系统流程

设计人员应将其执行进展及结果定期告知物流配送中心业主,同时,也可邀请物流配送中心业主的顾客参观现场各项系统的建设过程,使顾客对物流配送中心建立信心,放心地将其商品存放于该物流配送中心内保管,如顾客对某些布局存有疑问,设计人员也可借此时机充分沟通,加强双方的了解。

4. 招标采购设备

招标采购工作要坚决执行国家和属地的相关法规,按照规定考察和选择资质合格、施工可靠、维保及时、信誉良好的设备厂商入围竞标,确定供货厂商,并注重其安装及试车的成效。

5. 监督与控制工程施工

作业现场施工及模块系统建立过程中,设计人员必须持续监控各个作业区域的施工进度及细节,关注各个实体模块及信息模块所需的设备安装是否正确。当出现问题时,立刻要求工程人员予以更改,设计人员必须不断地巡视现场施工状况,以求整体设施与系统能够充分达到设计的标准。设计工作结束之后,立即进行施工设计。表9-8所示为设计执行与管理工程进度表例。

表 9-8　设计执行与管理工程进度表例　　　　　　　　　　　（单位：月）

No	项目	1	2	3	4	5	6	7	8	9	10	11	12	13	14	15	16	17	18	19
1	基本设计	●—	—●																	
2	详细设计		●—	—	—	—	—	—	—	—	—	—	—	—	—●					
3	制作（包括实施设计）			●—	—	—	—	—	—	—	—	—	—	—●						
4	自动仓库																			
①	货架工程								●—	—	—	—●								
②	堆垛机安装									●—	—	—●								
③	洒水器工程									●—	—	—●								
④	传送带安装										●—	—●								
⑤	控制台及配线工程													●—	—●					
⑥	单体实验														堆垛机传送带					
5	旋转货架																			
①	本体安装								●—	—●										
②	周边机器									●—	—●									
③	单体调试													●—	—	—●				
6	托盘、货架															●—	—	—●		
7	货箱、货架工程													●—	—●					

6. 招聘和培训雇员

当设施施工完工且已达标准，设计人员可通知物流配送中心主管发出招聘的信息，在员工的人数达到预期目标时，即可开始现场作业的训练，训练内容至少应包括作业流程标准、所需负责的目标任务及作业安全等。

7. 开始现场作业

当物流配送中心各项系统的建立及人员准备就绪后，即可开始实际的物流配送中心现场作业。

8. 检查和发现问题

在现场实际作业中，设计人员必须监视各项作业系统的操作是否有误，整体流程的各个环节连接是否顺畅，是否符合标准作业流程以及作业瓶颈发生的原因和出自于何处等。设计人员必须审慎思考这些问题，考虑区域布局或系统建立是否有误，是否应将原先某些局部布局或作业流程规划予以修改，或者问题本身出自于人员操作的错误，直到确认问题已解决为止。

9. 了解作业绩效

经过一段时间后，可大致衡量出物流配送中心现场的作业绩效是否与预期目标相符，如果无法达到预期目标，一种可能出自于设施开始运作不久，客户无法立即大量增加，有些客户仍存观望保留态度。此时营销部门应发挥其企划能力，扩大物流配送中心的客源，加强与各个可能顾客的联系，提高物流配送中心的知名度及客户对物流配送中心的信心。第二种可能是由于现场作业的无效率、员工的参与感和责任心有待加强，或者作业现场管理不到位等内部原因。提升物流配送中心的作业绩效是业主在决定建构物流配送中心时的主要目标，设计人员及各作业部门必须协同找出影响绩效的原因，如果属于自身的责任范围，则应寻求最佳的方法予以解决；若非本部门的责任，则应告知上级主管处理，加强横向的部门配合。

10. 维护及检查

为维持物流配送中心各项作业与系统的正常运作，设计人员与现场人员对于整体作业流程应随时进行检查；此外，对于各项操作设备应进行定期保养与维护。任何原因导致物流配送中心的作业停顿，无法完成顾客的订单，不仅影响客户对物流配送中心的信心，也会在财务方面产生成本的增加及收入的流失。

对于设计和规划物流配送中心而言，方案执行不仅费时费力而且还可能需要不断地修改，因此，设计人员并非产生布局方案就可卸下责任，因为真正显现出设计人员规划能力高低的考验之一，在于方案执行阶段能否顺利进行。此外，在物流配送中心布局方案执行时，必须特别注意搬运系统及储存系统的建立，因为物流配送中心的运作是否成功以及绩效好坏，其因素主要在于搬运系统及储存系统的设置是否完善，且是否适用于该物流配送中心的作业状态。

最后，设计人员需要了解在方案执行阶段有关员工的管理，因为即使是规划极为优良的系统，仍有可能因为员工方面的问题而导致系统运作的失败。因此应设法加强员工的信心与责任感，提升员工工作效率。

9.9 案例

9.9.1 东京烟草物流中心

1. 概况

占地面积：27382m^2

建筑面积：11373m^2

楼房层数：4层

总楼层建筑面积：42019m^2

地址：东京千叶县船桥市

这是一个精密、快速、无人化和高科技的自动化物流中心。每天来自全日本香烟生产公司和保税仓库约 60 辆大型货车的香烟，从入库到出库，通过计算机处理和运用自动化设备作业，大约 90% 的物流量完全实现了自动化处理。平均每年处理 6 百亿支香烟，为 3 万家香烟零售店配送货品。平均拣选一条香烟时间为 0.11s。一条香烟重量约 0.2kg，这个拣选速度已经达到了物理极限。

该物流中心每天要对 60 辆大型货车所进的香烟入库，同时按照香烟零售店要求，分别进行拣选、分拣、包装和配送到中转站或零售店，该公司处理的香烟数量相当于全日本销售量的 1/5，该物流中心作业效率高，上午接到订单，下午立即拣货、包装，并配送到中转站，次日中午送到分店。

2. 物流作业

从香烟生产厂家运来的产品以托盘为单位进入自动化立体仓库。根据各零售商店要求的香烟品种和数量拣货装在塑料箱中，然后再集合成托盘，其作业流程示意图如图 9-7 所示。

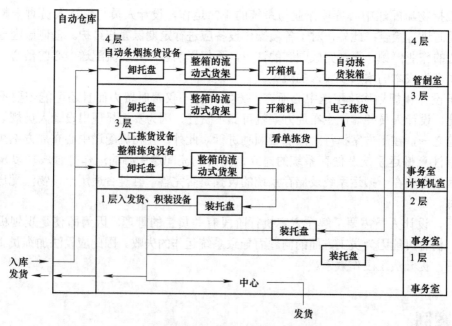

图 9-7 东京烟草物流中心作业流程示意图

（1）自动条烟拣货（4 层） 对于销售量最大的 80 种香烟约占物流中心处理量的 68%，以条为单位自动拣货。首先自动进行拆卸托盘，进入整箱流利式货架，开箱机开箱处理，以条为单位拣货装箱，再把箱装在托盘上，实现无人化的发货。

（2）人工拣货（3 层） 3 层是人工拣选设备。不太畅销的香烟或难用自动化分类处理的香烟，则以条为单位或 5 包一装，由人工电子显示拣货（占 7%）。看单拣货（占 3%）作业过程是通过卸托盘机、箱式流利货架、开箱机开箱后，进行电子拣货或看单拣货。然后经过装托盘机后，以托盘为单位发货。

（3）整箱拣货 不好销售的香烟品种（约占 17%），采用整箱拣货。其作业过程是首先拆卸托盘，以箱为单位经过流利货架拣货，然后装托盘发货。

(4) 以托盘为单位发货　同一品种也有以整个托盘进行发货的，约占总处理量的 5%。

3. 设备能力

从入库到发货的作业过程中，许多设备发挥了重要作用。

(1) 自动化立体仓库　来自全日本各工厂和保税区的香烟，以托盘为单位，进入自动仓库保管。在分货处理时，按先进先出的原则自动进入卸托盘机。香烟入库前在每个托盘上要贴附条码，托盘规格为 1100mm×1100mm，每层可堆放 4 个货箱，可放 8 层，即每个托盘可堆放 32 个货箱。

(2) 自动卸托盘机　在计算机的指示下，自动卸托盘机由来自自动仓库的托盘以 4 箱为单位取出货箱，并把货箱调整为同一方向，以便条码识别机自动识别。然后通过滚轮输送机把货箱移载到箱式流利货架上。为了满足作业量需要在 4 层有 8 台自动卸托盘机。

(3) 流利货架　货箱进入流利货架暂存，然后按开箱机要求，以箱为单位送出，以便开箱作业。这组箱式流利货架有 60 列 ×6 层，共 360 个货格，此外还有整条烟的流利货架，这种流利货架有 120 列 ×5 层，共 600 个货格。

(4) 装箱机　在计算机控制下自动拣货，来自流利货架的一条条香烟，以每条 0.11s 的速度进入各自相应的输送带，并在输送带前端排成一列，以 30 条为单位装在塑料箱中，装一箱时间只要 3.3s，其速度是相当快的，在塑料箱上贴有零售店的名称和有关配送信息的标签。

(5) 装托盘机　把装满香烟的塑料箱按 6 箱 ×6 层的堆积方式自动堆放在托盘上。为了配送时取下方便，塑料箱的放置顺序是按客户远近来堆放的，远的在下，近的在上。

(6) 自动拣货线　用机械手把整箱香烟自动拣取并堆放在托盘上以备发货。

9.9.2　千里丘可口可乐物流中心

千里丘物流中心位于日本大阪府中北部、兵库县东南部，主要从事可口可乐的储运和分销。该物流中心投资 40 亿日元（折合人民币 5.3 亿元），其中建筑物 17.5 亿日元，物流设备 20 亿日元，辅助设施 2.5 亿日元。其管辖地区为大阪府的北部和兵库县的东部，满足全日本连锁超市和零卖点的顾客，年设计规模达到 900 万箱。

1. 设计理念

(1) 提高服务水平　通过缩短订货供货周期，实行及时物流，新品迅速上市，以及降低未交货、迟交货、次品和过期品的发生率等措施，打造销售支援型物流中心。

(2) 降低物流成本　通过引进自动化设备，提高物流效率，并对物流成本进行有效控制；利用自动化立体仓库，提高空间利用率。

(3) 改善劳动环境　引进自动化设备，不仅能使物流效率大大提高，同时可以实现省力化，减轻人员的劳动强度，而且能够缩短工作时间，适应高龄化趋势的要求。

2. 物流特点

1) 广域物流。其业务覆盖全日本的连锁超市和零售店，客户达到 7650 家，年处理业务在 650 万～900 万箱。

2）从进货到发货的所有作业完全实现自动化。

3）结合可口可乐经销特点，实行全年的连续运转。

3. 物流概要

（1）建设规模　占地面积 12357m^2，建筑面积 10017m^2；仓储区由 2 个单体建筑组成：单层为平置仓库，双层为自动化仓库；销售楼为 5 层建筑：1 层为装载发货区，2 层为箱式拣货区，3 层为更衣室，4 层为办公室、会议室与接待室，5 层为健身中心。

（2）设备能力　自动化仓库的保管货架有 1500 个，堆垛机 5 台，其复合能力为 137 托盘/h。箱式流利货架有 216 开口，作业能力为 2000 箱/h。

（3）搬运设备　托盘搬运设备有：有轨无人台车 7 台，搬运能力为 137 托盘/h；垂直升降机 2 台，搬运能力为 120 托盘/h。箱式搬运设备有：托盘装载机 3 台，装载能力为 135 箱/h；流利托盘装载机 1 台，装载能力为 2500 箱/h；立柱托盘装载机 1 台，装载能力为 1500 箱/h。

4. 物流效果

（1）高度满足顾客要求　缩短供货期：从订货到交货最短时间为 3h，最长时间为 24h；提供最新物品：在库物品到达 60 天自动停止该物品发货；提高配送准确度：未交货、迟交货和次品发生率控制在 5/100000。

（2）提高物流效率，降低物流成本　作业人员从 43 人减少到 13 人；物流费用下降 20% 以上；空间利用率提高 40% 以上。

（3）缩短作业时间，减轻劳动强度　装备自动化使装货时间由原来的 90min 缩短到现在的 9min 以内；装货自动化使作业人员从繁重的体力劳动中完全解放出来。

参 考 文 献

[1] 贾争现. 物流配送中心规划与设计 [M]. 2版. 北京：机械工业出版社，2009.

[2] 贾争现. 物流配送中心规划与设计 [M]. 3版. 北京：机械工业出版社，2014.

[3] 贾争现，刘利军. 物流配送中心规划与管理 [M]. 北京：机械工业出版社，2011.

[4] 刘昌祺. 物流配送中心设计 [M]. 北京：机械工业出版社，2001.

[5] 刘昌祺. 物流配送中心设施及设备设计 [M]. 北京：机械工业出版社，2004.

[6] 刘昌祺. 物流配送中心拣货系统选择及设计 [M]. 北京：机械工业出版社，2005.

[7] 郝渊晓. 现代物流配送管理 [M]. 广州：中山大学出版社，2001.

[8] 刘志学. 现代物流手册 [M]. 北京：中国物资出版社，2001.

[9] 冯耕中. 物流配送中心规划与设计 [M]. 西安：西安交通大学出版社，2004.

[10] 李长江. 物流中心设计与运作 [M]. 北京：中国物资出版社，2002.

[11] 李国峰. 第三方物流 [M]. 哈尔滨：哈尔滨工业大学出版社，2009.

[12] 丁立言，张铎. 物流系统工程 [M]. 北京：清华大学出版社，2000.

[13] 丁立言，张铎. 国际物流学 [M]. 北京：清华大学出版社，2000.

[14] 张晓萍. 现代生产物流及仿真 [M]. 北京：清华大学出版社，1998.

[15] 林立千. 设施规划与物流中心设计 [M]. 北京：清华大学出版社，2003.

[16] 徐贤浩. 物流配送中心规划与运作管理 [M]. 武汉：华中科技大学出版社，2008.

[17] 董维忠. 物流系统规划与设计 [M]. 北京：电子工业出版社，2006.

[18] 《物流技术与应用》编辑部. 中外物流运作案例集 II [M]. 北京：中国物资出版社，2009.

[19] 贺东风. 物流系统规划与设计 [M]. 北京：中国物资出版社，2006.

[20] 黄有亮，徐向阳，谈飞，等. 工程经济学 [M]. 2版. 南京：东南大学出版社，2006.

[21] 詹姆斯·汤普金斯，约翰·怀特，亚乌兹·布泽，等. 设施规划 [M]. 伊俊敏，袁海波，等译. 北京：机械工业出版社，2008.

[22] 刘联辉，彭邝湘. 物流系统规划及其分析设计 [M]. 北京：中国物资出版社，2006.

[23] 储雪俭. 物流配送中心与仓储管理 [M]. 北京：电子工业出版社，2006.

[24] 王文信. 仓储管理 [M]. 厦门：厦门大学出版社，2006.

[25] 翁心刚. 物流管理基础 [M]. 北京：中国物资出版社，2002.

[26] 蔡惠平. 包装概论 [M]. 北京：中国轻工业出版社，2008.

[27] 张连富，隽志才，贾洪飞. 物流集货中心作业单元布局方法 [J]. 公路交通科技，2006，23（10）：132-135.

[28] 李智桦，庄伯超，曾敏刚，等. 物流配送中心选址方法研究综述 [J]. 商业时代，2007（17）：20-21.

[29] 杨艳，王克近. 配送中心选址方法研究综述 [J]. 物流技术，2011，30（12）：148-152.

[30] 海峰，郭强，邵校. 国内物流园区规模计算方法综述 [J]. 商业时代，2011（7）：35-36.

[31] 张席洲，尹石磊. 物流配送中心规模优化的探讨 [J]. 交通运输系统工程与信息，2006，6（5）：95-97.

[32] 姚志刚，刘志凯，张三省. 物流园区规模确定方法探讨 [J]. 综合运输，2003（3）：20-21.

[33] 李玉民，李旭宏，毛海军，等．物流园区规划建设规模确定方法 [J]．交通运输工程学报，2004，4（2）：76-79．

[34] 彭丽．英国 Boots 的药品零售配送中心 [J]．物流技术与应用，2004，9（6）：46-49．

[35] 王转．配送中心运营与管理 [M]．北京：中国电力出版社，2009．

[36] 周让．物流配送中心仓储管理信息系统的研究与设计 [D]．成都：西南交通大学，2006．

[37] 刘向红，马国忠，陈春霞．通用型物流配送中心信息系统设计 [J]．铁道运输与经济，2006，28（11）：60-62．

[38] 陈达强．配送与配送中心运作与规划 [M]．杭州：浙江大学出版社，2009．

[39] 王道平，杨建华．供应链物流信息系统 [M]．北京：电子工业出版社，2008．

[40] 张旭梅，伊辉勇．物流信息管理 [M]．重庆：重庆大学出版社，2008．

[41] RFID 射频识别技术在上海世博会中的广泛应用 [EB/OL]．[2018-12-26]．http：//www.doc88.com/p-8061930850004.html．

[42] 甘志祥．物联网的起源和发展背景的研究 [J]．现代经济信息，2010（1）：157-158．

[43] 王保云．物联网技术研究综述 [J]．电子测量与仪器学报，2009，23（12）：1-7．

[44] 王晓静，张晋．物联网研究综述 [J]．辽宁大学学报（自然科学版），2010，37（1）：37-39．

[45] 史红霞．物流信息系统分析与设计 [M]．杭州：浙江科技出版社，2007．

[46] 李安华．物流信息系统 [M]．成都：四川大学出版社，2006．

[47] 全国物流标准化技术委员会．仓储绩效指标体系：GB/T30331—2013[S]．北京：中国标准出版社，2014．

[48] 北斗卫星导航系统简介 [EB/OL]．[2018-03-12]．http：//www.beidou.gov.cn/xt/xtjs/．

[49] 秦叙斌．浙江报喜鸟服装自动化物流配送中心 [J]．物流技术与应用，2012（6）：82-84．

[50] 曹班石．进击的"亚洲一号"——浅析京东商城的智慧物流 [J]．信息与电脑，2014（11）：69-72．

[51] 谢天保，张晓雯，仵凯博．电子商务环境下影响配送中心选址的因素分析 [J]．物流工程与管理，2013，35（9）：132-134．

[52] 余蓉，陈家铎，龚娅，等．基于模糊综合评价法的物流配送中心选址研究——以德邦物流在江苏省泰兴市为例 [J]．国土资源科技管理，2015，32（4）：93-100．

[53] 京东物流全面开放 要做中国商业社会基础设施提供商 [EB/OL]．（2016-11-24）[2018-12-26]．http://finance.ce.cn/rolling/201611/14/t20161124_18093293.shtml．财新网．

[54] 贾广敏．基于 SAP/ERP 环境下的苏宁易购物流配送流程优化研究 [J]．物流科技，2015，38（10）：54-56．

[55] 胡一波，王玉勤．配送中心信息化管理对策研究——以苏宁配送中心为例 [J]．物流技术，2012，31（8）：376-380．